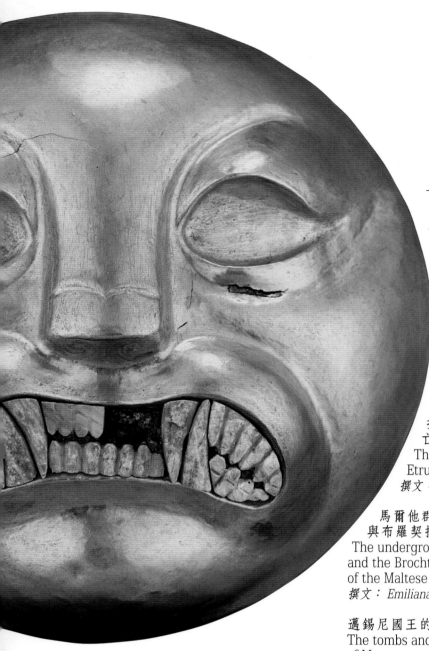

不朽的故居

目　錄

前言　10
撰文：*Alberto Siliotti*

歐洲　16
撰文：*Alberto Siliotti*

不列塔尼與愛爾蘭的巨石墓　20
Megalithic tombs in
Brittany and Ireland
撰文：*Emiliana Petrioli*

拉奇歐伊特拉斯坎地區的　32
亡者祭典
The cult of the dead in the
Etruscan territories in Lazio
撰文：*Alberto Trombetta*

馬爾他群島的哈爾薩夫列尼地宮　60
與布羅契托夫墓葬圈
The underground tomb of Hal Saflieni
and the Brochtorff circle in the islands
of the Maltese Archipelago
撰文：*Emiliana Petrioli*

邁錫尼國王的陵墓與寶藏　66
The tombs and treasures of the kings
of Mycenae
撰文：*Furio Durando*

維琴那的馬奇頓國王菲利普二世的陵墓　76
The tomb of Philip II of Macedonia at Vergina
撰文：*Furio Durando*

非洲、近東和中東　82
撰文：*Alberto Siliotti*

古夫金字塔　The pyramid of Cheops　86
撰文：*Alberto Siliotti*

帝王谷與圖坦卡門的寶藏　98
The Valley of the Kings and the treasure
of Tutankhamun
撰文：*Alberto Siliotti*

底比斯的賽內夫之墓與貴族之墓　126
The tomb of Sennefer and the tombs
of the nobles in Thebes
撰文：*Alberto Siliotti*

巴哈利亞綠洲的黃金木乃伊　140
The golden mummies of Bahariya Oasis
撰文：*Alberto Siliotti*

尼姆魯德山：靠近天神聖座　150
Nemrud Dagh: near the heavenly thrones
撰文：*Marcello Spanu*

佩特拉的巨石墓　156
The great rock tombs of Petra
撰文：*Marcello Spanu*

帕耳美拉的墓地　170
The necropolis at Palmyra
撰文：*Danila Piacentini*

烏爾的皇家墓園　182
The royal cemetery of Ur
撰文：*Claudio Saporetti*

亞洲和遠東　192
撰文：*Alberto Siliotti*

草原民族的葬禮　196
The funerary rites of the peoples of the Steppes
撰文：*Paola d'Amore*

印度中央邦桑奇的佛塔　210
The stupa at Sanchi in the Madhya Pradesh
撰文：*Marilia Albanese*

吳哥窟　218
The Angkor Wat complex
撰文：*Marilia Albanese*

秦始皇陵墓　230
The mausoleum of the first emperor of
the Qin Dynasty
撰文：*Filippo Salviati*

漢朝墳墓與葬禮　238
Tombs and funerary practices of the
Han Dynasty
撰文：*Filippo Salviati*

唐朝帝王陵墓　242
The imperial mausoleums of the Tang Dynasty
撰文：*Filippo Salviati*

美洲　252
撰文：*Eduardo Matos Moctezuma*

諸神之城：特奧蒂瓦坎　256
The city of the gods: Teotihuacán
撰文：*Eduardo Matos Moctezuma*

帕倫克與帕卡爾的隱藏墳墓　262
Palenque and Pacal's hidden tomb
撰文：*Eduardo Matos Moctezuma*

神聖的薩波特克市：蒙特阿爾班　272
The sacred Zapotec city: Monte Albán
撰文：*Eduardo Matos Moctezuma*

西潘：莫切皇陵的壯麗與神祕　280
Sipán: Magnificence and mystery
of the Moche royal tombs
撰文：*Walter Alva*

索引　296

作者簡介、參考書目、圖片來源　300

1　在一座脒尼基墳墓中所發現的黃金面具。面具置放於亡者的臉部，目的是要驅趕惡靈。

2-3　位於土耳其尼姆魯德山，科馬基尼王國的安提克一世的墳墓，是至今發現所有不朽故居中，唯一依舊謎團重重的墓地。

4-5　東埔寨的吳哥窟神廟，建於西元12世紀，是世上最廣大的墓葬古蹟之一。

6　祕魯西潘王墳墓的挖掘，讓世人得以一窺金碧輝煌的墓葬用品，也證實了莫切文明對來世的信念。

7　秦始皇陵墓內，如真人大小的兵馬俑大軍。

8-9　這個陶土骨灰罈上，有一對夫妻斜倚在臥楊上的雕像，是伊特拉斯坎陶製品中的傑作。

編輯
Alberto Siliotti

編輯統籌
Giulia Gaida
Bianca Filippone

翻譯
C.T.M., Milan

編輯企畫
Valeria Manferto
De Fabianis

美術編輯
Clara Zanotti

前言 PREFACE

在人類史中，每一個文明與文化，都很關注死亡這個事實，以及與死亡緊緊相連的死後世界。從我們每個人的潛意識裡，常常認為死亡不是生命的一部分，甚至相信我們可以在某種程度上永生不朽。這樣的信念，雖然在邏輯上是不合理的，但人類仍堅信，除了生命以外，還有來生的存在。自古以來，不管哪一個時代或各種文化，都以不同的形式表達了這種想法。

從舊石器時代起，人類便相信有這樣的超自然現實，並認為死亡雖是連神明也無法避免的必然事實，但它仍是通往另一個世界的歷程，是一段漫長旅程的開始。有時會充滿困難與危險，亡者也可能會進入一個與真實世界有關聯的平行世界。

對於史前人類而言，他所生活的自然世界，並非是一個簡單的物質環境，而是一個遍布超自然力量，並且會因此促使其他事情發生的世界。因此，死亡並不代表生命的結束，而是通往另一個生活的道路，人類想像這個生活就像生前的日常生活一樣具體而真實，亡者也擁有相同的權利、慾望以及最重要的——相同的需求。

換言之，生者的世界與亡者的世界並沒有明確的界限，相反的，兩者有持續的互動；這種信念來自史前人類的想法，有很多神話都說明天與地原本是一體，只是到了後來才分開的。這個概念也成為後來其他文明的基本信念，例如，埃及的宇宙起源說認為，空氣之神蘇（Shu），分隔了傑布（Geb）神象徵的大地，和女神努特（Nut）象徵的天空。蘇美人（Sumerian）則相信，恩尼爾（Enlil）神下了相同的分隔命令，創造了我們已知的世界。

一個進入墳墓後的世界在某種程度上能與活人的世界互動，這意味著亡者會成為活人膜拜的對象；膜拜儀式剛開始只是簡單的儀式，到後來越形複雜，墳墓規模越大且裝飾華麗，最終成為不朽的故居。

10底圖　精美的伊特拉
斯坎（Etruscan）裝飾
品，這些來自托迪（Todi）
的飾釘，是伊特拉斯坎文
明精緻華美的明證。

10-11　位於帕埃斯頓
（Paestum）潛水夫墓
（Tomb of the Diver）裡
的溼壁畫，描繪宴席場
景，這是伊特拉斯坎墓葬
圖像最常見的主題。

在近東地區、現在的伊拉克，人們依循一絲不苟的儀式埋葬亡者的習俗，似乎在舊石器時代中期便已經發展成熟；這點可從在沙尼達爾（Shanidar）發現的墳墓看出來，墳墓的年代約為西元前70,000年，裡頭有躺在花床上的尼安德塔人（Neanderthal）遺骸。

至今所知最早的非洲墓葬形式，在埃及一個名叫納茲雷卡特第四（Nazlet Khater 4th）的地方發現，可遠溯到大約西元前33,000年。在這座墳墓中，埋葬著一個類似歐洲克羅馬農人（Cro-Magnon）的男子，死者仰臥著，頭側擺著一把石斧。這座早期的墳墓顯示出當時的人對待死亡和來生一種嶄新的意識與態度。雖然它代表初期的亡者儀式，但這種儀式有時會轉變成對先祖的祭拜，讓活人得以確認自己是某個特定團體或部落的一分子。

人類一直要等到放棄仰賴狩獵、捕魚和採集為主的經濟活動，從遊牧的生活方式，進展到以利用土地農業資源和馴養動物為主的定居開墾的生活形態，才得以進行真正的亡者儀式，並建造繁複的墳墓。

定居開墾的生活，同時也創造了有組織的社會結構，這時人類開始發展手工藝、商業，並有了第一次的宗教儀式。接著領袖也開始出現，他指揮並規範所有集體工作，以便鞏固普遍盛行的農業經濟。其他擔負特殊責任的人物，也很快的聚集在這位象徵領袖的人物身旁，例如，負責建造防禦工事的人、負責社會生活組織的人，以及負責執行宗教儀式的人。這也就發展出以後的社會階級，形成戰士、政府官員和祭司。有了中央領導人和層級分明的社會，才有可能建造第一座規模宏大的墳墓。因為，這樣巨大的工程需要超越個人力量的群

12底圖　精巧的胭脂盒，出土於伊拉克烏爾（Ur）皇家墓園的墳墓。墳墓裡有精美絕倫的陪葬品，此胭脂盒為普雅碧（Pu-Abi）公主的私人物品，充分顯示出烏爾的藝術已臻水準之上。

13　埃及戴爾美迪納（Deir el-Medina）的帕盧杜（Pashedu）墓室入口，裝飾著《亡者之書》（Book of the Dead）中的篇章，壁畫上是以胡狼形象出現的靈魂護送者——阿努比斯（Anubis）。

12上圖　圖坦卡門（Tutankhamon）金碧輝煌的陪葬品中有很多珠寶，包括這塊有景泰藍鑲嵌的黃金鷹胸牌。它是在寶藏庫裡的寶盒內被發現的。

體努力，而團體也透過這樣的努力找到認同。

早在西元前5000年的新石器時代
（Neolithic），住在歐洲的人類，生活已轉型為
農業型態。當時的人類建造了古墳（tumulus
tombs）和石桌墳（dolmens），使用的是典型
的巨石文化形式，並且融合了殯葬、宗教與巫
術儀式。在地中海東部的耶利哥（Jericho），
一群屬於納圖夫文化（Natufian culture）的人

14上圖 金製的老鷹頭
像飾品，在蒙特阿爾班
（Monte Albán）的米克特
（Mixtec）墓出土。

14-15 位於吳哥窟
（Angkor Wat）迴廊的浮
雕，描述神話故事「攪乳
海」，圖是浮雕的局部，刻
畫奇幻的海中生物。

民,更在西元前9000年便已開始施行早期的農業形式,他們在殯葬儀式中會以熟石膏覆蓋在亡者的頭骨上,並在眼窩擺放貝殼,以模仿亡者生前的五官。

在同一時期,安那托利亞(Anatolia)高原以及當時的東方,開始形成早期的城市,而依據階級和社會地位建造的墳墓,形式差別也更明顯。其結果就是建造墳墓的結構開始突出

於地表之上。位於伊朗高地的洛雷斯坦(Luristan)北部,曾經出現數十座小村莊,其中一座名為丘加美斯(Choga Mish),竟然發展到面積涵蓋10到18公頃,成為人類史上首座城市之一。到了西元前6000年到西元前5000年之間,埃及的經濟生活也出現仰賴狩獵、捕魚和採集,屬於早期的穩定屯墾區。當時居民同樣也遵行一絲不苟的儀式安葬亡者,將遺體以長布條包裹,以嬰兒胚胎姿勢向右側躺,頭部朝南、面向西方的方式埋葬。面向西方象徵著亡者的世界與落日之間的聯繫。

同一時期,在印度河谷的梅赫爾格爾(Mehrgarh),亡者則是安置在豎穴中,陪葬品有次級的珠寶。墳墓外圍著一道磚牆。

在中國,栽種作物已成事實,長江三角洲有大片農田栽植稻米,亡者遵照一定的葬禮儀式安葬,遺體以南北向安放。

一直要到西元前3000年,新石器時代結束、銅器時代開始,才有真正包含陪葬品且規模宏大的墳墓出現,包括歐洲的巨石土墩,埃及阿比多斯(Abydos)和塞加拉(Saqqarah)墓地的大型墳墓,烏爾的皇家墓園,中國太湖地區良渚文化的墳墓,甚至還有早期由高加索(Caucasus)和西伯利亞(Siberia)草原的遊牧民族所興建的墳墩(kurgan)。有一個事實,那就是大家都相信死後的世界,這似乎把許多不同的新石器時代文明與文化連接在一起。殯葬儀式越來越重要,不朽的故居開始被賦予紀念性和永恆的特色,使得某些殯葬建築成為人類歷史上最豐美的智慧果實。

15　這尊殯葬用的貴族婦女唐三彩陶像,還保留著原本的華美色彩。雕像的髮式及服飾,是我們了解唐朝文化與習俗的珍貴資料來源。

歐洲 EUROPE

從石桌墳
到維琴那的寶藏
From dolmens to
the treasures of Vergina

歐洲第一個墳墓的例子要追溯到舊石器時代，在當時首度形成合宜的殯葬儀式。儀式的程序包括，亡者要穿上最好的服飾、以最珍貴的物品來陪葬等，這些都顯示人們相信死後的生命，以及能協助亡者前往來生的種種法事。

直到中石器時代，將亡者葬在限定區域的習俗才發展成熟。不過直到新石器時代，歐洲才建造第一座稱得上是「不朽的故居」的墳墓。不朽的故居形式繁複、規模龐大，能確保亡者受到保護且能永恆長存，最終甚至比生者的居所更持久。

在西元前5000年，歐洲開始出現第一座巨石殯葬墳墓，並蔓延到各地，一直擴散到不列塔尼（Brittany）、英格蘭、愛爾蘭和馬爾他（Malta）群島，並達到燦爛的高峰。這些堅固的建築使用石塊，有時是非常巨大的石塊，主要特色是石桌墳（dolmen）和通道式墓室（passage-tomb），上面覆以大土墩。愛爾蘭紐格蘭吉（New Grange）著名的通道式墓室建於西元前3400年，比吉薩（Giza）金字塔還要早900年。墳墓上覆蓋的土墩直徑達90公尺，高15公尺。像這樣的墳墓，有時還建造圓形墓室，可視為歐洲的第一座「不朽的故

16 這幅19世紀版畫描繪塔爾奎尼亞（Tarquinia）墓地一景。伊特拉斯坎人從西元前8世紀開始定居義大利，生活在現今的托斯卡尼（Tuscany）和拉奇歐（Lazio）。他們是第一批建造繁複墳墓的歐洲人。繁複的程度反映出伊特拉斯坎人對來生的堅定信念。

歐洲 EUROPE

紐格蘭吉（New Grange）

艾塞（Essé）
卡納克（Carnac）
加夫里尼斯（Gavrinis）
班尼內茲（Barnenez）
洛克馬力亞柯（Locmariaquer）

塞維特里（Cerveteri）
塔爾奎尼亞（Tarquinia）

維琴那（Vergina）

邁錫尼（Mycenae）

沙赫拉（Xaghra）
哈爾薩夫列尼地宮（Hal Saflieni）
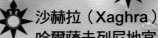

居」。歐洲所知的15,000座巨石墳墓中，有200座裝飾著同心圓的幾何圖形浮雕，像是圓圈或不知何種意義的螺旋狀，還有較少見的擬人元素，這可能含有象徵意義，是宗教信仰的表現。

有些墓地則占地遼闊，例如，英格蘭埃夫伯里（Avebury）南邊、西肯尼特（West Kennet）的墳墩，100公尺長的範圍內，建有多重墓室，裡面葬了至少50具遺體。同樣的，在馬爾他戈左島（Gozo），大型的哈爾薩夫列尼地宮（Hal Saflieni），廣達500平方公尺的面積內，像迷宮般散布著33座墓室。

雖然很多例子都顯示，新石器時代的殯葬儀式與繁殖儀式之間存在的密切關係，是從新石器時代宗教的農業根源發展出來的，這在古埃及是眾所皆知的現象，但其殯葬儀式究竟為何，我們至今仍不清楚。

此外，很多證據也顯示，殯葬宴席已很普遍。這種習俗顯示古人堅信永恆生命的存在，他們認為永恆生命代表塵世生活的改善，有時還是英勇行為或善行的回報。建造這些墳墓的建材、石頭，向來就讓人聯想到不變、永久，因此代表對亡者永恆的承諾。亡者的陪葬品有工具、武器和珍貴物品，有時還會特別訂做，這些物品都是前往陰間的必需品。

到了銅器時代，隨著科技的進步和金屬加工的引進，墳墓用品越來越繁複，包括各種手工精細打造的珍貴藝術品。這些物品還有象徵價值，代表亡者在死後世界的身分地位和財富權勢。

希臘邁錫尼的殯葬建築，年代約為西元前14世紀前半葉，當時建造了巨大的圓頂墓，來安放皇室成員的遺體。墓園結合了巨石墳墓以及銅器時代墳墓較優雅的特色，位於其中的「阿特柔斯寶庫」（Treasury of Atreus）入口的

楣樑（architrave），重達120噸，規模十分宏大。邁錫尼的統治者都用精緻的金箔面具陪葬，遺體安葬在有寬闊地底墓室的豎穴或圓頂墓裡，即所謂的圓形墓（thòlos），墓中以同心圓排列的石板，高度可超過12公尺。

進入鐵器時代（Iron Age）之後，義大利半島的伊特拉斯坎人（Etruscan），將亡者安葬在大型地底墓室中，並裝飾著描繪日常生活場景的浮雕。這些墳墓的藝術與風格，在西元前6到西元前5世紀之間臻至最完美的境界。這些墳墓集合在大型墓園中，其中最有意思的是位於拉奇歐的塔爾奎尼亞和托斯卡尼的塞維特里。它們比不上巨石墳墓或邁錫尼墳墓的壯麗，但墓中精緻優雅的壁畫，卻顯示出對塵世生活的熱愛、亡者及其家人的身分地位和財富。這些壁畫可能不只是對過去生活的回憶，更是代表著來生中新生活的背景。

伊特拉斯坎墳墓裝飾的主題，主要表達貴族與寡頭政治的社會。相當普遍的宴會主題，便是複製亡者在世時曾舉辦的宴席，席間有音樂家和舞蹈家伴奏起舞。墓中還會有真實的珍貴物品，像是特殊場合會使用的金杯、飲酒容器、酒壺，就放在亡者遺體旁邊，和其他私人物品與華麗的珠寶擺在一起。

研究這些陪葬品後我們得知，伊特拉斯坎人不僅藝術成就很高，甚至連科技也很發達，已能運用粒面細工（granulation）或金屬絲細工（filigree）等技術，製造繁複的黃金飾品。

和埃及人一樣，伊特拉斯坎人想像亡者是出發展開一段漫長的旅行，前往死後的世界，這個世界與新王國的底比斯（Thebes）墳墓中所描繪的世外桃源般的伊亞努農田（Fields of Iaru），並沒有什麼共通處。對伊特拉斯坎人而言，陰間是黑暗悲傷的，由可怕的神祇統治

著。這種抽象概念是受到希臘文化的影響，這也說明為何伊特拉斯坎人這麼執著於塵世的生活，甚至必須將其表現在墳墓藝術中。

大約在西元前4世紀初，就在伊特拉斯坎墳墓建造後不久，馬奇頓（Macedonia）維琴那附近的埃蓋（Aigaì）墓地的皇家墳墓也興建完成。這些墳墓為大規模的地下墓室，裝飾著壁畫，土墩上覆蓋著巨大的正面，於1980年代挖掘出土。

其中特別華美的兩座墳墓保存得相當完好，分別為馬奇頓的菲利普二世（Philip II）之墓，他於西元前335年死於埃蓋，還有他的父親阿敏塔斯三世（Amyntas III）之墓。這兩座墓首度在墓室運用桶形拱頂，顯現出西元前4到西元前2世紀希臘特有的殯葬建築形式。

菲利普二世之墓，亦稱為維琴那二號墳墓，其中有華麗絢爛的陪葬品，包括武器、珠寶和其他金銀製品，還有兩個石盒，安放著飾有美麗浮雕的國王夫婦的黃金骨灰罈。他們的遺體遵照古老傳統火化。詩人荷馬（Homer）記載了這項傳統，當時的希臘英雄火化後從腐朽的身體解脫，走過黑暗陰沉的通道，前往冥王黑地斯（Hades）的冥府。

18 這張美麗的圖片為奧琳琵雅絲（Olympias）的黃金浮雕，她是菲利普二世的第一任妻子。維琴那的菲利普二世之墓中，豐富的陪葬品裡有許多珍貴的物品。

愛爾蘭 Ireland

紐格蘭吉（New Grange）

艾塞（Essé）
卡納克（Carnac）
加夫里尼斯（Gavrinis）
班尼內茲（Barnenez）
洛克馬力亞柯
（Locmariaquer）

法國
France

不列塔尼與愛爾蘭的巨石墓

Megalithic tombs in BRITTANY and IRELAND

人類從很早開始，便覺得有需要保護亡者的遺體，有的使用單一墳墓，有的則用集體墳墓；後者有時使用簡單的建築結構，有時則相當複雜巨大。最早期的土葬例子，約在西元前100,000年到西元前40,000年之間的舊石器時代中期，絕大部分僅僅是簡單的壕溝。至於巨石建築卻是始於中石器時代（約在西元前10,000年），當時居住在法國不列塔尼（Brittany）和葡萄牙太加斯河（Tagus）河口附近的居民，利用巨大石板把集體墳墓圍築起來。到了新石器時代，墓葬地點逐漸有了變革，且越來越複雜巨大，還裝飾著具象徵意義的圖案。就在史前時期的這個階段，人類開始

20 法國洛克馬力亞柯的巨石柱。這是到目前為止，在歐洲發現的規模最大的巨石柱。不過巨石柱已裂成四塊，倒臥在地面。

20 - 21 卡納克的勒曼尼（Le Menée）大石排（alignment）的鳥瞰照片。巨石柱的高度越來越低；排在最前面的（西邊）高度為3.6公尺，到了東段，則降低到只有50公分而已。

過著定居生活，建立最早期的村莊，並花費很多時間建造膜拜母神（Mother Goddess，祂負責大自然的循環）與舉行亡者儀式的建築物。同時也是在新石器時代期間，開始有了大規模的巨石建築，不過最早的地點已不可考。柴爾德（V. Gordon Childe）於1925年曾提出一個論點，認為這種文化與建築現象起源於東方，

再傳到歐洲，但這論點已在1967年，遭到蘇斯（Hans E. Suess）根據碳十四測年法設計的「樹輪年代學」（dendrochronology）方法所駁斥。這個方法證實，歐洲巨石建築遠比地中海東部的巨石年代還要久遠。

「巨石」的英文「megalithic」一詞，由赫柏特（Algernon Herbert）創於1849年，源自

希臘文「mégas」（large）「巨大」和「lithos」（stone）「石頭」，意指世界各地的巨大石頭建築體。從在法國所發現的大量此類建築來判斷，似乎可以確定巨石建築最早發展於法國（西元前5000年），再傳到葡萄牙（西元前3900年）、西班牙（西元前3600年），然後是英倫諸島。我們並不清楚巨石現象是否在西元前4100

年到西元前2500年之間發源於馬爾他群島，因為只有在這些地中海小島上，才可見到位於地底建築旁邊的神廟。

巨石建築的主要形式有巨石柱、大石排、石圈和石桌墳。主要發現於法國，年代約為新石器時代，巨石柱（menhirs）也發現於西歐的許多地區；此名詞的字源來自不列塔尼文「men」（石頭）和「hir」（長形的）。巨石柱直立在地面，高度通常在1到12公尺之間。氣勢宏偉的法國洛克馬力亞柯（Locmariaquer）巨石柱，或稱莫比杭（Morbihan）巨石柱則為例外，它高達23.5公尺，重約300噸，但已碎裂成四塊倒臥在地面。我們很難理解巨石柱的真正功能，有些可能是生殖器象徵；穿透大地之母的內部，表現授精的行為。在其他例子中，巨石柱鄰近墓葬地或膜拜地，標示這個地點的

神聖不可侵犯。有些巨石的上頭雕刻擬人圖像，表示這些巨石柱（或更恰當的說法是雕像巨石柱）被視為亡者靈魂永不毀壞的所在，因此也就保證永恆不朽。

巨石柱平行排列形成「大石排」。最顯著的例子是在不列塔尼的卡納克（Carnac），有3000個巨石柱排成10列，長達3公里。我們不知道大石排目的為何，但有人提出許多假設：有些學者認為這是用來當作天文觀測站，有人則說和太陽崇拜（太陽是所有生命的起源）與亡者儀式有關，因為附近出現了石墳和墓室。

巨石柱排列成圓圈或半圓形成石圈（cromlechs），這名詞也是源自不列塔尼文「crom」（圓圈）和「lech」（地方）。石圈直徑

21上圖 柯爾馬立歐（Kermario）的大石排，是卡納克三群大石排的第二群。可能是大石排前半部最壯觀的石柱群。

21中圖 卡納克的曼恩凱立歐尼克石桌墳（Mane Kerioned Dolmen）的內部構造，顯示出建造者的技術能力：直柱上完美的擺放著巨大石板。

21底圖 洛克馬力亞柯附近的一座石桌墳。此墳有傳統的建築結構，幾根直柱上覆蓋著一面巨大的石板。

22-23 這些倒臥的巨大石柱和墳墓，稱為「商人桌墳墓」（Merchants' Table Tomb），位於洛克馬力亞柯附近的海岸。

22底圖左 菲尼斯代爾（Finistére）柯瑪納（Commana）附近的穆勻比杭（Mougau-Bihan）長廊式石桌墳，將近13公尺長，直柱上放置大石板。

22底圖右 位於法國北部海岸的石桌墳，圖為墳墓內部的一部分。

23上圖 這座墳墓可能是卡納克眾多巨大石桌墳中最大的一座。覆蓋的石板增添了整個建築物的宏偉氣派。

23底圖 這座加勒里亞（Galleria）的石桌墳，使用了比其他墳墓更小更薄的石板，顯得相當優雅。

的特色，以建造最適合安置亡者的建築。這種形式的墳墓稱為「墓室」（chambered tombs），分為「長廊式墓室」（gallery graves）和「通道式墓室」（passage graves）。在長廊式墓室中，整座墓只有一間狹長的房間，圍繞覆蓋著石板，亡者就躺臥其中；通道式墓室則有一條巨石通道，上覆石板，通往較大的墓室，墓室覆蓋著巨大石板或假拱，假拱是由突出的石頭排成圓圈形成的假圓拱。在地中海地區，此種墓室特殊的建築方法，直到伊特拉斯坎文明時代，都還普遍可見。

這些巨石墓大半是集體墳墓，裡頭擺放著

巨石墓

變化很大：最小的是位於里穆立阿薩齊那（Li Muri - Arzachena）的薩丁尼亞石圈，直徑為 5 到 8 公尺。最大則在英格蘭的埃夫伯里（Avebury），直徑達 427 公尺。這種巨石圈大半集中在英倫諸島，其功能和墓葬及膜拜有關，但其中有些則是作為天文觀測之用。

石桌墳（dolmen）一詞源自不列塔尼文「dol」（桌子）和「men」（石頭）。石桌墳是墓葬建築，包含一塊以上的石板，平放在直立的

石頭（直柱）上。有些石桌墳蓋有墓室，前方有入口通道，有些則覆蓋土墩。這兩種建築類型是新石器時代最顯著的土葬形式，同時也代表法國不列塔尼地區和愛爾蘭複雜墓葬建築發展的根源。

挖掘天然溪谷作為墓地，在其他地區是常見的做法，但在西歐並不普遍；多數巨石墳墓都蓋在地面上，再覆蓋巨大土墩，這種做法表示新石器時代的歐洲民族，嘗試複製地底墳墓

精緻的墓葬品，例如家庭用品、農業用品和裝飾品。在世者似乎供給亡者前往死後世界所需的所有東西。墳墓的牆壁有時會雕刻母神予以裝飾，母神是最偉大的保護神，有時也會以各種雕像來表現。墳墓中放著母神也證實了新石器時代各民族常見的繁殖儀式與亡者儀式之間的密切關係。當時的人們可能認為，一旦亡者被安放在土裡，便獲得四季循環再生所需的生命能量。

不列塔尼的遺址
Brittany's monuments

另一種值得注意的石桌墳式建築，便是在菲尼斯代爾（Finistére）半島頂端壯觀的班尼內茲遺址，其中包括11座在布局與大小上各不相同的「通道式」石桌墳。它們全可經由皆位於土墩同側的走廊，進入墳墓內。

土墩的長度可達75公尺，寬度則在20到25公尺之間，高度6到8公尺。除了9座石桌墳（覆蓋著突出石頭的假圓頂並有墓室）之外，

還有一座傳統形狀的石桌墳（圓形墓室覆蓋著巨大石板），以及一座附有前廳，並在墓室和通道之間的區域覆蓋著假拱頂的墳墓。

有些墳墓的石板裝飾值得一提；例如，一把有把手的斧頭和波浪狀旋渦的圖案，出現在一間墓室的支柱石頭上，這兩種都是巨石藝術常見的圖形。覆蓋墳墓的土墩則由近乎長方形的圍牆圍住。一般認為，班尼內茲遺址是不列塔尼年代最古老的墳墓之一，而且於新石器時代中期的兩個時期建造完成。經過化驗，發現其中一座位於東段的墳墓建造日期為西元前3800年，而另一座位於西段的墳墓為西元前3500年。如前所述，利用突出石頭建造假圓頂技術的起源，雖然在時間長河中已不可考，但也許可追溯到6000年前。

這些墳墓主要是用就地取材的石頭建造而成，但覆蓋通道所使用的花崗岩石板，則是從2公里外運送過來。

另一座巨大巨石建築，則是在艾塞（Essé）的長廊式墳墓，它被稱為洛西歐菲墳墓（Roche-aux-Fées Tomb），也就是神仙石的意思。此墳墓可能是集體墓葬地，也可能是在新石器時代晚期用來作為神廟，不過我們並不知道當時進行什麼樣的儀式。

這處遺址長度約20公尺，由大約40塊寒武紀（Cambrian）的紅色片岩石板建造而成，其中7塊覆蓋的石頭，每塊都重達30到40噸。這些建材是從4公里外的地方搬運來的，使用的方法一定包括斜坡、槓桿和滾輪。遺跡有一巨大入口，1公尺高的低矮通道，由3根柱子分成4個區塊，還有一間長14.31公尺、寬4公尺和高2公尺的大墓室。

有時，巨石墓還會飾以優雅的圖案，使這處遺址呈現細緻的氣氛。

一個絕佳實例是位於洛克馬力亞柯（西元前3500到西元前3000年），稱為「商人桌」的石桌墳，墓裡直柱群之一的內部，有四排斧頭的半圓形圖案，中央有一人物，似乎代表太陽。下方則是無法辨認的記號。

24上圖 洛克馬力亞柯的石桌墳旁立著巨石柱，可能要標示此地的神聖不可侵犯。

24中圖 此為班尼內茲11座通道式石桌墳其中一座的入口。

24底圖 位於艾塞的大型長廊式墓室。可能是一處集體墓葬地。

24 - 25 這座位於不列塔尼班尼內茲的墳墩內，有11座石桌墳式建築。

25底圖左 在洛克馬力亞柯發現的許多巨石墳，這座大墳墩是其中之一。

25底圖右 洛克馬力亞柯的馬尼雷圖亞爾（Mané-Réthual）石桌墳內部，有一間長方形墓室和一間多邊形大墓室。

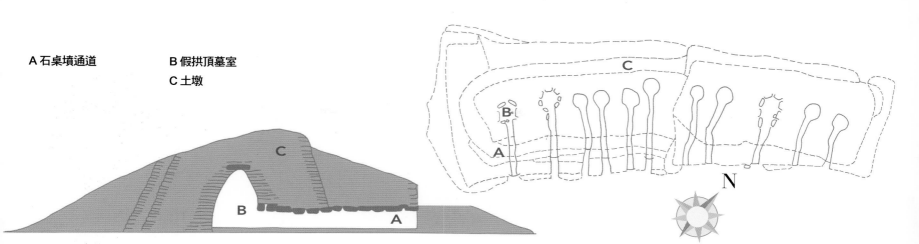

A 石桌墳通道　　　B 假拱頂墓室
C 土墩

不列塔尼的遺址

26上圖 有些直柱飾有圖案：中央的石板裝飾著四邊形的盾牌，右邊的石板則有兩面上下交疊的盾牌；左邊的石板則是一對斧頭。

26-27 從這張照片可看到加夫里尼斯遺址內其他的裝飾直柱：前方直柱的中央部分有三個孔洞，應是石頭天然的缺陷。除了底部的兩個螺旋之外，其他裝飾圖案並不清楚。

26底圖 不列塔尼最有特色的遺址：加夫里尼斯島上的長廊式墓室。

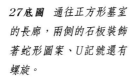

27底圖 通往正方形墓室的長廊，兩側的石板裝飾著蛇形圖案、U記號還有螺旋。

A 墓室
B 石桌墳通道

N

不列塔尼另一座顯著的巨石墳，位於拉莫巴登（Larmor-Barden）的加夫里尼斯（Gavrinis）島；這座石桌墳上的雕刻美麗非凡，被公認是世界奇觀之一。一座巨大的錐形石堆覆蓋這座新石器時代晚期的長廊式石桌墳（西元前3500到西元前3000年，日期經過校準）。它有一條14公尺長的走廊，由巨大石板和飾以象徵圖案的直柱圍構而成，通往一間正方形小墓室。

這處遺址的功能也非比尋常，主要是用來膜拜。我們已知各種巨石墓的功能會隨著時代改變，「殯葬」建築會演變成「儀式」建築。

加夫里尼斯巨石墳有一個值得注意的地方，那就是它朝向冬至時太陽升起的方位。

這處遺址和其他巨石墓特別不同之處在於，它的直柱有顯著的裝飾（通道裡的29根直柱中，有23根有裝飾）。所裝飾的圖像包括一些意義難以明瞭的象徵畫像，如波浪形狀和同心圓弧的圖案，最主要的圖形是多重波浪線條環繞同心半圓，相當有趣。不過，另個值得一提的，就是巨石藝術中常見的斧頭。加夫里尼斯巨石墳的直柱中，有一根裝飾著三排斧頭形狀的雕刻，它們大多雙成對，由多重波浪線條環繞，另一根直柱上的雕刻，則是一把巨大斧頭和長角公牛。這些象徵圖案的意義很難詮釋，它們可能與繁殖儀式有關，這點可從公牛和螺旋圖案推論出來。螺旋通常被認為是水的象徵，但同時也象徵蛇，蛇在陰間的象徵意義上很重要，而陰間就是亡者的世界。不過蛇每年的蛻皮，也象徵不斷的再生。

加夫里尼斯巨石墳中所發現的精緻裝飾，
以及其他遺址上數量較少、設計較簡單的裝
飾，都顯示出新石器時代各民族已有相當程度
的智能水準。畢竟，這些墳墓不單只是用做埋
葬的實際用途，同時還有美學的功能，這點可
從巨石遺址的裝飾與象徵圖案看出來。

很顯然，斧頭、弓、蛇和角，都是男性的
象徵，眼睛和胸部的圖案則代表女性。在巨石
墓中，母神也常以擬人形式表現出來。

28底圖左 位於紐格蘭吉墳墓入口,飾有螺旋圖案的巨大石頭,和同時代的馬爾他巨石神廟有許多相似處。入口上方的裂縫,讓陽光能在冬至時分照射進墓室。

紐格蘭吉的巨大墳墓

The extraordinary tomb at New Grange

英倫諸島的巨石墓數量驚人,但位於愛爾蘭紐格蘭吉(New Grange)繁複的建築結構類型,卻讓其他的巨石遺址望塵莫及。大約在西元前4700年(新石器時代),人類在愛爾蘭屯墾定居的記錄,很有可能比英倫諸島其他地區還要早,不過巨石墓的建造要等到約西元前3700年才出現。

位於諾斯(Knowth)、紐格蘭吉和道斯(Dowth)的三座巨大墳墩,全都包含一間大型墓室,除了這三座大墳墩之外,博因河(Boyne)谷地上還有其他許多小墳墩、直立的石頭、傾頹的石圈,以及巨石建築,許多學者因此推論,這片河谷有很長一段時間,一定被認為是「神聖」之地。

雖然紐格蘭吉墳墓鄰近兩座大墳墩,但卻因裝飾圖案的精緻與秀異而格外突出。這座遺址約建於西元前3400年,呈橢圓形,高15公尺,直徑超過90公尺。內部為一通道式石桌墳,通往一間有假拱頂翼廊形狀的墓室,墓室以每片重逾1噸的大石板蓋成。墳墩的基座有97顆石頭,且大半有裝飾,墳墩周圍環繞著巨大的巨石柱石圈。

紐格蘭吉墳墓建造的方位,讓陽光得以在冬至時分(12月21日)從一道缺口射進通道,照亮墓室。

紐格蘭吉墳墓的許多石板都飾有裝飾圖案,其中首先應該提及的,是位於墳墓入口通道前方的石板;這塊石板上裝飾著螺旋圖案,其樣式與大約同時代的馬爾他巨石神廟石板上的裝飾很類似。與馬爾他近似的圖案包括代表「眼睛形狀」的雙重螺旋圖案、簡單的圓圈圖案以及植物圖案。馬爾他神廟石板上的植物圖案,代表植物的生命力,它們完全吻合以農業為生命基礎的文明;除了出現在愛爾蘭與馬爾他,植物圖案在法國也看得到。紐格蘭吉石板上的螺旋圖形,通常呈現三角形或鑽石型;有時是獨立的三重螺旋、有時是置於牆上的三角

28上圖和28-29　紐格蘭吉的大墳墩，是至今在歐洲發現最大的墳墩。大張照片顯示通往內部墓室（有三個房間）的入口。墓的前半部以白色石頭砌成，基座由石板圍構而成。墳墩周圍環繞著巨石柱石圈，今日僅存12個。

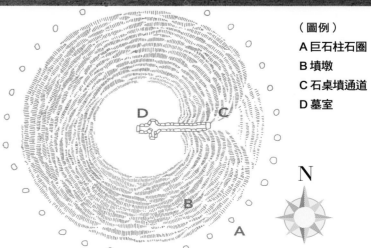

（圖例）
A 巨石柱石圈
B 墳墩
C 石桌墳通道
D 墓室

N

紐格蘭吉的巨大墳墓

形圖案、有時則出現在圍覆墳墓的石塊上。

　　至於這些石頭建築上的圖像，代表什麼意義，我們並不清楚，但就巨石藝術而言，包括在馬爾他所發現的藝術，其共通特色似乎只能用一般的哲學，以及集體墓葬的神奇宗教思想觀來解釋了。

　　應該特別提出來說明的是，我們至今仍能欣賞到愛爾蘭墳墓的壯麗，是因為環繞並支撐墳墩的石英石與花崗岩圍牆，是最近才剛剛修復完成的。

拉奇歐伊特拉斯坎地區的亡者祭典

The cult of the dead in the ETRUSCAN territories in Lazio

塞維特里（Cerveteri）
塔爾奎尼亞（Tarquinia）

義大利（Italy）

32上圖 容貌清麗、衣著華美的維麗亞史普瑞納（Velia Spurinna），出現在塔爾奎尼亞家族墳墓（歐可斯一世之墓 Tomb of the Orcus I）的牆上，帶著哀愁的眼神。

32中圖和32-33 這個塞維特里的陶土骨灰罈（約西元前520年），是伊特拉斯坎陶器的傑作之一。一對新婚夫妻半倚在一張優雅的臥榻上，男子上半身赤裸，環抱著妻子。這只陶甕為羅浮宮館藏，不過羅馬國立朱利亞別墅博物館（Villa Giulia National Museum）也收藏著另一個類似的寶。

伊特拉斯坎文明的複雜精神，有很大一部分是在關懷與人類命運有關的信仰與儀式。一份傳承至今的文字典範記載，伊特拉斯坎人是非常虔誠的民族，與亡者儀式關係密切。這些都由羅馬史學家提圖斯李維（Titus Livius）記錄下來，並經由基督教的辯證者阿諾比烏斯（Arnobius）（教會傳教工作法令，第七書，26）證實。阿諾比烏斯認為伊特拉斯坎是「所有迷信的製造者與母親」，這指的是伊特拉斯坎人一絲不苟的奉行所有儀式法事。

這套陳述大量宗教戒律與規則的典範，是在伊特拉斯坎文明末期蒐集記錄，集結成一系列聖書，把代代口耳相傳的資料編纂整理，有如一本總結性論文。

可惜，這份被羅馬人稱為「伊特拉斯坎聖典」的原始宗教文獻已失傳，這意味著，我們

34-35 這幅水彩畫,由英國畫家安斯利(Samuel James Ainsley)繪於1857年。畫中描繪從1846到1847年,在塞維特里的班迪塔西亞墓地(Banditaccia necropolis)發現浮雕墓(Tomb of Reliefs)的情景。

對伊特拉斯坎文明這個層面的了解，是不完整且不直接的。有些古典史料曾提及下列幾本書的存在：《肝卜書》（Libri Haruspicini），講的是透過判讀動物肝臟來占卜；《閃電書》（Libri Fulgurales）談的是透過閃電預測未來；至於《儀式書》（Libri Rituales）則是蒐集所有關於舉行亡者儀式時該遵守的規則。《儀式書》中有一個很特別的章節——〈陰間書〉（Libri Acherontici），講的是死後世界以及如何確保亡者免受死亡苦楚的種種儀式。

至今發現的少數幾件文物，似已足夠證實這些文獻的內容：在皮亞琴察（Piacenza）附近發現的綿羊肝臟銅製模型，就是伊特拉斯坎占卜者用來預測未來的基本工具；寫在薩加布利亞（Zagabria）木乃伊布條上的禮拜經文，係摘錄自《儀式書》，以月曆形式詳述特殊的儀式規定；最後，在卡普亞（Capua）的陶磚（Tegola）上，有葬禮的相關記載，提及供品、奠酒和獻祭，全都證實了這些和陰間有關的占卜儀式確實存在。

伊特拉斯坎宗教的極度儀式化，源自他們對神的概念，他們認為神明是晦澀難解的實體，會將意志強加在人類身上，剝奪人類的自主性。因此人類必須按照本身低下的地位來行動，試著解讀每個神跡，並以儀式和獻祭安撫諸神的憤怒。

宗教的外在儀式是祭司的職責，他負有監督龐大儀典制度的責任。其中一個最重要的人物就是稱為「希拉施巴」（haruspex）的人，

34底圖左 這只優雅的兩耳細頸橢圓土罐上的圖案，是米卡利（Micali）畫派的作品，製造者則是西元前6世紀末期活躍於伊特拉斯坎的一個工作坊。現藏於國立塔爾奎尼亞博物館（National Museum of Tarquinia）。

34底圖右 瓦瓶是一種附嘴的陶器，用來裝油或其他液體。照片中的這件作品呈鴨子形狀，以紅彩技巧裝飾。現藏於國立塔爾奎尼亞博物館。

35底圖 康塔羅斯酒杯（kantharos）是一種兩個直立把手高於杯緣的酒杯。現藏於羅馬國立朱利亞別墅博物館。

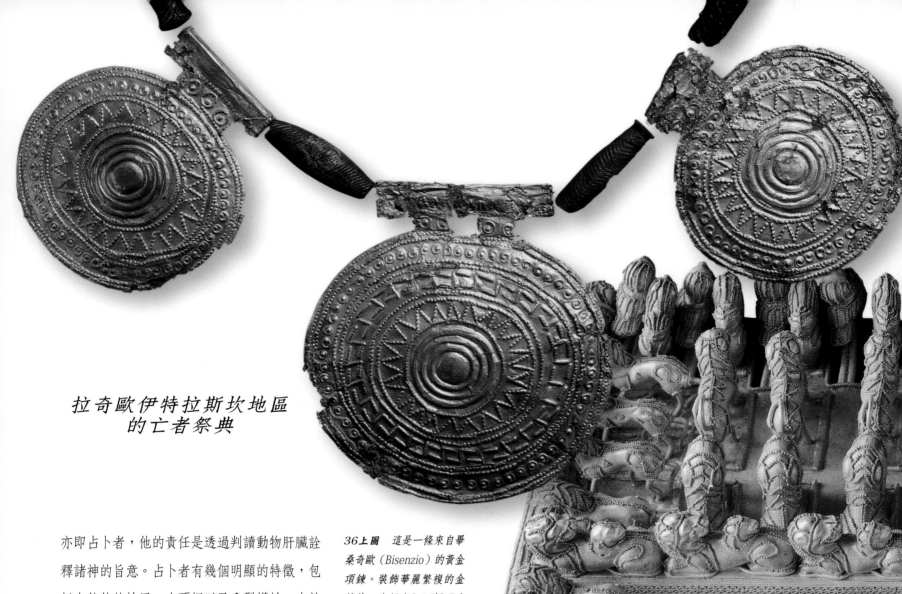

拉奇歐伊特拉斯坎地區的亡者祭典

亦即占卜者,他的責任是透過判讀動物肝臟詮釋諸神的旨意。占卜者有幾個明顯的特徵,包括有紋飾的披風、尖頂帽以及J型權杖,也就是末端彎曲的權杖。其實伊特拉斯坎的宗教,在早期對神明的概念相當模糊、不精確,尤其是在數目、外觀以及神的性別這幾方面。

等到後來受到希臘的影響,伊特拉斯坎的宗教才進步到為神明確立身分,並把凡人的特性加諸在神明身上,最終才納入希臘羅馬諸神、建立各路的神明,例如提尼亞(Tinia,等同羅馬神朱比特Jupiter)、烏妮(Uni,等同羅馬神朱諾Juno)、米娜薇(Menerva,等同羅馬神米娜薇Minerva)、艾塔(Aita,等同希臘神艾德Ade)、佩希普奈(Phersipnai,等同希臘

36上圖 這是一條來自畢桑奇歐(Bisenzio)的黃金項鍊。裝飾華麗繁複的金鎖片,直徑在6.1到6.5公分之間。這件文物是羅馬國立朱利亞別墅博物館的館藏之一。

36-37 這塊金牌來自帕勒斯特里納(Palestrina)的貝納迪尼(Bernardini)家族墳墓(西元前680到西元前660年),應是亡者衣服上的裝飾。金牌上飾有

131個圖像,包括蓋美拉(chimera,希臘神話中,獅頭、羊身、蛇尾的吐火女怪)、獅子、馬匹和女妖。兩個釘子能把金牌固定在布料上。

36底圖 這個藍鉛質玻璃手環的頂端,是兩頭飾以金銀絲細工的獅子。這件飾品的直徑大約9公分,製

作於西元前6世紀末期。出土於瓦爾奇(Vulci),現藏於羅馬國立朱利亞別墅博物館。

神佩希鳳Persephone）等，還有當地的神祇諾希亞（Northia，可能是財富女神）、維圖姆納（Veltumna，伊特拉斯坎最重要的神明）。

要重建伊特拉斯坎人的宗教世界，就必須檢視他們的殯葬習俗。

在最早時期，伊特拉斯坎人堅信，亡者的精神會在埋葬地點繼續存活。因此也就必須按照維朗諾瓦（Villanovan）時期（西元前9到西元前8世紀）既存的儀式，供應食物、飲料、武器和各種物件給亡者。然而，當時卻盛行這樣的習俗：火化遺體，並將骨灰放在骨灰罈，再埋進地洞裡，從表面上看起來，這似乎和把「靈魂」從身體的禁錮中釋放出來的觀念相抵觸，然而正好相反。使用房屋或花瓶形狀的骨灰罈，並複製亡者的個人特色的習俗，反而展現經歷死亡煎熬的痛楚後，想重回正常的慾望，同時也為亡者返回全新的生活做準備。

後來從西元前8世紀開始，伊特拉斯坎南

部和海岸地區逐漸改成土葬，更加強化這樣的觀念。這種新的殯葬儀式意味著不再火化亡者，而是安放在布置成真正房間的墳墓裡，不過後來因為空間有限，還是埋到地底。從此時開始，墓室成為伊特拉斯坎典型的墳墓形式，甚至影響到原本都是火化傳統的北部地區。

墓室也成為亡者家屬偏愛的地點，他們在這裡盡情釋放所有喜樂，以及塵世生活的悲歡。墳墓不只表達對亡者的愛戴，更是對家族身分與社會地位的肯定。這也是為什麼除了相信亡者長存之外，墳墓要蓋成房子的形狀，裡頭還要放這麼多物品的原因（不過不是放日常用品，而是只在重要場合才使用的最華美的物品），這也是為什麼墳墓的牆上要繪飾宴席、舞蹈和遊戲場景的原因。

尤其是透過需要大筆金錢和物資的宴席場景，家族希望再度確認他們的政經實力。牆上的壁畫顯示著主人在自己的房子裡舉辦宴會，特別著重描繪珍貴的個人飾品，以及宴會上使用的家具。墓室內同樣美不勝收，有絢麗的黃金物品、飲水壺、酒甕和其他大型液體容器，如本地製造或進口的罐子和兩耳細頸橢圓土罐，全都是精緻華麗的宴席用品，驗證了貴族生活的觀念與樣貌。

38上圖　這只皇冠的中央有個玫瑰花飾，框圍著河神阿克洛奧斯（Achelous）的頭，皇冠的箍帶黏著月桂葉片。這件飾品來自塔爾奎尼亞，是西元前4世紀後半葉的作品。現藏於倫教大英博物館。

其中有項物品成為交際酒會的象徵：康塔羅斯酒杯，這是酒神戴奧尼索斯（Dionysus）的特有代表物，也代表酒會主持人。儘管一般家庭很少用到這種酒杯，但它普遍出現在墳墓中，更加確立這種酒杯的純粹象徵價值。

除了和宴席有關的物品外，其他地位象徵物則是私人飾品和金屬牌；例如：臂環、耳環、搭釦和以撒粉或粒面細工等精細技術裝飾

女神莫依拉 Moira），她張著巨大羽翼、手持象徵無情命運的火炬；亡者的擺渡者卡倫（Charum，等同希臘神卡倫 Charon），有著野獸的特徵，手持榔頭驅趕遺屬；以及地下惡魔圖察丘（Tuchulcha），他長著兀鷹的臉、驢子的耳朵，身上纏繞毒蛇。

學者分析出土的文物後認為，當時的伊特拉斯坎人相信所有亡者都會受到相同命運的折

磨；就連最有名望的人也無法避免，他們唯一的慰藉就是透過展示地位象徵，宣揚在世時的成就，來繼續誇耀他們塵世生活的優越。

然而，一絲曙光似乎開始照亮這種晦暗不明的命運──解救之道的學說認為，只要能一絲不苟的進行表達真正伊特拉斯坎精神的儀式，亡者的靈魂便能得到祝福與神化，這在許多文獻資料中都清楚記載著。

的金箔胸牌。男女使用的釦子有時做得十分巨大，這種大釦子顯然純粹用來裝飾而非實用。

從西元前5世紀開始，希臘文化的傳入，使得伊特拉斯坎的末世觀產生重大變化，舊有的宗教信仰逐漸沒落。在希臘神話和宗教的影響下，逐漸建立死後靈魂轉世的觀念。

前往亡者王國的旅程，象徵著人的命運，那是一個陰暗、痛苦的世界，由嚇人的魔神統治著，如范絲女神（Vanth，可能是希臘命運

38中圖左　這只戒指也是來自塔爾奎尼亞。中央有顆纏絲瑪瑙，上刻有手持護脛甲的裸身戰士像　（西元前4世紀後半葉）。

38中圖右　這只銀杯發現於雷格里尼加拉希墳墓（Regolini-Galassi Tomb），是葬於前墓室的男子的陪葬品之一。

38-39　這只冠冕發現於
塔爾奎尼亞。三排模製的
長春藤葉片，與兩排表面
飾以刻紋的漿果，交互穿
插著。

39　這個巨大的黃金搭
釦，是雷格里尼加拉希墳
墓內亡者衣服上的裝飾
品。橢圓形金釦的中央，
是五頭側立的獅子，四周
圍著植物圖案。搭釦的另
一頭呈葉片形狀，上頭飾
有數排小鵝和帶翼雄獅。

塔爾奎尼亞墳場
The necropolises of Tarquinia

（圖例）
A 現今城市
B 伊特拉斯坎市
C 伊特拉斯坎墳墓

40底圖左和右 塔爾奎尼亞的宴會廳墓（Tomb of the Triclinium）（西元前480到西元前470年）側牆上的壁畫，彈奏七弦琴和吹奏雙重笛的樂者，正準備走向後牆上宴席中的三對夫妻的位置。

40-41 這具「貴人」（Magnate）的石棺（西元前4世紀末期），屬於82歲的執法官維爾瑟帕圖納斯（Velthur Partunus）。亡者的雕像半倚在石棺蓋上，右手拿著一個佩特拉圓碟（patera），有如在宴席一般。石棺底部的雕帶飾有亞馬遜女戰士和人馬歐激戰的場景。

塔爾奎尼亞（Tarquinia）和塞維特里（Cerveteri）的墓地，在重建伊特拉斯坎人的社交生活、習俗、末世觀及宗教世界上，扮演非常重要的角色。在古文學傳統中，塔爾奎尼亞一詞與「塔吉特」（Tagete）有關。塔吉特是個從一塊泥土誕生的男孩，他把《伊特拉斯坎聖典》交給城市的創建者塔功特（Tarconte）。從西元前8世紀中期開始，塔爾奎尼亞便是伊特拉斯坎最繁榮的城市之一：近

海的地理位置，使它在貿易上占盡優勢，也因此深受遠方文明的文化影響。

塔爾奎尼亞的墓地數量驚人：除了位於希爾奇亞泰羅山（Poggio Selciatello）和希爾奇亞泰羅索普拉山（Poggio Selciatello di Sopra）的墓地外，還有位於伊姆皮卡托山（Poggio dell' Impiccato）、加托亞奇山（Poggio Quarto degli Archi）、希維圖可拉（Civitucola）、加利納諾山（Poggio Gallinaro）的墓園，以及聖

沙維諾（San Savino）山谷的墓地。

塔爾奎尼亞最著名、最重要的墓地位於曼特羅契（Monterozzi），此地從西元前6世紀初起，便是主要的城市墓園。在這裡已發現約150座彩繪墳墓，幾乎全是近年才發現的，這都拜新的研究技術所賜。大部分的墳墓年代約為西元前6世紀中期到西元前5世紀中期。

這些墳墓內部多半有一間由岩石鑿成的長方形小墓室，通常經由階梯走廊進入。有的墳

墓還有更複雜的格局，如公牛墓（Tomb of the Bulls），裡頭有一間主墓室通往兩間小墓室。

墳墓內的裝飾不限於牆壁，甚至連天花板也有。一般而言，墳墓常會複製屋頂的建築元素，例如中央會漆成一長條紅色，模仿橫樑。兩邊斜面則通常飾以多彩玫瑰花飾，或四邊形的圖案像棋盤般展開來模仿天篷，而亡者則安放在聖台上。

模仿支撐大橫樑的中央支架，畫在天花板上，占據入口牆面和後牆的山形牆（最高的部分）。兩隻動物，通常是貓科動物，面對面各據

42上圖　塔爾奎尼亞母獅墓（西元前6世紀後半葉）內的裝飾，分為兩層。上層表現宴席的場景，下層則是有海豚與鳥類的海景。

一邊，墳墓常以牠們為名。裝飾中最有趣的元素卻是牆上中段部分描繪著圖像的雕帶。繪畫的主題有皇族生活的場景、貴族享樂的時刻，以及家族成員亡故時進行的儀式，以讚頌他的社會與經濟地位。這也是宴席壁畫的目的，家庭成員在畫中欣賞樂者（通常是笛子手和西塔琴手）和舞者的表演，並有一大群忙碌的僕從隨侍在側。

這些場景都可在母獅墓（Tomb of the Lionesses）中看得到，這個名稱來自於畫在後牆的山形牆上兩隻難以辨認的貓科動物。側牆則描繪最重要的場景：四名男性以典型的宴席姿勢斜倚在床上。這些人物的大小，畫得比其他圖像都大，顯示他們所屬家族的崇高社會地位。

壁畫上也常有遊戲的場景，一個重要的例子可在雜耍人墓（Tomb of the Jugglers）中看到，此墓畫有紀念亡者的儀式。葬在此墓中的

人，應是後牆壁畫上坐在最右邊的那個人物，他倚在一根長拐杖上，身著紫衣，而紫色代表崇高的社會地位。他前方的婦女頭上頂著蠟燭，還有一個年輕人則在手擲圓環，一旁還有許多人在觀看，而右牆上則有四名舞者隨著牧神笛的樂聲翩翩起舞。在左邊牆上有一名老人，可能是祭司兼遊戲的主辦人，與奴隸和僕從一起往前走，他身旁的人則對入口牆上的事物很感興趣。入口牆壁儘管保存狀況不是很

42底圖　母獅墓的後牆上，描繪著舞者拿著水壺，繞著一個大花瓶舞動著。

42-43　側牆的上層繪有宴席場景。其中一名男子正與旁人在聊天。

43底圖左和右　遊戲和舞蹈是宴席的理想背景活動。在雜耍人墓的後牆上，一名婦女和一名男孩在笛子手的伴奏下一起歡樂。右牆上則繪有一名少女踩著舞步前進。

好，但仍可辨認出有兩個人身披著獸皮，模仿動物的動作。

除了宴席，壁畫上也可看見舞蹈、遊戲和運動競技。墳墓中的圖畫，讓我們對運動賽事、節慶或葬禮的制度準則有全面的了解。我們知道有走路和跑步競賽、戰車賽、丟擲鐵餅和標槍、拳擊和摔角，還有跳遠。

在占卜官墓（Tomb of the Augurs），有一間長方形小墓室，四面牆上和天花板上裝飾的圖畫，構圖的方式與西元前6和西元前5世紀的其他墳墓相同。後牆中央的一道假門，代表冥王黑地斯的門，門的兩邊各有一個哀悼亡者的人，銘文顯示此兩人為祭司或負責辦理葬禮的人。側牆上裝飾著為紀念亡者而舉辦的競賽。右牆上有兩個取名泰圖（Teitu）和拉提特（Latithe）這種低下階層名字的摔角手正在打鬥，他們的中間是三個金屬容器，可能就是勝利者的獎品。左牆上，畫著笛子手和兩個拳擊手。壁畫裝飾的另一個場景，以其暴力兇殘的主題看來，不可能歸類為體育競技：一名蒙面男子手持棍棒，想抵禦一隻狗的攻擊，這頭狗由皮帶綁著，但一個戴著尖形頭飾和鬍子面具的男子卻不斷煽動牠去攻繫。

銘文告訴我們，男子代表費蘇（Phersu）。這個詞指的是拉丁文的假面具（persona），而這個場景等同於羅馬的格鬥士打鬥，傳統上認為格鬥士正是源自伊特拉斯坎人。在這個場景

44左圖　塔爾奎尼亞占卜官墓後牆上的兩個祭司之一（約西元前530年），他們各自站在黑地斯門的左右兩旁。

占卜官墓

44－45　占卜官墓右牆的中央，兩名摔角手正在打鬥，一名手持彎曲手杖的人正在觀看，他是這場競技的裁判。更左邊的地方，一名身著紫衣的人，向黑地斯門致敬。

中下場很慘的卻不是蒙面人，在左牆上，看來像是打鬥的下個階段，費蘇落荒而逃，追在後面的正是已經解決猛獸的對手。

負責占卜官墓壁畫的畫家被認為是塔爾奎尼亞繪畫最重要的藝術家之一，塔爾奎尼亞藝術在這個階段，已經擁抱希臘的愛奧尼亞（Ionian）藝術，而愛奧尼亞藝術在西元前6世紀後半葉，也深深影響了伊特拉斯坎人物畫。因此這名畫家被視為人物畫的專家，他要負責

訓練參與雜耍人墓和奧林匹克墓（Tomb of the Olympics）裝飾工作的其他重要畫家們。

塔爾奎尼亞另一個有關體育競技的傑出畫作是在戰車墓（Tomb of the Chariots）的牆上。但這座墳墓的溼壁畫，已被中央修復機構取下，放在市立博物館中展示，以免畫作情況惡化。這間小墓室的裝飾有點繁複，

首先從中央大橫樑和山形牆中央支撐架開始。天花板裝飾著白、藍、紅格的多彩棋盤圖案。山形牆上有兩個半斜躺的人物正在飲酒。圖畫裝飾分成兩部分：下半部呈現宴席場景和舞蹈，代表在聖台天棚附近進行的儀式。宴席一直延伸到後牆，包括三組男子，他們斜躺在床上，僕從與笛子手隨侍在側。

上半部則描繪體育競技，兩座木造看台畫在後牆與側牆的交接處，看台上的一群人正等著賽事開始。還有不同的運動員：戰車手和戰車、拳擊摔角手、摔角手、拳擊手和鐵餅選手正在等候比賽。畫這個場景的畫家無疑是伊特拉斯坎最偉大的畫家。

這位畫家精湛的技巧，不僅可以從他畫

46-47 獵鳥與捕魚墓是
相鄰的兩間墓室。在第二
間墓室的遠牆上，船上的
四個人正在大海中捕魚；
在他們旁邊的岩石上，一
個手拿彈弓的年輕男子，
想把天上的飛鳥打下來
（約西元前530年）。

公牛墓

在薄層灰泥圖案上看出，更表現在描繪人物的姿態與動作都十分自然。為了做到這一點，他放棄了精確的傳統構圖。這種雅典風格在西元前6世紀末期相當普遍，目的是能對空間做最大的利用。

獵鳥與捕魚墓（Fowling and Fishing

要事前的許多準備工作，以及極大的人力與設備等資源。在墳墓中畫這個主題，並不是要描繪亡者的打獵技巧，而是要顯示他的財富與崇高的社會地位。

獵鳥與捕魚墓第二間墓室的裝飾分為上下兩層。下層是個綠色的底，上面的波浪線條代表海洋，海面上有跳躍的海豚；上層部分有一艘船，船上的人用線、網子和魚叉在捕魚，而站在岩石上的人，想用彈弓把飛鳥打下來。

宴席的主題僅限於墳墓後牆的山形牆。壁畫中央的臥榻上，畫著一對身著華服的新婚夫妻，拿杯子的人、女僕和笛子手則隨侍在側。

紀念亡者的方式不僅是描繪本人或家人的

46底圖 公牛墓的格局很不尋常：兩間小房間開在最大間墓室的遠牆上。裝飾僅限於這三間房間的山形牆，以及大墓室的後牆上。壁畫的內容是阿奇里斯（Achilles）伏擊特羅伊勒斯（Troilus）。

47底圖 獵鳥與捕魚墓第一間墓室的山形牆上，畫著打獵歸來的情景：兩名騎馬的獵人、一名打獵時負責拍打樹叢的人，以及一名僕人，他的手杖末端掛著獵物。

47上圖 獵鳥與捕魚墓左牆上的一個年輕男子，不顧朋友的阻止，從岩石上躍下（這個場景意指前往死後的世界）。

Tomb）為兩間相鄰的墓室，從壁畫中可看到畫者對大自然的興趣。第一間墓室的牆上，有一連串半裸的舞者，中間穿插著細長的樹木，樹上掛著頭飾和頭冠。山形牆上畫著兩名騎馬的人打獵歸來。這些場景顯示打獵是貴族專屬的活動，而且通常都是畫一大群人，有負責拍打樹叢的人，以及負責把獵物追趕到獵人面前的狗群等。這裡描繪獵殺野兔的危險活動，極需個人技巧。打獵是貴族的休閒活動，一定需

生活片段，同時也取材自希臘神話的重要主題。其中一個例子是公牛墓，這是塔爾奎尼亞最古老的彩繪殯葬古蹟。墳墓為阿藍斯史普力亞納斯（Aranth Spurianas）所有，他可能是塔爾奎尼亞貴族家庭史普力亞納斯的祖先。

第一間墓室的後牆，在通往較小墓室的兩道門中間的空間，我們看到希臘陶器常用的主題：阿奇里斯伏擊普里姆（Priam）的兒子特羅伊勒斯。特羅伊勒斯騎馬走向噴泉，而阿奇

48　男爵之墓（Tomb of the Baron，約西元前510年）是最被推崇的墳墓之一，墓中的裝飾，受到後期愛奧尼亞藝術傳統的影響。這張照片顯示一幅溼壁畫的細部，亡者左手舉杯、走向一名婦女。

里斯正躲在噴泉後面。這個場景是西元前6到西元前5世紀的墳墓中，唯一的神話主題。處理這個場景的不確定性，顯示畫者在嘗試這麼大場面的主題時所遭遇的困難。他的最佳技巧顯示在雕帶和山形牆的小人物上，從這裡很明顯的看出這位畫者是個陶器彩繪師。

亡者，正領受妻兒的致敬。左牆上重複這個場景，但這次，兩名騎士已下馬，並向婦女致敬。在另一面牆上，兩名騎士互相致敬。這三個牆上的場景，構圖小心翼翼。畫家把構圖的中心從側牆移向後牆，成功的把三個橋段融合為一個故事，觀者一進入這間小墓室便能看清

48上圖　男爵之墓的壁畫，尤其是左牆上的場景，優雅非凡、構圖均衡、用色對稱，美不勝收。

48底圖　男爵之墓左牆上的壁畫細部。兩名年輕的騎士正向亡者做最後的道別。

一個和亡者家屬的悲傷有關係的場景，畫在男爵之墓的牆上，這也是晚期愛奧尼亞藝術的傑作。小墓室天花板上的紅色寬長條，代表架在山形牆中央支架上的橫樑。牆壁與天花板的交接處，飾有多條平行的紅色帶，形成壁畫的上半部裝飾。壁畫上畫著家屬正在向亡者行三次祭拜禮。後牆中央，兩名年輕騎士的中間，站著一名蓄鬚的男子，他一手持杯、由笛子手陪著，走向一名婦女。這名男子可能就是

全貌。

每個場景人物的安排和配色，都不會太鮮豔，對比也不會太強烈，充分展露出創造平衡的卓越技巧。畫者筆下的人物身形修長，反映出受到盛行於西元前6世紀末期的愛奧尼亞藝術的影響，這種畫風取代了數十年前在美洲豹墓（Tomb of the Leopard）和占卜官墓中所見到，較結實壯碩的人物畫法。

在西元前5世紀初，塔爾奎尼亞壁畫有形

成固定的裝飾法則和構圖模式，在往後100多年間一直是貴族階層偏好的品味。其中最重要的改革，是墳墓後牆上畫有宴席場景與三張臥榻，使得舞蹈或遊戲壁畫僅能擠到側牆去了。

戰車墓的畫者首度使用新的構圖方式，很快地，就在西元前5世紀期間，成為所有墳墓常用的技法。宴會廳墓的後牆上，有三對男女斜倚在床上，旁邊有許多奴隸服侍。這些人物細緻的側面，姿態優雅又有氣派，已看不出西

男爵之墓

元前5世紀初曾受雅典式風格影響的痕跡。葬禮床墓（Tomb of the Funeral Bed）內，也有類似風格的溼壁畫，描繪舉行聖台儀式，向亡者獻上最後的致敬。

另一個顯著的例子則是在美洲豹墓中，但很遺憾的，墳墓被硝酸鉀嚴重腐蝕。然而我們還是看得出來，天花板的幾何圖形以及牆上人物生動多彩的配色。天花板的中央部分為橫樑所盤據，上面畫著大小不同的圓形裝飾。天花板上裝飾著白、紅、綠和藍色格子的棋盤圖案。山形牆上並沒有圓柱的支架，取而代之的是兩頭面對面的美洲豹，背景畫有植物圖案。繪有人物的壁畫占滿牆面。後牆上畫著三對夫妻，由兩名僕人服侍。右牆上還有一整排的人，左牆上則有六個僕人，整體形成一幅完整生動的圖畫。

伊特拉斯坎人由於庫瑪（Cuma）戰役戰敗，導致文化衰退，使得塔爾奎尼亞繪畫在西元前5世紀中期和西元前4世紀初期間，遭遇嚴重挫敗；他們之所以打敗仗，主要是因為敘拉古人（Syracusan）的興起，以及伊特拉斯坎人失去第勒尼安海（Tyrrhenian Sea）的海權優勢。但塔爾奎尼亞於西元前4世紀初，再度成為一個興盛的城市，墓地也增加了許多新的墳墓。墳墓中不再只描繪一對夫妻，而是同一家族的一大群人物。

亡者依舊安放在墳墓中，但增加了政治頭銜與宗教責任的明確記載，或是亡者早年生活事蹟的紀錄。此外也會放置重要的飾品，尤其是和死後世界有關的象徵物品。

51上圖　美洲豹墓的左牆上，有一群人拿著宴席用品，正前往賓客桌。

51底圖　美洲豹墓牆上的場景，是西元前5世紀典型的殯葬圖像：宴席場景盤據整面後牆。

美洲豹墓

52上圖　具有特色的腳線古墳（Tumulus of the Mouldings），墳墓很小，但鼓形座卻很高。鼓形座有一部分是從岩石開鑿而成，另一部分則是結合凝灰岩或馬可石（macco，一種當地的石頭）。

52-53　塞維特里的班迪塔西亞墓地，接連不斷的墳墩，形成伊特拉斯坎地區最引人入勝的考古景觀之一。

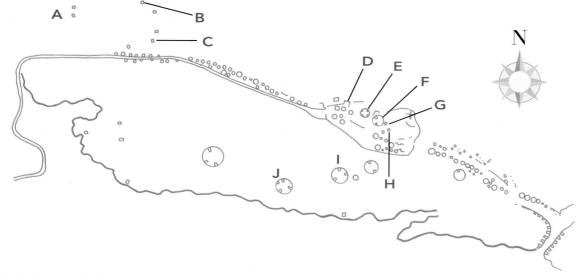

（圖例）
A 五座位墓
B 凹室墓
C 宴會廳墓
D 柱頭墓
E 二號墳墩
F 一號墳墩
G 浮雕墓
H 小屋墓
I 盾牌與座位墓
J 彩繪動物墳墩

53上圖左　每座墳墩都有一個平整的圓柱形鼓形座，座上圍著腳線，形成上方覆頂的基座。

53上圖右　穿過墳墩的門檻，便是通往墳墓的長甬道。

塞維特里的墓地
The monumental necropolis of Cerveteri

53底圖左 這只大花瓶（西元前7世紀中期）出土於塞維特里的一座墳墓，上面有哈爾基季基（Chalcidice）最著名的陶藝師阿利斯托諾佛斯（Aristonophos）的簽名。花瓶上描繪希臘人和伊特拉斯坎人之間的海戰，以及獨眼巨人波利菲摩斯（Polyphemus）被弄瞎的故事。

當塔爾奎尼亞墳墓的重要性，表現在精緻華麗的壁畫上，而塞維特里（Cerveteri）墳墓的重要性則在於，從其結構的緩慢發展看出當地民宅的變化。

這座伊特拉斯坎古城位於兩條河道，曼加尼洛河（Manganello）和莫拉河（Mola）所形成台地的陡面坡上。古城遺址不多，但在阿貝通山（Monte Abatone）、索波（Sorbo）與班迪塔西亞（Banditaccia）三處墓地，卻有許多

可觀之處。

最早期的墳墓都是挖鑿凝灰岩而成的地下墓室，上面再覆蓋土丘保護；土墩的邊緣會有標記，並由凝灰岩的石板或簡單的岩石塊作成圓形的鼓形座支撐。

在通往城市的道路兩旁，墓地不規則的散置。墳墩的大小差異很大，很可能與各家庭的經濟能力有關。班迪塔西亞墓地的卡帕納墳墓（Capanna Tomb），是這種埋葬形式中最古老的墳墓，再來就是塞維特里最著名的雷格里尼加拉希墳墓（Regolini-Galassi Tomb），是以亞歷山卓雷格里尼（Alessandro Regolini，建築師）以及文森佐加拉希（Vincenzo Galassi）將軍來命名。他們於1836年4月21日，在城南的索波附近，通往海邊的路旁發現這座墳墓。墳墓內有兩間又長又窄的相鄰墓室，第一間長墓室的兩旁還有兩間小墓室。這反映了塞維特里貴族所居住的房屋樣式，屋裡的兩間主廳室，通常是客廳和臥室。墳墓內還發現三具人類遺骸，一具已火化、另兩具為土葬。顯示這

53底圖右 班迪塔西亞墓地的二號墳墩有4座墳墓：
1. 卡帕納墳墓
2. 瓶狀墓
3. 床與石棺墓
4. 希臘花瓶墓

54-55　這條路是挖穿山頂的凝灰岩所開鑿而成，穿梭整片班迪塔西亞墓地。

54底圖左　塞維特里著名的雙子墓（Twin Tomb）正面，仿照西元前4世紀末期的民宅建築。

54底圖右　從西元前6世紀中期，開始引用全新的建築結構，打破了數百年的墳墩傳統。墳墓外觀像立方體，靠近道路旁的大門是入口。

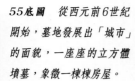

55上圖　墓室變成一棟房屋，入口兩側的椅子象徵正廳內男女主人的位置。

55底圖　從西元前6世紀開始，墓地發展出「城市」的面貌，一座座的立方體墳墓，象徵一棟棟房屋。

個家族已經接受漸進又不會讓家屬太傷心的葬儀改革。

較遠房間內的遺體可能是一名婦女；她身旁的陪葬品遠比其他人來得多。其中許多物品在在顯示這個家族的財力十分雄厚，例如，私人金飾、銅盤與布克凱洛（bucchero）陶盤，以及許多象牙和琥珀製品。被稱為「哭泣者」的布克凱洛陶像，象徵家族成員對於亡者永恆的哀傷。

這個家族的財富，與西元前7世紀間塞維特里的繁榮有關。當時塞維特里控制托爾法（Tolfa）山脈的鐵礦，海洋貿易也非常興盛。

和塔爾奎尼亞一樣，塞維特里的貴族把墳墓當作展示亡者和家族權勢的地方。同樣的，他們的陪葬品也和宴席的概念有關，而宴席正是當時人們用來讚頌社會地位的方式之一。展示財富的目的，是要合法化他們所行使的權力，他們在墓中擺放以貴重金屬製成的精美飾品，以及單純用來展示的無數武器。

從大約西元前670年開始，新的建築技術帶來劇烈的變化，墳墓也從茅草小屋的形式轉變成為房屋的形式。

墳墓似乎複製室內環境的所有細節，尤其是天花板的部分。刻滿浮雕的橫樑，展現了民宅為了支撐厚重的屋瓦所採用的樑柱架構。新型的內部墳墓格局，在西元前7世紀末風行起來，且一直流行到下個時期：新墳墓的地面格局是一間長方形大墓室和三間小一點的、與大墓室後牆相通的房間。建於西元前7世紀末期，班迪塔西亞墓地的柱頭墓（Tomb of the

56 - 57　西元前4世紀的
墳墓中，最具代表性的是
班迪塔西亞墓地的浮雕
墓。墳墓隸屬凱利安
（Caerean）貴族的馬圖納
（Matuna）家族。

57上圖　班迪塔西亞墓地
的盾牌與座位墓（Tomb of
the Shields and the Seats）
有間中央房間，裡頭裝飾
著圓形的銅製大盾牌；另
外還雕鑿兩張王座，象徵
家族的男女大家長。

57底圖　塞維特里凱爾
（Caere）地底墳墓的陪葬
品。這兩個古希臘的高腳
淺杯製於西元前6世紀前半
葉，直接從產地希臘進
口而來。

56底圖　二號墳墩的卡帕
納墳墓，是塞維特里最早
的墓室型墳墓。墓室裡沿
著牆壁鑿有低矮的石椅，
還有第二間更小、更低矮
的房間。

Capitals）也是這樣的格局。它有一條短走廊，通往三道門：兩道側門通往小房間，中間的門則通往墳墓的核心。第一間房間是複製伊特拉斯坎房屋的正廳，裝飾著幾根伊歐里斯（Aeolian）的八角形柱子；正廳的後牆有三道門通往小房間，並有兩扇小窗引進光線。

盾牌與座位墓呈現出一種新的墳墓格局，它一直沿用到至少西元前6世紀初。有一條走廊通往沒有柱子的長方形正廳，上覆平頂，並裝飾著9根橫樑。

從西元前6世紀中期開始，班迪塔西亞墓地又出現另一種新形態的墳墓設計。也就是「立方體墳墓」，這是仿照房屋外觀的正方形建築，有一間安放遺體的內室。這可能是出於一種盡量使用小空間以建構墳墓的結構觀念。採用立方體墳墓後，在墓地帶動了一連串的重建工程，並建造出井字形道路，把墳墓分成不同的區塊。

這種新型的墳墓能夠流行，完全來自於新興中產階級市民的大力推動，他們的目的是要遏止貴族的政經權力，無限制的表達在巨大無比的墳墩上。但從西元前5世紀開始，這些階級衝突似乎逐漸消退，甚至連墓地的格局都失去了上個世紀的重要性。

從此，大半的墳墓都在凝灰岩的岩層上挖鑿得很深，墓室內一間四邊形的房間裡，完全

沒有任何裝飾，只在長石椅上頭安置遺體。但還是有些比較精美的墳墓被發現，它們屬於新興的貴族階級，這些貴族是因上個世紀的階級衝突而興起的。這些墳墓是屬於拱頂式的墳墓，裝飾著凝灰岩石塊做成的假岩石正面，或只是有柱子支撐的四邊形房間，石椅安放較不重要的亡者，從後牆挖出的四邊形凹洞，則安放著家族的男女主人。

最後這種格局的墳墓中最有名的就是浮雕墓（Tomb of the Reliefs）。要走過長階梯，才能進入四邊形的房間，上覆斜面屋頂，由2根堅固的柱子支撐著。沿著牆面有33個壁龕，用來放置物品。後牆中央的壁龕，則是保留給家

族男女大家長來使用；這個壁龕和其他的不同處，在於臥榻的椅腳、枕墊和前鑲板上，都仔細地描繪著希臘神話中的巨人堤豐（Typhon）和地獄三頭犬賽博羅斯（Cerberus）。牆壁和柱子也都裝飾著富人家裡常見的家具和裝潢的石灰模型，還有戰爭、打獵和遊戲的物品。

58上圖左 在塞維特里的五座位墓（Tomb of the Five Seats，西元前7世紀後半葉）內，左邊房間裡有5張石雕座椅，用來安放家族祖先的陶土像。

58上圖右 坎帕納土丘（Campana Mound）內有兩座墳墓。坎帕納1號有長走廊、中央房間和兩間側房。左邊房間內有岩石雕成的床和3個籃子。

58底圖　阿貝通山墓地的
托洛尼亞墓（Torlonia
Tomb）內，前墓室安放較
不重要的亡者，凹室內的
臥榻上，則安放家族男女
主人的遺骨。

58-59　凹室墓隸屬塔
納斯（Tarnas）家族，墓
室內的單一房間由兩根巨
大的凹槽柱子分成三個
區。在遠牆附近，三階小
石階通往保留給家族男女
主人的四邊形凹室。

59底圖　班迪塔西亞墓地
的柱頭墓（西元前6世紀
初），主墓室內有岩石雕成
的葬禮用床，靠牆擺放，
上頭安置亡者遺體。

馬爾他群島的哈爾薩夫列尼地宮與布羅契托夫墓葬圈

The underground tomb of **HAL SAFLIENI** and the **BROCHTORFF** circle

IN THE ISLANDS OF THE MALTESE ARCHIPELAGO

戈左島（Gozo Island）
沙赫拉（Xaghra）
馬爾他島（Malta Island）
哈爾薩夫列尼地宮（Hal Saflieni）

就巨石建築而言，馬爾他群島上的神廟和地底建築特別重要。神廟與地底建築的年代應在新石器時代（西元前4100到西元前2500年），即使到現在，它們的建築結構類型以及藝術圖像，依舊相當獨特。這裡指的藝術圖像，不只包括與法國和愛爾蘭巨石墳墓類似的裝飾圖案，還有象徵母神的各種雕像。母神在新石器時代的馬爾他農業文明中，扮演重要的角色。

馬爾他群島巨石建築的密度高得令人稱奇，到目前為止，已發現30座神廟群和兩座地底建築群；地底建築是集體墓葬的地方。會有這麼驚人的巨石建築發展，原因很可能是工人高超的技術能力，以及當地擁有極易運用的建

材，例如珊瑚石灰岩和球房蟲石灰岩（globigerina limestone），都是建築工人拿來蓋神廟及墳墓的建材。

應該特別注意的是，挖鑿岩石蓋墳墓的習俗，在馬爾他群島十分普遍，新石器時代最早期文明的墳墓，形式很簡單，但後來由於繁殖儀式和亡者儀式之間關係密切，墳墓逐漸有了複雜的外觀，並出現神廟建築的典型元素。關於這點，位於馬爾他島（Malta）的哈爾薩夫列尼地宮（Hal Saflieni）和戈左島（Gozo）的布羅契托夫（Brochtorff）地宮都呈現了進一步的證明，它們都位於神廟附近。在布羅契托夫墓葬圈（Brochtorff circle）發現的物品，

提供了此地以繁殖儀式膜拜母神的有力證據；除了有乳房與臀部等誇張性徵的女性雕像外，還有一個來自塔西安（Tarxien），高達3公尺的超高雕像。

值得一提的是，哈爾薩夫列尼地宮的迷宮式構造。儘管它與同時期戈左島的布羅契托夫墓葬圈很類似，但就大小而言，它非常獨特，地宮面積廣達500平方公尺，深達11公尺，而繁複的建築以及所發掘出來的東西，也是獨一無二的。

哈爾薩夫列尼地下墳墓是用楔子和木棍，挖鑿柔軟的球房蟲石灰岩而成，牆壁則用打火石刮板和刀片刮修平整；地下墳墓的年代為新石器時代（西元前4100到西元前2500年）。由於這座地下墳墓建造的時間超過1000年，所以墓中的三層構造，應是在不同時期而有不同的用途。整片地下墳墓有33區是作為殯葬和儀式用途；膜拜主要在第二層進行，此處房間的建築風格近似於地面神廟。第一層房間的年代為新石器時代中期（西元前4100到西元前3600年），在拆毀墳墓上的房屋後，最近才終於完全挖掘出來。

1902年發現這座地下墳墓，完全是個巧合。當時蓋房子的工人準備挖井收集雨水，結

60-61 這張照片是哈爾薩夫列尼地宮的第二層，所謂的「主要房間」。整面後牆是挖鑿岩石而成，並與至聖小堂（Sancta Sanctorum）相通。

60底圖 這尊名為「睡眠者」（The Sleeper）的雕像，是在墳墓內被發現。可能象徵一位「沉睡的」女祭司，在成為神諭的發言人之前，先蒐集能量。

61左圖 許多房間都是由新石器時代的人，從哈爾薩夫列尼地區柔軟的石灰岩挖鑿而成。照片中的房間是用來膜拜與埋葬。

61右圖 以巨石板圍成的入口，可通往哈爾薩夫列尼地宮第二層的房間。

果發現第一層的房間。不過他們卻把這些房間當成垃圾堆，因此造成嚴重損壞。等到房子完工後，考古博物館館長才被告知有這麼一座新石器時代的地底墓地。

三層結構展現漸進的建築發展。3塊石頭形成的入口，以及房間內還殘留紅赭色的不平整牆壁，都證明了第一層的年代最早。紅赭色是鮮血、生命與再生的象徵，它與亡者儀式有關。從這裡發現的亡者遺骸、骨頭和陶器碎片，也表示這一層主要用來埋葬還有膜拜。不容否認的，當時有膜拜母神的儀式：這點可從一尊無頭石灰岩雕像和兩顆小頭看出來。這種小頭可能就是在春天時要插進無頭雕像（馬爾他神廟裡也有）的頸部，藉著添加重要元素（頭部），也就複製了負責大自然生長的女神。

在第一層的時期，儀式膜拜的發展只是在萌芽階段，但這種儀式逐漸演進，到了第二層時期，有了更明確的特色。如前所述，複製了地面神廟巨石結構的墓室建築，加上有明確宗教含意的考古發現，在在指出第二層是「地下神廟」。

第二層的大房間，牆壁以紅赭石等材料精美裝飾，年代應在新石器時代晚期，包括從西元前3600到西元前3300年，或3000年之間的吉甘提加（Gigantija）時期，以及從西元前3300年（或西元前3000年）到西元前2500年之間的薩夫列尼—塔西安（Saflieni-Tarxien）

前2500年之間的新石器晚期。然而，膜拜似乎也是這些房間的主要功能，因為在「迷宮」最裡面的房間裡，有座「聖池」。聖池的作用是收集獻給母神的供品。此外，牆上畫的紅赭色盤子（可能象徵太陽）或許與繁殖儀式有關，這是我們一再提到的。

初次參加膜拜儀式的人必須通過測驗，完成高難度的危險跳躍，此種測驗更加深這一層墓地的神聖性。事實上，連接第二和第三層之間的階梯，還故意少掉最後一層，以製造極大的差距。

埋葬功能應是地宮以及較低層墳墓最後的使用功能。哈爾薩夫列尼的地底建築，是馬爾他巨石建築的發展，以及繁殖儀式和亡者儀式的關聯中最震撼的例子。前面所談的繁殖儀式與亡者儀式是新石器時代期間，所有農業文明的特色。

時期。在這個時期，馬爾他群島上蓋起了奉祀母神的大型巨石神廟。

這些房間完美的表現了地面的神廟建築，包括至聖小堂在內。這裡很可能就是聖婚舉行的地點，代表男神與女神的男女祭司，在此神聖結合。這個儀式旨在確保農業循環的延續，且與母神膜拜有關，這點可藉由赤裸的女性雕像與生殖器象徵的發現加以證明。馬爾他群島其他地方的神廟裡，也發現類似的女性雕像與生殖器象徵。

第二層的埋葬功能，應是它最後使用的功能；雖然沒有建築構造分隔膜拜區與遺體安置區，但兩種功能理應不會同時存在，因為，膜拜者無法呼吸不同含量的空氣。第三層的房間沒有類似巨石神廟的建築元素，年代應該是在從西元前3300年（或西元前3000年）到西元

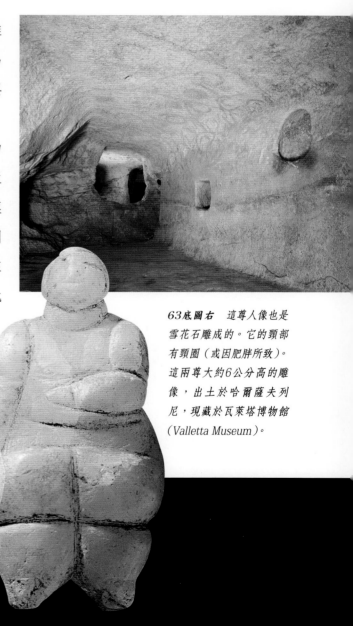

62-63 哈爾薩夫列尼地宮裡的一間房間。房間有柱子、圓柱和壁龕，是以石頭工具挖鑿岩石而成。

63中圖 這是位於第二層的神諭室，牆上的壁龕是放神諭的。天花板裝飾著紅赭色螺旋花紋。

63上圖 哈爾薩夫列尼地宮的建築結構，近似地面神廟。

63底圖左 這尊雪花石雕像沒有頭，頸部有個不對稱的小洞。

63底圖右 這尊人像也是雪花石雕成的。它的頸部有頸圈（或因肥胖所致）。這兩尊大約6公分高的雕像，出土於哈爾薩夫列尼，現藏於瓦萊塔博物館（Valletta Museum）。

布羅契托夫墓葬圈
The Brochtorff circle

在戈左島發現布羅契托夫墓葬圈後，從一次由知名學者所支持的研究計畫中，終於確定，新石器時代期間普遍奉行集體埋葬的習俗。1820年，首度於戈左島的沙赫拉發現，由一連串天然洞穴形成、專門用來埋葬的停屍間，並從1987年起，逐漸清理乾淨。這個墓葬圈與同時代（西元前4100年到西元前2500年）馬爾他島上的哈爾薩夫列尼地宮，有很明顯的相似處。例如，這兩處的墓葬圈和神廟建築一樣（布羅契托夫墓葬圈當然是簡單一點），都有膜拜和埋葬的功能，而且也很靠近神廟。哈爾薩夫列尼地宮靠近塔西安（Tarxien）廟，布羅契托夫墓葬圈則靠近吉甘提加（Gigantija）神廟；巨石陣內發現的物品，與繁殖儀式的用品有相同的特色。

這個兼具殯葬和膜拜功能的巨石陣，由一個直徑45公尺的石頭圓圈圈起來。我們認為，馬爾他群島的史前人類，很有可能想藉此保護神廟建築，他們用石頭圓圈劃出神聖區與世俗區的界限。

布羅契托夫墓葬圈的入口，距離吉甘提加神廟非常的近，前面有兩顆大石頭。入口通往的區域有一個「巨石門檻」，門檻被與繁殖儀

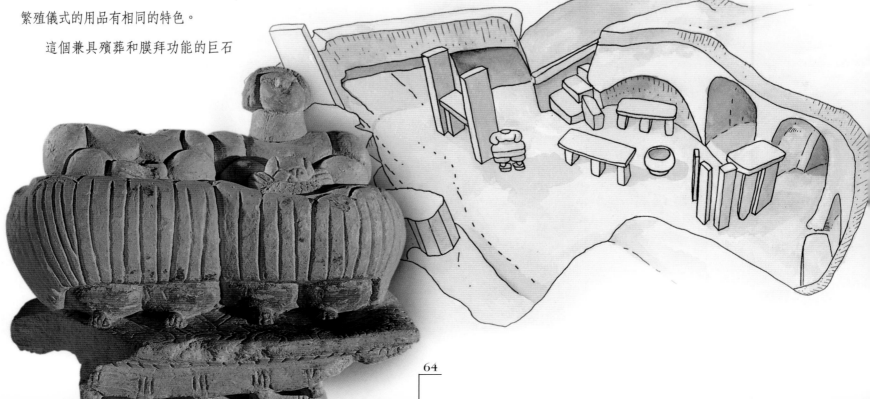

64上圖　這幅畫是布羅契托夫（CH. Brochtorff）於1894年繪製的，描繪1820年首度發現這片古蹟。畫中顯示的是沙赫拉的墓葬圈，後來重新命名為「布羅契托夫墓葬圈」。

64底圖左　布羅契托夫墓葬圈內發現母神的雕像。這很不尋常，因為雕像有兩名女性：一個手中拿著碗，另一個則抱著嬰兒。

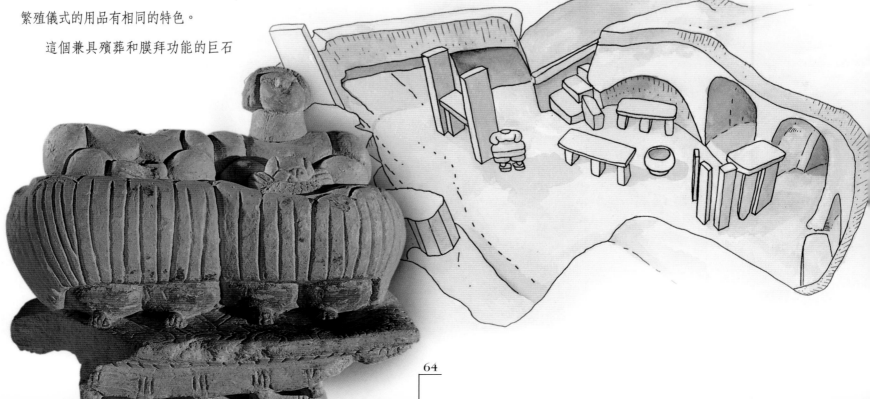

64底圖右　這幅重建圖畫的是布羅契托夫墓葬圈第二層的一個房間。它具有巨石

式其實息息相關。專家認為，在這些房間找到形狀類似塔西安神廟裡、進行繁殖儀式時擺放供品用的石頭罐子，更進一步證明這兩種儀式之間的關聯。在布羅契托夫墓葬圈發現的圖像中，還包括一群手杖形狀、有固定形式的雕像（高16公分）；它們也非常獨特，但很難假設它們到底是什麼功能。負責挖掘這個地點的考古學家強調，這些雕像可能與亡者儀式有特別關係。

布羅契托夫墓葬圈的殯葬儀式特色包括土葬遺體的遺骸、神廟式的建築設計，以及與繁殖儀式絕對相關的物品，這些都證實了已提出數次的假設，亦即在洞穴中集體埋葬，非常盛行於馬爾他群島各地。洞穴集體埋葬源自新石器時代初期，逐漸演進，最後在哈爾薩夫列尼地底建築達到高峰。而這種殯葬方式與農業膜拜關係密切，這也是新石器時代時期西歐文明的特色。

雖然戈左島的墓葬圈比起哈爾薩夫列尼

式有關的建築元素（聖殿），以及小埋葬溝渠圈圍起來。其中有些建築的年代大約是在西元前4100年的賽巴格時期（Zebbug phase）。這裡要注意的是，在這個神聖地點用來埋葬的洞穴都是天然洞穴，而神廟的建築則是人為興建的。

這個專供埋葬的區域，有階梯連接到較低層，大約位於地底4到5公尺。清理此區的考古學家提出的假設是，若再繼續挖掘，應該會像在哈爾薩夫列尼那樣，看到更多層。

布羅契托夫墓葬圈有膜拜用的小房間，面積不超過4×6公尺，在這裡發現了一些豐滿的女性陶土雕像，應該與繁殖儀式有關。還有另一項獨特的發現，則是一對女性雕像，其中一人似乎懷抱著一個小孩。在墓地發現與繁殖儀式有關的雕像，並非完全無法理解，因為我們之前已提過不只一次，繁殖儀式與亡者儀地宮，結構簡單得多，但從「功能」的觀點，兩者仍可相提並論。

總而言之，從建築與圖像的觀點，可以說馬爾他建築具有西方巨石建築中最完整的面貌。

邁錫尼國王的陵墓與寶藏

The tombs and treasures of the kings of MYCENAE

希臘 Greece

邁錫尼
（Mycenae）

從西元前17到西元前12世紀開始，在次新石器時代的希臘各地，以及從至少西元前14世紀開始，在克里特島（Crete），地中海興起了一個最重要的前古典西方文明，通稱為「邁錫尼文明」（Mycenaean），係以阿爾戈利斯的邁錫尼（Mycenae in Argolis）這座城市來命名。從西元1870年代開始，德國考古學家謝里曼（Heinrich Schliemann）開始進行挖掘，直到今天挖掘工作還在進行，並已發現邁錫尼文明最重要的政經中心之一的雄偉遺址。

西元前17世紀，在一座可以俯瞰肥沃的亞各斯（Argos）平原與納夫普利翁灣（Gulf of Nàfplion）的陡峭山坡上，邁錫尼逐漸興起。一面受到沙拉山（Mount Sàra）和哈吉歐艾里亞斯山（Haghios Elias Hill）的屏障，另一邊

受到柯柯瑞沙（Kokorètsa）以及查佛斯（Chàvos）兩座險峻峽谷的保護。邁錫尼巨大的防禦城牆，使用的是特殊的「巨石式」（Cyclopean）多邊石塊建造技術，加上假規則排列堆砌法（亦即以近乎規則的平行六面體石

塊堆砌排列）。不平整的城牆依著山勢起伏，環繞著王宮和城鎮，周長大約1公里。然而我們並不知道這道防禦城牆的原貌型態，但城牆的年代我們很確定：它建於西元前14世紀中期，主要是為了保護皇宮；在將近一個世紀之後，城牆的東邊又增建了一小段。

根據本書主題，這裡要講的就是後來增建的這段城牆，因為它的目的是要把墓葬圈納進來。西元1876年，謝里曼和後來的考古學家就是在墓葬圈A，發現並挖掘出6座豎穴。

邁錫尼的殯葬建築從西元前17世紀起，便是依據紀念碑的形式來建造。第一批簡單的墓室便完全以挖鑿岩層而成。這種墓室通常在入口有一道短短的入口走廊（甬道），而且多位於舉行葬禮的「小禮拜堂」對面。專家表示，使用這樣的墓室設計，是受到埃及與克里特島的影響。在同一時期，也出現了豎穴並傳播開

66上圖左 邁錫尼的墓葬圈A，謝里曼於西元1876年開始挖掘，裡頭有6座大型豎穴，全都是西元前16世紀的建築。豎穴屬於統治邁錫尼王朝的王室成員。

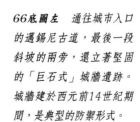

66上圖右 裝飾在獅子門（Lion Gate）三角板（relieving triangle）上的著名浮雕：兩隻威猛的獅子立在圓柱的兩邊。圓柱有邁諾安式（Minoan）的柱身和柱頭，挺立在高高的底座上。

66底圖左 通往城市入口的邁錫尼古道，最後一段斜坡的兩旁，還立著堅固的「巨石式」城牆遺跡。城牆建於西元前14世紀期間，是典型的防禦形式。

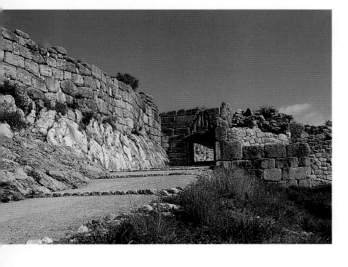

（圖例）
A 邁錫尼
B 墓葬圈A
C 墓葬圈B
D 阿特柔斯寶庫
E 克呂泰涅斯特拉圓頂墓
F 埃癸斯托斯圓頂墓
G 雄獅圓頂墓

66-67 從墓葬圈A的全圖可看到，西元前16世紀的墳墩，如何被納入修築於西元前14到西元前13世紀的城牆內。我們還可看到，標示出墓葬區域邊緣的城牆，以及由兩圈直立石板圍成的圓牆。有些直立石板上還覆蓋著與地面平行的石板。這些跡象都顯示這個地點已轉變成英雄聖殿。

67底圖 墓葬圈A的四號墳墓裡，發現這只珍貴的獅頭形黃金酒壺，主要用在葬禮中。

68上圖 墓葬圈A的四號墳墓裡，還找到一些著名的亡者黃金面具。這張面具是凸面面具，圓形的臉配上又圓又突出的眼睛。顯然不是要象徵所覆蓋的亡者的長相。

68中圖 這張面具也是在墓葬圈A的四號墳墓裡發現的，與前一張在類型、風格與美學上都很相似，同樣採用浮雕與雕刻技術。

68底圖 這個非常精美的金箔王冠，發現於墓葬圈A的三號墳墓裡。上面的花卉裝飾是典型的邁錫尼藝術。

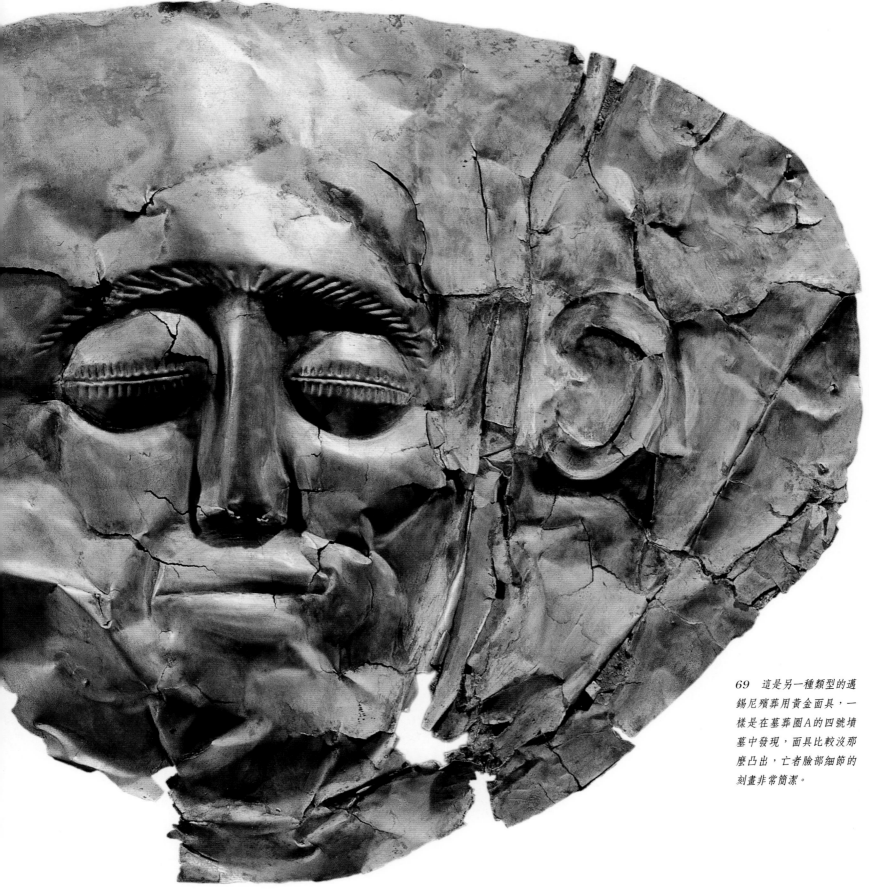

69　這是另一種類型的邁錫尼殉葬用黃金面具，一樣是在墓葬圈A的四號墳墓中發現，面具比較沒那麼凸出，亡者臉部細節的刻畫非常簡潔。

來；豎穴有很大的地底墓室，地板由圓石鋪成，牆則是用小石頭砌成，天花板是以木板和泥土建成，或由托樑支撐細石板建造而成。

這類型的墓室中最讓人印象深刻的，就是謝里曼和史塔馬特基斯（Stamatàkis）在墓葬圈A挖出的6座豎穴。墓葬圈A是最古老的皇家墓地，周圍環繞碉堡城牆，而且在碩大的扶壁完工後，顯然已轉變成英雄聖殿。兩根直柱覆蓋過樑形成甬道，甬道再圈圍住整片殉葬地區，墓地裡有11塊墓碑，有些有裝飾，有些沒有。這些墓碑標記豎穴的位置，每當有新的遺

體入葬時，豎穴便會重新被打開而後再關閉。

在這些墓中發現了19具屍體（8名男子，9名女子和2名小孩），並有金碧輝煌的陪葬品，如今這些文物都陳列在雅典國立考古博物館中。其中包括邁錫尼文明中最有名最美麗的黃金藝品：一些不尋常的金箔殉葬面具。據考古學家戴瑪基尼（Demargne）指出，這些面具是直接依照亡者的臉打造而成的，其他還有儀式用的容器、私人飾品，以及兼具實用功能和展示用途的武器。這些物品的華美展現了邁錫尼的汪納克（wànakes，亦即領主）的財富，

以及下葬前儀式的排場。這排場不僅有一個肅穆的行列，陪著亡者前往最後的安息地，並攜帶珍貴的物品與亡者陪葬。這不禁讓考古學家納悶，希臘礦脈貧瘠，邁錫尼人到底從何處取得黃金。邁錫尼語中的金屬，拼法為「ku-ru-so」，這個詞以B類線形文字（Linear B）廣泛的記錄在陶土板上，而且顯然也很類似更近代的古典希臘文的「chrysòs」。這個詞的閃語字源，許多人認為可能來自埃及、近東或中東，因為邁錫尼人時常經由安那托利亞南部、敘利亞（Syria）和巴勒斯坦（Palestine）等地的港

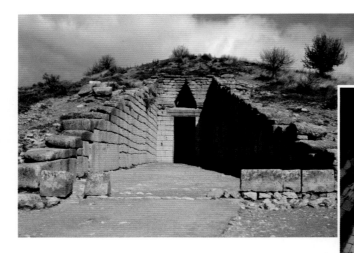

邁錫尼國王的寶藏

口，和當地人產生經濟、貿易和文化交流的關係。此外，從文獻記載可知，阿該亞人（Achaean）對達達尼爾海峽（Dardanelles Strait）和黑海深感興趣，因此黃金可能經由黑海從極北的地方傳到邁錫尼。還有另一種可能，就是黃金可能來自伊比利（Iberia）半島南部，因為邁錫尼人和當地的塔提蘇人（Tartessian）似乎關係密切。

不管是哪種情形，邁錫尼珠寶的風格、形狀和主題，持續受到克里特藝術的影響，一開始是透過向邁諾斯人購買奢侈商品，之後隨著征服邁諾斯（Minos）島（西元前15世紀）而有了更頻繁的交流。邁錫尼的本土藝術，傾向抽象幾何的裝飾，後來受到邁諾斯人圖像自然主義的影響，而更形豐富與活潑。這些影響來自邁諾斯商品的輸入，但也可能是透過邁錫尼

城內的克里特藝術家，不過這點尚未經證實。

陪葬品中，6張有浮雕圖案的金箔面具，是典型的邁錫尼風格。謝里曼認為其中一面是屬於名氣響亮的亞格曼儂。亞格曼儂是荷馬史詩《伊利亞德》（Iliad）裡講述的特洛伊戰爭（Trojan War）中的邁錫尼國王，也是阿該亞人遠征軍的統帥。不過這張面具其實取錯了名字，因為它是放置在西元前16世紀中期一位汪納克（領主）的遺體臉上。這名領主的年代至少比亞格曼儂還早300年。

吊詭的是，這等精美藝術的價值，並沒有因為安置在漆黑的墳墓中而增加；這些陪葬品的重要性，是在於以貴重金屬製作凸顯亡者臉龐的面具，使其輪廓永恆不朽。

邁錫尼最原初的殯葬建築，出現在西元前14世紀前半葉。當時建造了巨大的圓頂墓，用來安放皇室成員的遺體。最有名的圓頂墓，毫無疑問的就是阿特柔斯寶庫（Treasury of Arteus），年代約是西元前1250年。圓頂墓在幾百年內發展出來的特色，都呈現在這座墓中。它有一個假圓頂的巨大圓形墓室，入口是一條未覆頂的引道，長寬約36×6公尺，引道兩旁有斜牆，由巨大平行的六面體石塊規則排列堆砌而成。圓形墓有個高聳的大門，有5公尺高，3公尺寬，被一塊石板封住，但發現時這塊石板已裂成碎片，很可能是盜墓者的破壞，以及在土耳其統治希臘期間置之不顧的結果。大門由平滑碧綠的大理石圓柱支撐，上面有典型的邁錫尼鋸齒形圖案。門上的三角板填有一塊裝飾幾何和建築圖案的屏風石頭，

同樣也用碧綠的大理石小圓柱支撐著。大門的過樑相當驚人，重量約120噸。進入大門後是一個巨大的圓頂墓室，高約13.5公尺，直徑14.5公尺。墓室以同心圓排列的石塊形成完美的假圓頂，一層層圓拱堆砌上去，直到拱頂石封住屋頂。另有一個小小的墓室從岩床的一邊挖鑿而成，泥土就從這裡開始覆蓋整個墓室的圓頂，並向引道的兩旁傾斜。

墓葬圈B的豎穴（西元前1650到西元前1550年）位於邁錫尼衛城的城牆西側附近，和著名的獅子門相距不遠。這是一座小規模的皇家墓地，在這裡發現的陪葬品，比墓葬圈A遜色。此處的殯葬建築採用多邊形技術，直徑為

28公尺，共有14座墳墓，風格與城牆內的類似，且全部都有墓碑。其中的12座似乎是保留給社會階級較低的人。墳墓R在西元前15世紀時重新使用，入口引道的形式，類似在塞普路斯（Cyprus）和敘利亞沿岸的邁錫尼城市。

被稱為「埃癸斯托斯圓頂墓」的墳墓，非常古老（約西元前1550年）。墳墓的凸圓頂現已部分傾頹，高約12公尺，直徑約14公尺。22公尺長的入口引道，以及圓形墓室的一部分，都是直接從岩石挖鑿而成。入口則是在第一次建造之後才加以裝飾。在附近不遠處，則是和神話有關的「克呂泰涅斯特拉圓頂墓」，年代約為西元前1250年，它經由一條37公尺長的引道通

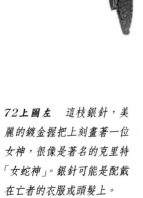

邁錫尼國王的寶藏

抵。這座墳墓在遠古時代以及鄂圖曼土耳其統治希臘末年曾遭破壞。

其他邁錫尼的圓頂墓，年代通常為西元前1400到西元前1250年。其中一座很有趣也很易進入的墳墓為「雄獅圓頂墓」，墳墓的規模與埃

癸斯托斯圓頂墓相仿，但圓頂已塌落。至於要前往參觀山丘西邊皇室墓地內其他的圓頂墳，就比較不容易了。

當時邁錫尼人的生活方式，也讓我們得以一窺邁錫尼文明的樣貌。邁錫尼社會以社會金

73上圖　這是另一件邁錫尼裝飾的浮雕作品，短刀的握把上飾有精美的金箔浮雕，浮雕上是海洋圖案，以及符合當時正式風格的植物圖形。這件物品當然純粹用來展示。

73底圖　這個金箔裝飾物上的雙螺旋圖案有非常古老的起源：這是邁諾斯成為海上霸權之前，愛琴海諸島在西元前3000年的全盛時期，基克拉澤斯（Cyclades）製造的第一批有雙螺旋圖案的藝術品。

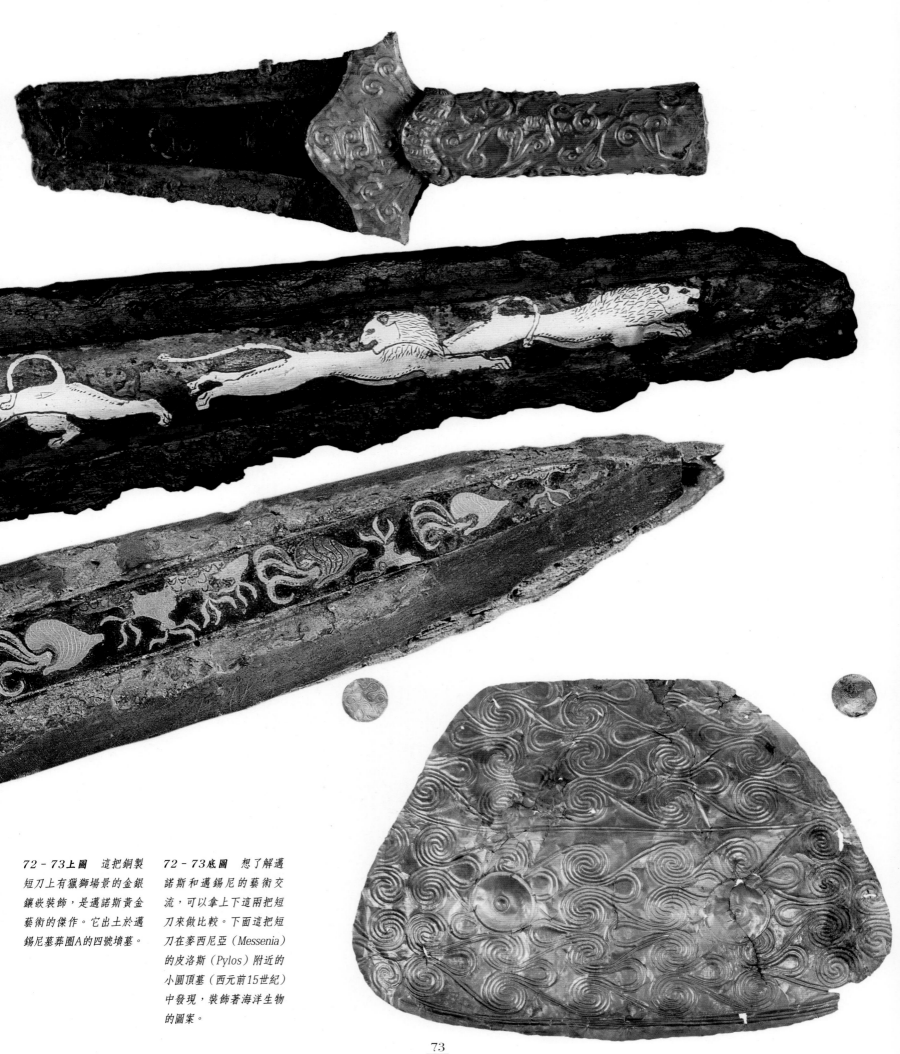

72-73上圖　這把銅製短刀上有獵獅場景的金銀鑲嵌裝飾，是邁諾斯黃金藝術的傑作。它出土於邁錫尼墓葬圈A的四號墳墓。

72-73底圖　想了解邁諾斯和邁錫尼的藝術交流，可以拿上下這兩把短刀來做比較。下面這把短刀在麥西尼亞（Messenia）的皮洛斯（Pylos）附近的小圓頂墓（西元前15世紀）中發現，裝飾著海洋生物的圖案。

字塔為基礎，最頂端是汪納克，社會骨幹則是戰士貴族、地主以及社會資源。地主非常善於發展並協調工匠與商人的各式繁忙經濟活動。

在近東到伊比利半島南端的地中海沿岸，發現了不少邁錫尼文物，證明銅器時代，邁錫尼人已有雄厚的經濟實力。在義大利，從波河（Po River）和阿迪傑河（Adige River）的下游地區，一直到普利亞（Puglia）和西西里，也都發現邁錫尼文物。

從著名的獅子門出發，踏上南面厚實防禦牆的環城步道，處處充滿驚喜。或者，若你喜歡繞遠路，也可以選擇比較樸素的北門。

獅子門是採用古代的三石技術建造，這是邁錫尼文明普遍使用的技術；有兩個垂直元素——石墩，以及中間部分的厚重過樑。典型的邁錫尼「巨石式」建築設計，就在過樑上方，亦即「三角板」。為了防止過樑被大門上方的石頭壓垮，造型石塊一個個相疊，並且漸層突出，以便把重量移轉到直接架設在石墩上的過樑兩端。由此而產生的三角形空間，總是填滿了裝飾浮雕。以獅子門而言，則是裝飾一塊比其他牆體還要薄的屏風石板。

獅子門及其防禦工事的視覺衝擊非常強烈：巨大過樑上的浮雕，清楚展示中東藝術的風格，以及象徵好戰、獨裁政治的藝術。屏風石頭是相當典型的邁錫尼藝術，不過不像邁諾斯藝術那樣強調色彩的明暗對比；因此，邁錫尼藝術相對比較簡樸，其繪畫藝術也是如此。

沿著斜坡便走到天然衛城的頂端，那裡有宮殿廢墟。宮殿建於大約西元前1350到西元前1330年之間，它環繞著具有典型邁錫尼特色的正廳（mègaron），山門、庭院層層分別，而占據兩個樓層的祈禱和住宅區，可由樓梯抵達。這些宮殿的殘留廢墟見證了阿特柔斯家族的種種歷史。在一間浴室的地板繪畫，以紅色背景描繪著特洛伊（Troy）的毀滅者亞格曼儂，被妻子克呂泰涅斯特拉（Clytemnestra）和情夫埃癸斯托斯（Aegistus）刺殺。這個故事在艾斯奇勒斯的悲劇《亞格曼儂》中重新呈現。

邁錫尼國王的寶藏

邁錫尼衛城內有許多富有特色的房屋，可能是屬於服侍汪納克的戰士貴族所有。山丘南面的城牆內有「戰士之屋」（House of Warriors），更高處有「圓柱之屋」（House of Columns），而在城牆外則有「油商之屋」（House of the Oil Merchant），這些都是建造在宮殿附近的豪華宅邸。

一條有圓頂的祕密地下通道，矗立在城鎮的東北區；對城內居民而言，它顯而易見，但對從外頭進城的人來說則幾乎不會注意到。從通道下方的開口，沿著階梯斜坡往下可以走到18公尺深處，那裡有口井和水槽，在圍城的時候可提供水源給居民。

74 只有謝里曼豐富的想像力，才會把出土於墓葬圈A四號墳墓中的這只價值連城的金杯，認為是荷馬史詩中提到的皮洛斯的奈斯特國王（King Nestor）的所有物（西元前13世紀）。其實金杯的年代要更加久遠。

75上圖左 這只小金箔杯在墓葬圈A的五號墳墓中發現，內外都飾有連環螺旋圖案。

75上圖右 墓葬圈A的墳墓內發現的珍貴陪葬品，還有這個提水罐，通常是婦女在使用。

75底圖左 雖然有點奇怪，不過這只刻有戰鬥場景的精美印章金戒指，卻是屬於埋葬在墓葬圈A四號墳墓中的一名婦女所有。

75底圖右 這個鑲嵌浮雕金箔的美麗小木盒，裝飾有狩獵場景，同樣來自五號墳墓。

維琴那（Vergina）

希臘 Greece

維琴那的馬奇頓國王菲利普二世的陵墓
The tomb of Philip II of Macedonia at VERGINA

從1977到1980年，希臘考古學家馬諾利斯安德洛尼可斯（Manòlis Andronìkos），持續挖掘埃蓋（Aigaì）墓地。埃蓋是馬奇頓王國的首都，位於現在的村莊維琴那（Vergina）附近。從西元前6世紀初，當馬奇頓開始將首都遷移到培拉（Pèlla）直到西元前5世紀末結束，馬奇頓皇室和貴族成員的遺體便是安葬在埃蓋。安德洛尼可斯在「大古墳」區找到許多

76底圖左 從這幅維琴那菲利普二世之墓的等角透視重建圖，可以看到整座建築的布局：兩間房間相鄰，上覆桶形拱頂，這種設計是馬奇頓建築師的巧思創舉。

76底圖右 菲利普二世之墓的正面，美麗又優雅，是名副其實的「不朽的故居」。著名的彩繪雕帶，描繪冬獵場景。

76-77 這只精美的黃金皇冠，飾有桃金孃葉片和112朵花，是馬奇頓黃金藝品的傑作。皇冠為菲利普二世第二任妻子克麗奧佩托拉（Cleopatra）所有，在皇家墳墓的前廳被發現。

77上圖 距離皇家墳墓巨大土墩不遠處,是另一座馬奇頓皇家墳墓「羅邁奧斯之墓」(Tomb of Rhomaios,以其發現者為名),年代約為西元前250年。此墓美麗的正面飾有多里克式半圓柱。

77底圖 這個銅製油燈罩,發現於墓室左邊的角落。燈罩上的孔洞讓油燈的光得以穿透。

形拱頂;它位於英雄祠(heròon)附近,因此與膜拜貴族政治世家祖先的儀式有關。這座墳墓似乎曾在西元前280年,遭到受雇於伊庇魯斯(Epirus)國王皮洛士(Pyrrhus)的加拉太(Galatian)傭兵的侵入,並盜走珍貴的陪葬品。雖然墳墓大小只有2.90×4.30×3公尺,卻立刻被認為是身分高貴人士的墳墓,安葬時間是西元前4世紀前半葉。墓室的三面內牆飾有美麗精緻的溼壁畫,北面牆上有最古老、最著名的希臘神話壁畫:「佩希鳳的綁架」(The Abduction of Persephone),安德洛尼可斯認為

是著名畫家尼可馬可斯(Nikòmachos)的作品。安德洛尼可斯還認為,這座墳墓是菲利普二世的父王阿敏塔斯三世之墓。

然而,最重要的發現還是二號墳墓:菲利普二世的墳墓,事實上它是最大的馬奇頓式墳墓,規模有9.10×5.60×5.30公尺。牆壁以巨大的石灰岩石塊砌成,再仔細抹上灰泥。墳墓格局為兩間墓室相鄰,並建有宏偉的正面,製造假門廊的錯覺。入口兩旁立有優雅的多里克(Doric)圓柱,矗立在雙門兩側,圓柱為大理石雕成並飾有銅釘。圓柱上有多彩橫樑以及彩繪的浮雕雕帶(frieze),雕帶上有打獵場景,描繪冬季時分,徒步和騎馬的人群以及野生動物在森林中的景象。

兩間墓室上覆蓋著桶形拱頂,這種設計是馬奇頓建築師在西元前4世紀所開創的重要的建築革新。安德洛尼可斯的研究還顯示,這是希臘墳墓首見的桶形拱頂;年代應該比西元前4世紀末還要早。一般學者都認為桶形拱頂是隨著亞歷山大大帝的遠征,從近東傳佈到西方。學者們還認為,希臘人在馬奇頓帝國建立之

不尋常的發現。大古墳是一座人造的樸素土墩,外表很像附近的皇宮遺跡,他發現了4座馬奇頓風格的皇家墳墓,亦即有地下墓室。其中一座二號墳墓(和三號墳墓一樣,奇蹟似的保存完整),之後確認就是馬奇頓國王菲利普二世的安葬地點。菲利普二世終結了希臘城邦的獨立,他就是著名的亞歷山大大帝(Alexander the Great)的父王。一號墳墓為「冥后佩希鳳之墓」(Persephone's tomb),它具有「墓室」(chamber tomb)建築的風格,是直接從「墓窖」(cist tomb)發展而成。所謂的墓窖就是沒有巨大的建築正面或桶

菲利普二世的遺物

78上圖 另一只無與倫比的美麗黃金皇冠，有著橡樹葉和橡實的設計。為菲利普二世所佩戴。

78 這具精美的鐵盔甲，是菲利普二世在重要場合時穿戴的。上面飾有獅頭形狀的黃金嵌釘。

78-79 菲利普二世箭筒的黃金襯套，金碧輝煌，也是隆重場合的用品，上頭的浮雕裝飾描繪征服特洛伊的故事。

79上圖右 這尊小小的菲利普二世象牙頭像，只有3公分高。是根據李奧卡雷斯（Leochàres）為奧林匹亞（Olympia）圓形神廟製作的菲利普二世銅製雕像所作的複製品。

前，並沒有機會吸收東方的建築模式，或者更可能的情況是，他們無法創造裝飾有殯葬圖案的門拱和桶形拱頂。學者們同時假設，馬奇頓的建築師於西元前4世紀中期，將墓窖規模擴大之後，才使用桶形拱頂來處理如此巨大結構所產生的沉重問題，更以飾有浮雕和繪畫的正面加以美化。

維琴那的二號墳墓內有豐富的陪葬品。安德洛尼可斯在初次分析這些文物時便堅信，他發現了菲利普二世的墳墓。菲利普二世於西元前335年，在埃蓋劇院遇刺身亡。墳墓裡大量的金銀銅製物品，的確與國王的尊貴很相配：這些物品的年代約在西元前350到西元前330年之間，其中包括鍍金的銀製箭筒、黃金皇冠、先以純銀打造再鍍金的冠冕、小盤子、胸牌、被「群星環繞」代表馬奇頓太陽的黃金嵌釘、金線鑲邊並以皮革與布料製成的胸甲的殘片，以及因飾有各式場景與主題而被比做「阿奇里斯（Achilles）盾牌」的裝飾盾牌等。5尊可能用來裝飾臥床的迷你象牙頭像，則提供了重要的指

標；這些頭像分別是菲利普二世和亞歷山大大帝時代的皇室家族成員。這5尊頭像與阿吉德王朝（Argead dynasty）肖像有直接的圖像關聯。這些肖像是雕刻家李奧卡雷斯為奧林匹亞圓形神廟而製作。這座神廟則是菲利普二世在喀羅尼亞（Chaeronea）戰勝希臘人之後（西元前338年），為還願所建的。

看了這些若還覺得不夠，墳墓裡還有兩個金光閃閃的骨灰罈，上面有黃金浮雕和鑲嵌。骨灰罈放在簡單的石盒內，一個擺在墓室裡，另一個擺在前廳。安德洛尼可斯推論這個骨灰罈（隸屬一男一女，且包覆著金線刺繡的紫藍色皇家服飾，但僅存碎布片）內的骸骨，係菲利普二世和第二任妻子克麗奧佩托拉的遺骨。這項假設在科學界引起眾人極大的興趣，但也有人質疑。有些專家同意這麼精美的陪葬品，的確可能屬於馬奇頓皇室成員，但他們認為兩具遺骸應該分別是菲利普三世阿黑大由斯（Philip III Arrhidaeus，西元前323年，接任亞歷山大大帝的王位），以及他的妻子尤麗迪絲

（Eurydice）；他們倆人都被亞歷山大的母親奧琳琵雅絲所暗殺，後來由西元前317年繼位的卡珊德（Cassander）以皇室尊榮厚葬。

一群英國專家接著針對這具男性遺骸，進行一連串古人類學和古病理學分析。菲利普二世當時的歷史文獻指出，國王失去右眼，且其臉部在哈爾基季基（Chalcidice）的米多尼（Methòne）圍城時（西元前354年），曾被弓箭所傷。穆斯葛拉夫（Musgrave）、普拉格

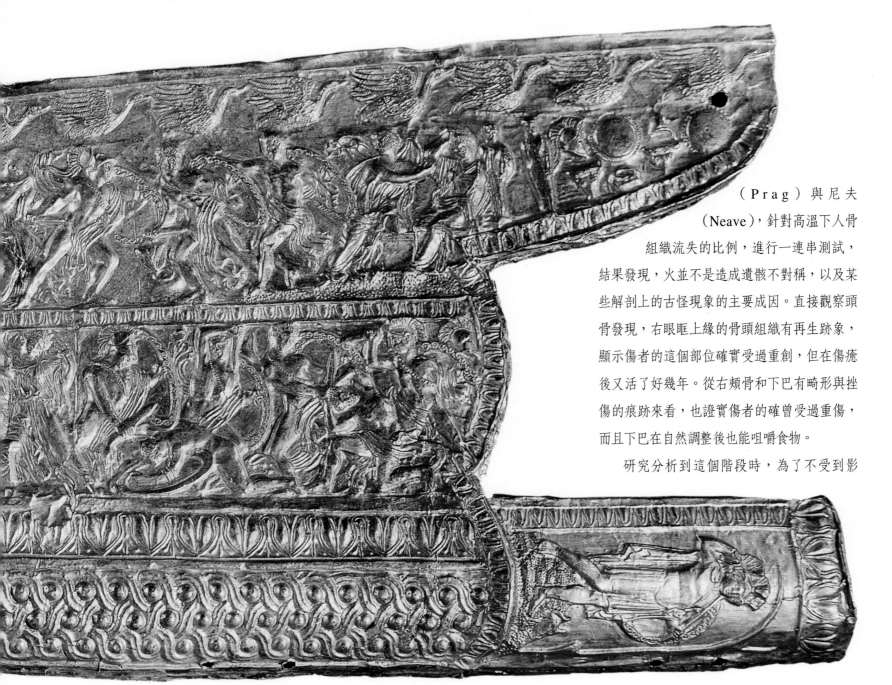

（Prag）與尼夫（Neave），針對高溫下人骨組織流失的比例，進行一連串測試，結果發現，火並不是造成遺骸不對稱，以及某些解剖上的古怪現象的主要成因。直接觀察頭骨發現，右眼眶上緣的骨頭組織有再生跡象，顯示傷者的這個部位確實受過重創，但在傷癒後又活了好幾年。從右頰骨和下巴有畸形與挫傷的痕跡來看，也證實傷者的確曾受過重傷，而且下巴在自然調整後也能咀嚼食物。

研究分析到這個階段時，為了不受到影

響，普拉格和同僚們故意不去看菲利普二世的古代肖像，他們開始根據頭骨的殘片重建石膏模型。並不令人意外的是，亡者的頭骨的確因為右眼和附近部位遭到利器刺穿而傷殘畸形。根據頭骨模型小心重建臉龐，複製出這名男子在生命最後幾年可能的長相：1984年發表於〈希臘研究期刊〉（Journal of Hellenic Studies）的照片顯示，一道可怕的傷口劃過失去的眼睛，傷痕範圍涵蓋大半眼眶和頰骨。評估過鼻子側面，並加上沒長鬍子的亞歷山大大帝之前幾位馬奇頓國王的髮型和鬍子，終於產生一幅肖像，長相非常近似所有現存的雕像、貨幣和勳章上的菲利普二世的形象。

維琴那的遺骸真的就是馬奇頓國王菲利普二世的遺骸，因為骸骨上有他於西元前354年留下的傷口，並失去了右眼，臉上附近部位也有傷殘。因此，安置在金箔骨灰罈裡的的

確是菲利普二世的骸骨。馬奇頓王國的標記，亦即有16道光芒的星星，就雕刻在骨灰罈的蓋子上，側邊則裝飾著以黃金和藍鉛質玻璃粒子製成的玫瑰花飾，並有雕帶鑲邊，雕帶上裝飾著蓮花花苞、茛苕葉渦形花樣以及棕葉飾。製成獅爪形狀的盒腳上，則裝飾著更小的玫瑰花飾。

維琴那的三號墳墓亦即「王子之墓」（Prince's tomb），雖然正面非常的簡單，但裡面有很多皇家陪葬品，其中一個銀製提水罐，外包紫布巾、裡頭放置一名14歲青少年的遺骨。從水瓶頸部的黃金皇冠顯示，這名男孩一定是國王。安德洛尼可斯再根據陪葬品年代和亡者年紀推論，認為這是亞歷山大四世（Alexander IV）的遺骸，他是亞歷山大大帝和羅珊娜（Roxana）之子，於西元前310年和母親一起遭到卡珊德暗殺。不過，安葬在四號墳墓中的遺體身分還是存疑。

菲利普二世的遺物

80上圖左 這個骨灰罈內安放著菲利普的第二任妻子克麗奧佩托拉的遺骨，和國王的骨灰罈一樣，她的骨灰罈上也裝飾著馬奇頓之星。

80上圖右和81 這個動人的海克力斯（Hercules）頭像，裝飾在這只銀罐的手把上。銀罐發現於菲利普二世之墓。

80底圖 這是菲利普二世的骨灰罈，裝飾著精緻的浮雕。

尼姆魯德山（Nemrud Dagh）

帕耳美拉
（Palmyra）

烏爾
（Ur

吉薩（Giza）

佩特拉（Petra）

巴哈利亞
（Bahariya）

帝王谷（Valley of the Kings）
戴爾美迪納（Deir el-Medina）
沙依赫阿布杜庫爾納
（Sheikh Abd el-Qurna）

非洲AFRICA

金字塔，埋葬的寶藏與岩石墓
Pyramids, buried treasure and rock tombs

非洲、近東和中東
AFRICA and the NEAR
and MIDDLE EAST

人類史上首度出現真正宏偉的巨大墳墓，是在古埃及的第三王朝期間，也就是在西元前3000年的前半葉期間。

雖然在前王朝時期（proto-dynastic era），皇家墳墓主要用來宣示塵世的權勢，不過到了第三王朝，「不朽的故居」也開始發展成為法老王神性的象徵，同時象徵他的天授權力，即使在他死後依舊能為整個國家帶來好處。為了表達這些新的觀念，法老王左塞

（Neterikhet Djoser）的大祭司和建築師印和闐（Imhotep），在塞加拉（Saqqarah）設計了第一座階梯式金字塔，象徵從塵世升到天堂、或從天堂被丟下塵世的階梯，讓法老王得以攀爬登天。這種觀念從第五王朝起便多次出現在法術與祈禱文中，並刻在金字塔的石頭上，最後逐漸的演變成《石棺文》（Texts of the Sarcophaguses）和《亡者之書》（Book of the Dead）。

左塞的繼位者也採用墳墓金字塔的概念，到了第四王朝的第一位法老王斯奈夫魯（Snefru），終於確定墳墓金字塔的功能，是要表達太陽崇拜與法老王崇拜這兩者與時俱增的重要性。

隨著宗教思想的演進，意味著不再需要登天階梯，金字塔平滑的側邊等於以石頭表現太陽的光芒，同樣能讓法老王的靈魂升天。從斯奈夫魯的時代起，金字塔本身開始與其他建築

82-83 這幅是大衛羅勃茲（David Roberts）所畫的吉薩金字塔。金字塔建於西元前3000年中期，是第一座擁有宏偉建築的不朽故居，也是古代七大世界奇蹟中唯一留存至今的建築。

非洲、近東和中東

有關，例如山谷裡的神殿及葬禮行列的坡道，這些建築結構在古夫（Cheops）金字塔有了確定的形式。而古夫金字塔是古代世界最大的不朽故居。

大約在同時期，也就是西元前3000年中期左右，蘇美人（Sumerian）在底格里斯河（Tigris）和幼發拉底河（Euphrates）之間創立了第一個城市國家。希臘人稱之為美索不達米亞（Mesopotamia），所有國王在埋葬時，墳墓裡都放置著精美絕倫的陪葬品。在烏爾（Ur）墓地發現的2000多座墳墓中，其中有16座隸屬於皇室成員，重要性非比尋常。這些地底墳墓設計簡單，由坡道直抵，而墓室並沒有任何裝飾，但有拱頂天花板。其中有些墳墓從未遭人侵入破壞，例如1938年發現的普雅碧（Pu-abi）公主的墳墓便是一例。

在挖掘期間，數十位侍臣、士兵和婦女的遺體，在墳墓的入口坡道上被發現。每具遺體手中都拿著一只杯子，杯子裡很可能曾盛裝著毒藥。我們並不知道這些人是獻祭的受害者，還是出於自願的殉葬者（後面這項假設比較有可能），但確定的是，這些人到了來世依舊要侍奉統治者。這種葬禮儀式首度在烏爾發現，但在埃及從未發現類似的儀式。

烏爾的皇家墳墓裡有黃金和銀製的樂器，黃金和天青石製成的動物雕像、武器以及黃金頭盔，像是國王馬舒基南德格（Meskalamdug）的黃金頭盔，就飾有非常精緻的浮雕。另外還有配飾著瑪瑙、紅玉髓和天青石等的珠寶。這些物品顯示出蘇美金匠精巧的手藝，當時他們已能使用「脫蠟法」，且熟知粒面細工和金屬絲細工等技術。黃金和純銀（這兩種金屬可能來自波斯或阿拉伯），以及天青石（源自阿富汗高地）等寶石的廣泛使用，證明了早在西元前3000年，貿易網路就已十分發達。

烏爾皇家墳墓的陪葬品，是現今發現西元前3000年的墓葬品中，數量最多、價值最高

的。足以和金字塔時代埃及法老王的墓葬品相匹敵。

就我們所知，在整個近東和中東地區，只有新王國（New Kingdom，西元前1550年到西元前1076年）的底比斯（Thebes）統治者的陪葬品，能與比他們早1000年的烏爾國王的陪葬品相抗衡。新王國的埃及統治者放棄了皇家墳墓的概念，他們挖鑿岩石而建造的巨大墳墓，裝飾具有法術與宗教象徵意義的文字。亡故的法老王只要通曉這些文字，便可克服前往死後世界的旅途中所遭遇到的千萬重障礙，這段旅途的最高潮，便是他與太陽神拉（Ra）的結合，而太陽神拉據說就是法老王的父親。這些美輪美奐的地底墳墓，從遠古時代便陸續遭到盜墓者的侵入與破壞。我們從所有古埃及的墳墓中，唯一完整留存到現代的圖坦卡門（Tutankhamon）墳墓裡得知，墓內有無數金碧輝煌的陪葬品。

龐大富麗的墳墓並不是皇室成員才有的特權，重要的高官名流，甚至連藝術家或工匠也能擁有這樣的墳墓。這些人也埋葬在有著華美壁畫的墳墓中，只不過壁畫的主題不同罷了。例如，他們的墳墓壁畫都是關於日常生活的場景，而非描繪前往陰間的神祕之旅。其中最美麗的是賽內夫（Sennefer）的墳墓，他是底比斯的市長，生活在西元前15世紀後半葉的18王朝。這座墓中的壁畫展現了最高水準的埃及藝術。但古埃及文明與地中海和近東地區所有其他文明的不同處在於「埃及會保存亡者的遺體」。這種習俗導致以香膏塗敷屍體進行防腐技術的逐漸發展，在第四王朝時還只是相當基本的技術，到了新王國時期則演變成一套繁複的程序而達到最高峰。

根據歷史學家希羅多德（Herodotus）詳細的記載，香膏防腐的葬禮儀式，直到希臘羅馬時期仍在施行，只不過手續較簡化。1996年在埃及的利比亞（Libya）沙漠裡的巴哈利亞

綠洲（Bahariya Oasis）所發現的廣大墓地，便找到了這種防腐儀式的證據。這個地點於1999年開始進行考古挖掘，挖到巨大的地底墳墓，墳墓並沒有建築結構，但內有數十具保存完好的木乃伊。

與埃及相反的情形發生在約旦沙漠裡的佩特拉（Petra），納巴坦人（Nabateans）約在西元前1世紀左右在此地定居。納巴坦人原本是一個遊牧民族，控制著阿拉伯沙漠的交通要道，最後掌控了近東地區整個貿易網路。他們定居在高山環繞的隱密山谷，並建立了君主統治的國家——佩特拉。他們挖鑿岩石建造華美的墳墓，宏偉的正面全都是彩色砂岩的雕刻裝飾，這種彩色砂岩正是這個地方主要的地質特色。由於極易遭到盜墓者破壞，所以縱使這些墳墓被保留了下來，但裡頭早已沒有亡者的遺體或陪葬品了。

近東地區唯一一座直到現今依舊疑雲重重的巨大墳墓（即使它是很容易到達的），就是科馬基尼國王（Commagene）安提克一世（Antiochus I）的墳墓。科馬基尼位於托魯斯山脈（Taurus Mountains）和幼發拉底河之間，也就是現今的土耳其，戰略地位重要。在海拔2000多公尺高的尼姆魯德山（Nemrud Dagh）的山頂上，安提克建造一座巨大的墳墓，裝飾在墳墓外的兩座大祭壇，至今仍保存完好。安提克的墓室由數千個立方體大石頭守護著，因此近幾十年來，儘管有許多盜墓者想要侵入，甚至連考古學家都想挖掘研究，但依然沒有被破壞。

古夫金字塔
The Pyramid
of CHEOPS

埃及在西元前3000年的前半葉期間，出現了最早的巨大墓葬建築，它就是人類史上第一座真正稱得上是不朽的故居：金字塔。

金字塔的英文「pyramid」這個詞源自希臘文「pyramis」，這個詞又是從「pyramos」衍生而來，意指有尖角的麵包塊；古埃及人則把這些建築稱為「mer」，並以象形文畫出其形狀，意指「升天之地」。

《聖經》中有關約瑟夫（Joseph）在埃及的故事，讓在中世紀造訪金字塔的歐洲旅人、商人和十字軍都認為這種奇怪的建築就是約瑟夫為法老王建造的穀倉，以便儲存糧食防止飢荒。一直要到西元17世紀，大家才恍然大悟：原來金字塔是蓋來作為墳墓的。

吉薩金字塔出現之前，埃及第一王朝的統治者在阿比多斯（Abydos）建造了巨大的泥磚墳墓，這些墳墓的造型和裝飾與塵世的皇權中心，也就是法老王的宮殿，息息相關。金字塔象徵法老王的神格以及他與太陽神的關係。法老王亡故後便成為太陽神之子。法老王是天與地之間訊息的傳達者，他能把出生時降臨在他身上的天賜恩惠，施予他的子民和所統治的國家，藉此長保國土和臣民的繁榮與平安。

金字塔是從「馬斯塔巴」（mastaba）發展而來，這是阿拉伯文「長板凳」的意思，埃及工人安排桌子形狀構造的浮雕，來覆蓋安置皇室石棺的深井；馬斯塔巴是埃及早期王朝最早的墓葬建築。

在第三王朝（西元前2630年到西元前2611年）初期、左塞（Neterikhet Djoser）統治期

86 古夫（*Cheops*）是斯奈夫魯之子、第四王朝的第二位統治者，也是埃及最大金字塔的建造者，但我們對他的長相僅能從這尊在阿比多斯發現的象牙雕像得知。雕像僅7公分高，現藏於開羅博物館。

86-87 吉薩（*Giza*）的金字塔建造於西元前2560到西元前2460年間，是唯一僅存的古代世界七大奇蹟之一。

87上圖 這個橢圓圖形，是工人以紅赭石寫下的，發現於金字塔內墓室上方的「減壓室」（relieving chambers）。圖形畫的是古夫（Khufu）這個名字，希臘人把它寫成Cheops。

間，皇家建築師印和闐（Imhotep）在塞加拉（Saqqarah）高原設計了第一座金字塔，他後來被希臘人神化成為醫藥之神阿斯克勒庇俄斯（Asclepius）。這座金字塔是蓋在馬斯塔巴上一連串凸起的建築，像是讓法老王的靈魂得以攀登升天的階梯。

金字塔便以這種方式表達出「皇權是天與地、人與神之間的接觸點」的新概念。印和闐的創造得到極大成功；左塞的繼任者採用這種

形式的金字塔作為不朽故居，但後來經過一連串建築與結構上的修改，終於在第四王朝斯奈夫魯（Snefru）統治期間，在塞加拉南邊幾公里處的代赫舒爾（Dahshur）墓地，建造了第一座真正的金字塔。

從階梯建築發展到成為真正的金字塔，反映出宗教觀也有相同的演進，平直的側邊從一個點分叉到地面，便是藉由石頭將太陽的光芒具體化，使法老王的靈魂得以升天。金字塔的

幾何形狀反映三條軸線的會合：垂直的軸線連接地與天，代表太陽神拉（Ra）；南北向的地面軸線與尼羅河平行，關係著皇室的職責；而東西向的天空軸線，則象徵太陽每日的運行，生生不息。

金字塔內也有確切的結構代表地面和天空的軸線：第一條地面軸線就是走廊，這條走廊從入口到墓室，在理想狀況下，還要通到外頭的一座小建築（也就是衛星金字塔），根據部

88左圖 古夫金字塔的墓室十分龐大，在西元17和18世紀，便引起歐洲旅人的注意。

88右圖 原本的入口覆蓋著龐大的雙拱頂，已被石灰岩塊所取代，三片花崗岩遮板仍屹立在原處，堵住往下的走廊。

89 這條通往墓室的大長廊，長度有47公尺，是古建築的傑作。穹頂則有9公尺高。

（Memphis）附近，曼菲斯是埃及古王國時期的首都。就是在此，隨著古夫金字塔的落成，建造金字塔的藝術與技術達到最高峰。古夫是第四王朝的第二位統治者。古夫金字塔在古代便已讓人驚嘆不已，因此西元前2世紀時，羅馬帝國的藝術家兼建築師費隆（Philon of Byzantium），便將古夫金字塔評選為世界七大奇蹟之一。

古夫金字塔的東西兩側各有一群高官的墳墓。他們享有埋葬在法老王身旁、共享神性的特權。龐大的古夫金字塔激發所有古代旅人的

想像力，從史學家希羅多德（Herodotus）開始，他在西元前6世紀遊歷埃及，並在他的著作《歷史》（History）的第二冊中，論述吉薩金字塔，尤其大篇幅描述古夫金字塔。

雖然希羅多德的記載真假參半，但我們從其中得知金字塔是由奴隸所建造，他們犧牲性命以滿足專制法老王的野心。

這座金字塔原始高度為146.6公尺，以每個重量2.5噸、總數量250萬的石灰岩巨石建造而成，占地面積近6公頃。

由於裝飾古王國墳墓的淺浮雕，只描繪當時的日常活動，並未說明如何建造金字塔，加上銘文也沒有任何資料，因此我們無法確知埃及人到底用什麼技術來建造金字塔。我們唯一擁有的記載，就是希羅多德流傳下來的文獻，但其中的真實論述常夾雜幻想的文字：「古夫下令所有埃及人為他工作。他指派一些人去把

分專家推測，這座小建築同時也是象徵性的紀念碑建築，因為法老王也是南埃及的國王。

第二條天空軸線與復活的概念有關，這條軸線也就是連接山谷神殿和祭祀神殿的葬禮行列坡道，這條坡道是與金字塔相連的主要建築之一。這條軸線象徵法老王的身體從東方的現世世界，前往西方的來世。

通常，祭祀神殿都位於金字塔的東邊，活著的人便是在此祭拜亡者與神化的法老王，因為法老王代表宇宙秩序，所以也就能保障塵世的秩序了。

山谷神殿建於一座（可能是長方形的）池子的邊緣，池子與尼羅河相通，神殿的功能是在葬禮剛開始時安置法老王的遺體。

由於缺乏銘刻碑文，因此我們無從得知金字塔時代葬禮的實際情形為何；然而，我們確知當時已有將屍體製成木乃伊的儀式，雖然形式可能還很簡單。將屍體製成木乃伊的儀式可能是在一個叫做「烏阿貝」（uabet，其意為純淨之地），或「佩尼佛」（per nefer，其意為再生之屋）的臨時建築內進行，它位於山谷神殿附近，統治者的遺體在此進行清洗然後製成木乃伊。

最大的墓地位於吉薩高原上的孟菲斯

90上圖　我們仍無法確知古埃及人是用什麼技術來建造金字塔，不過推測他們可能是用直線坡道（圖A）或環形坡道（圖B和C）來完成。

阿拉伯山採石場的石頭，拖拉到尼羅河邊，又命令另一些人把船隻運送過河的石頭採集起來，送到利比亞（Libya）山。每次的勞動人數為10萬名工人，一個班輪3個月。而工人被壓榨做苦役的時間長達10年，期間要鋪路並拖拉巨石；在我看來這種工作並不比建造金字塔輕鬆多少，光是鋪道路、建造地底房間就要花10年，這些地底房間上方矗立著金字塔，古夫將這些房間拿來當作墓室，而墳墓正位於挖鑿尼羅河運河而形成的一座人工小島上。為了建造金字塔，共耗費20年：金字塔為正方形，每

邊長800英尺，高度也幾近800英尺，以光亮的石頭完美堆砌而成；石頭的大小都不少於30英尺。這座金字塔蓋成階梯式，有些石塊稱為『托臂』（krossai）、另一些稱為『上橫樑』（bomides）。第一層蓋好後，工人便用短木作成的機器把剩下的石頭，從地面抬到第一層階梯。石頭抬到第一層階梯後，再放到階梯上的另一具相同機器上，托抬到第二層階梯，以此類推。通常有多少層階梯就有多少具機器，不然，工人就挪動極易搬抬的機器，每次搬石頭時就把機器搬到上一層。」

我們知道古夫在位23年，他即位的第一件事，就是開始建造自己的墳墓，因此，金字塔的施工時間不會超過20年，這點與希羅多德的記載相符，但我們很難相信竟會動用到10萬人，因為如此一來，人事的管理想必十分複雜。雖然很難算出確切的人數，不過據估計，認為所需的勞力應在6000到17,000人之間。

建造金字塔的人員可能包括具有各種不同領域的專家，而提供勞力的大群工人則是在尼羅河氾濫期間（每年6月到9月），被迫停擺農事而前來登記的農人。這項建築工作很可能是

90-91 希羅多德在《歷史》第二冊中，談到古埃及人運用槓桿原理，搬運平均重量2.5噸的巨大石灰岩石塊。

91上圖 埃及人如何製作鋪設坡道所使用的磚塊，在底比斯的高官雷克麥爾（Rekhmire）的墓中有圖說明。

91中圖 這具木頭模型發現於一座新王國的墳墓中。它是一具搖擺的吊升機具，能吊起重物。

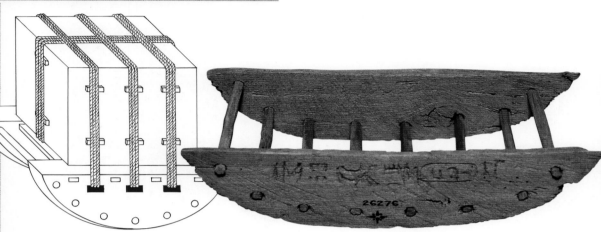

無法逃避的義務，不過，應該會供應他們勞動期間的飲食。工程師和工人就住在工地附近的營區，稱為「金字塔城市」。這座城市的墓地最近才剛剛被發現，距離古夫金字塔只有幾百公尺之遠。

希羅多德的記載並未詳細解釋巨大的石灰岩石塊是如何搬運定位的。許多理論都推測，應該是使用以泥磚鋪設成的大型坡道、再加上棕櫚樹幹來搬運。關於坡道的形式有兩種假設：第一種認為在金字塔的一側有一條垂直坡道，另一種則認為是在金字塔四周鋪設螺旋式坡道。

兩種理論都有明顯的弱點：直立坡道的理論並未考慮到可能需要很巨大的坡道，那就必須事先建造、事後再拆除，這項工程將比建造金字塔本身更費事。螺旋式坡道的理論則未考慮到，工人移動石塊通過直角轉彎時有多困難。然而，私人墳墓壁畫的發現已告訴我們，石塊先被搬上木頭滑車上，滑板再以水或油潤滑減少摩擦。希羅多德只是概略的說明，使用「以短木製成的機器」，而在談到石塊時，他用的詞是「托臂」和「上橫樑」，這兩個詞通常是無法翻譯。這兩種石頭可能是以它們所在的位置來命名，而金字塔是從中央往外建造的。

91下圖 建造金字塔的工人所使用的工具相當簡單（木頭機器、銅製分線規、直角曲尺和鉛錘線），但測量卻非常精準。

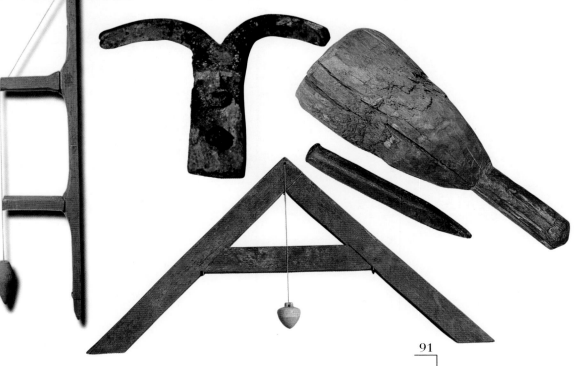

從金字塔天文方位的精準，顯示出西元前3000年中期，埃及人的技術和科學知識已經非常先進。例如，以現今最好的技術測量古夫金字塔，只偏離北方3英尺6英寸，且每邊長度的最大誤差不到5公分。這個時期的建築師使用既簡單又有效率的儀器，像是直角曲尺、鉛錘線和「莫克」（merket），莫克是一根頂端有叉子的木棍，加上鉛錘線，可用來瞄準遠方的物體，準確的測知高度和傾斜度。我們已確知，所有幾何運算都是根據一套稱為「皇家腕尺」（royal cubit）的測量單位，相當於52.4公分，每個腕尺分成七隻「手」（相當於7.5公分），每隻手再分成四根「手指」（相當於1.87公分）；手指是最小的單位。

埃及人對幾何和數學的淵博知識，可由《萊因德紙草書》（Rhind papyrus）得到證明，

的建造便展開，設計圖中會說明金字塔的基本尺寸：高度、每邊的長度、每個面的傾斜度、地理位置和方位，和既有的祭拜地點、金字塔，以及天體或星座之間的校準排列位置，都是考量的因素。

選定了建造地點後，對於未來金字塔每個角落的位置，都要十分精準的標出來，整塊地要很仔細的加以整平，並用木樁標以記號。接下來，就要舉行重要的奠基典禮，法老王會在典禮中拉住與木樁相連的繩子。接著，對施工地點進行淨化儀式後，在小溝渠中放置護身符。之後才會開始施工，一組組工人分頭進行不同的精確任務。首先，要挖掘連接尼羅河的池子，讓運送建材的船隻得以靠岸；然後建造斜坡道，以便拖拉建造金字塔基座的巨大石塊。同時，最靠近吉薩的採石場工人，開始準

重建吉薩金字塔四周地區（第四王朝末期）

A 古夫金字塔
B 次要金字塔
C 西方墓園
D 東方墓園
E 古夫祭拜神殿
F 有太陽船的溝渠
G 葬禮行列坡道
H 古夫山谷神殿
I 古夫宮殿和金字塔城市
J 卡夫拉金字塔
K 卡夫拉祭拜神殿
L 獅身人面像
M 卡夫拉山谷神殿
N 獅身人面像神殿
O 肯特卡威皇后祭拜紀念碑
P 曼卡拉金字塔
Q 曼卡拉祭拜神殿
R 曼卡拉山谷神殿
S 大門
T 住宅區
U 工人村

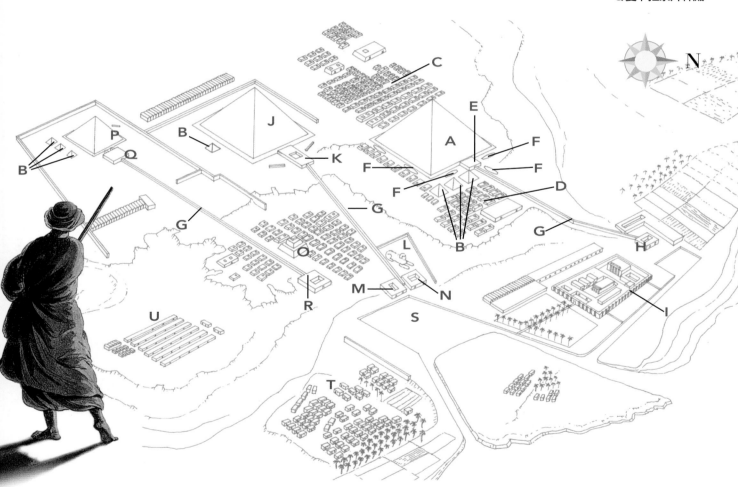

這本數學著作的年代在第二中古時期，但有可能是更古老文件的抄本；這本紙草書告訴我們運用幾何學建造金字塔的許多問題。

從許多被發現的工具，例如木棍、銅製鑿子和尖嘴鎬，讓我們了解金字塔建築工人所使用的器具，但很奇怪的是，他們雖知道有輪具，卻幾乎從不使用。

法老王核准建築師提交的設計後，金字塔

備構成金字塔中央的粗糙石灰岩石塊。其他工人則在尼羅河對岸的大採石場圖拉（Tura），也就是希羅多德描述的阿拉伯山（Arabian mountains）工作，他們把淡色的石灰岩切割成石板，用在金字塔最後的修邊工作。接著，便開始安置角落石頭、搬移第一層石頭、建造塔內的祭拜區等工作。雖然各個金字塔內部的墓室結構皆不相同，但都擁有幾乎相同的基本

元素：入口、往下的走廊和石棺墓室。

當金字塔落成後，一個稱為「小金字塔」（pyramidion）的三角尖頂會放置在金字塔的頂端。小金字塔包覆著特殊的金銀合金，用意是反射太陽光到沙漠中以及底下的尼羅河谷。

每座金字塔都會取個名字，讓人聯想起法老王的豐功偉業，以及金字塔所擁有的神祕轉化功能，統治者最終將在這裡神奇再生。

92 - 93 吉薩金字塔建造
於尼羅河左岸的石灰岩高
原上,距離現代的開羅市
中心大約10公里,周圍環
繞著現代建築。

93上圖 《萊因德紙草書》
記載了一連串的幾何問
題,顯示出古埃及人高水
準的科學知識。

93底圖左 建造古夫金字
塔,共用掉250萬個石
塊,每個石塊的平均體積
為1立方公尺。古夫金字
塔外層原本覆蓋有淡色石
灰岩,但後來已被移除。

93底圖右 古夫金字塔頂
端的小金字塔殘塊,被發
現於金字塔的東南邊角
落,同時還發現了衛星金
字塔。

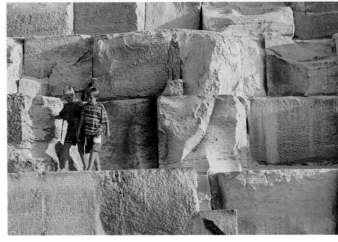

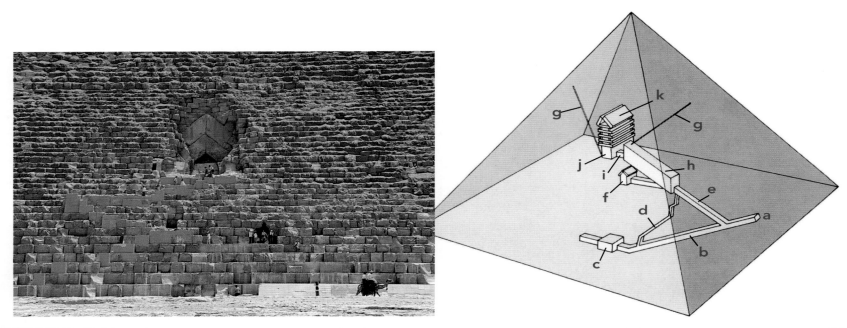

94上圖　古夫金字塔目前的入口，比原本的入口還要低10公尺。它可能是哈里發馬蒙（Caliph Al-Mamun）於西元前820年開啟的。根據歷史學家馬蘇迪（Al-Massudi）表示，馬蒙進入金字塔內，並發現許多珍貴的物品。

94-95　古夫金字塔又稱大金字塔，古代稱「古夫的地平線」，每邊長230.37公尺，高146.6公尺。

95左圖　墓室是以來自亞斯旺（Aswan）的巨大紅色花崗石塊建造而成，裡頭有個相同石材製成、沒有裝飾的石棺。石棺比入口還要大。

（圖例）
a 入口
b 往下的走廊
c 地底墓室
d 祭拜走廊
e 往上的走廊
f 皇后墓室
g 通風井
h 大長廊
i 前墓室
j 法老王的墓室
k 減壓室

（圖例）
A 法老王的墓室
B 前墓室
C 走廊石塊
　（花崗岩遮板）
D 減壓室

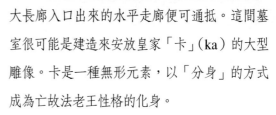

95上右圖 大長廊有個懸掛的構造，是以極度精準的工法，將花崗岩石塊層層疊架後，各突出6公分建造而成。

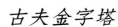

古夫金字塔

古夫金字塔曾被稱為「古夫的地平線」（horizon of Cheops），它之所以突出，不只是因為它的龐大，也因為複雜的內部構造。這些都引發許多詮釋，也引來金字塔學者的關注，使得附近的卡夫拉（Khafra, Chefren）和曼卡拉（Menkaura, Mycerinus）金字塔幾乎遭人忽視。

這座金字塔原始入口位於北面15公尺高的地方。進入後就是一條往下走的走廊，走了大約18公尺後會有岔路，其中一條通向往上走的走廊，通往大長廊，接著進入墓室（或稱為法老王的墓室）。另一條岔路則通向第二條往下走的走廊，連接到金字塔中心的地底岩石墓室，這間墓室的功能目前還不是很清楚，但似乎讓人聯想到來世之神，即鷹頭神索卡（Sokar）的居所。

古夫金字塔還有第三間墓室，或稱為皇后墓室，和金字塔垂直軸線排成一直線，沿著從大長廊入口出來的水平走廊便可通抵。這間墓室很可能是建造來安放皇家「卡」（ka）的大型雕像。卡是一種無形元素，以「分身」的方式成為亡故法老王性格的化身。

有個理論認為這三間墓室交互堆疊的建造方式，是因為建造期間設計圖有三次更改。不過最近的研究卻認為，這三間墓室一開始便是如此設計，目的是為了儀式的需要。古夫金字塔的每個建造細節，似乎都符合確切的需求，同時又能展現埃及人的非凡技術。如以突出的石塊所建造的大長廊精準到分毫不差；法老王的墓室中，天花板以9塊花崗石板構成，每塊都重達400噸。這些都是超高技術的明證。

古夫金字塔有一個獨一無二的細節，是其他類似建築都未曾出現的，那就是在法老王的墓室上方，建造有數個隔間上下相疊的繁複構造。這個構造很可能是用來減輕墓室天花板的壓力，以防止塌落。

其他我們仍無法完全了解的構造還包括兩個對角大約20公分長的正方形通風井，從法老王的墓室通往金字塔北面和南面，高度分別是71公尺和53公尺。皇后墓室也有兩個通風井，它們的傾斜度和位置，是依據準確的天文方位設計出來的：北面的通風井指向拱極星（circumpolar stars），南面則指向獵戶星座（Orion）。也許通風井只有純粹的儀式功能，是用來幫助法老王的靈魂更易升天。

96上圖　若不加上小金字
塔，古夫金字塔目前的高
度比原設計還要低8公尺。

96-97　古夫的皇家船
舶，長43.4公尺、寬5.6公
尺，排水量45噸。船舶於
1954年在金字塔南側的溝

渠中發現的，但我們不知
道這艘船是否曾經下水
過。

在這座金字塔的東側外頭，有三座次要的金字塔，分別是獻給古夫同父異母的妹妹赫努森（Henutsen）皇后、梅麗泰提絲（Meritetis）皇后，以及法老王的母親海特菲莉斯（Hetepheres）。

由埃及考古學家霍阿斯（Zahi Hawass）所主持的挖掘工作，在西南角落發現一座衛星金字塔。祭祀神殿的結構幾已完全消失，用來建造825公尺長的葬禮行列坡道以及山谷神殿的建材也已不見。山谷神殿的地基和原始地板，皆由霍阿斯在1990年發現。

金字塔東邊發現巨大的船型溝渠，證明了船舶也是法老王陪葬品的一部分。1954年，在

金字塔南邊發現兩條溝渠後，更加確認這項習俗。溝渠上覆蓋著石灰岩石塊，每塊都重達17到20噸。其中一條溝渠經過開挖，裡頭有碎裂成1224塊的一整艘木造船舶，經過14年的耐心修復後，終於恢復原貌。這艘優雅非凡的船隻，呈現兩端尖細的造型，頭尾翹起，長43.4公尺，寬5.6公尺。木頭船殼用的是黎巴嫩柏木，精巧地以卡榫和繩索組裝，完全不用鐵釘或金屬零件。這艘皇家船舶是建造來遊河，因為它的吃水量很淺（大約1.5公尺）。船沒有船帆，前進就倚賴船槳，並由船尾的一對方向舵操縱方向。古夫金字塔四周為何有這些船舶呢？法老王的船隻是否曾航行在尼羅

96-97底圖　1925年，
在大金字塔東邊的大型墓
園中，發現了法老王的母
親海特菲莉斯。墳墓裡面
有精美的陪葬品，包括一
張鍍金木床。

96底圖　海特菲莉斯墳墓
的陪葬品中，還包括純金
打造的物品。海特菲莉斯
是古夫的父親斯奈夫魯的
妻子。

97上圖左　發現皇家船舶
的溝渠，曾被石塊封住；
這些石塊每塊都重達17到
20噸。

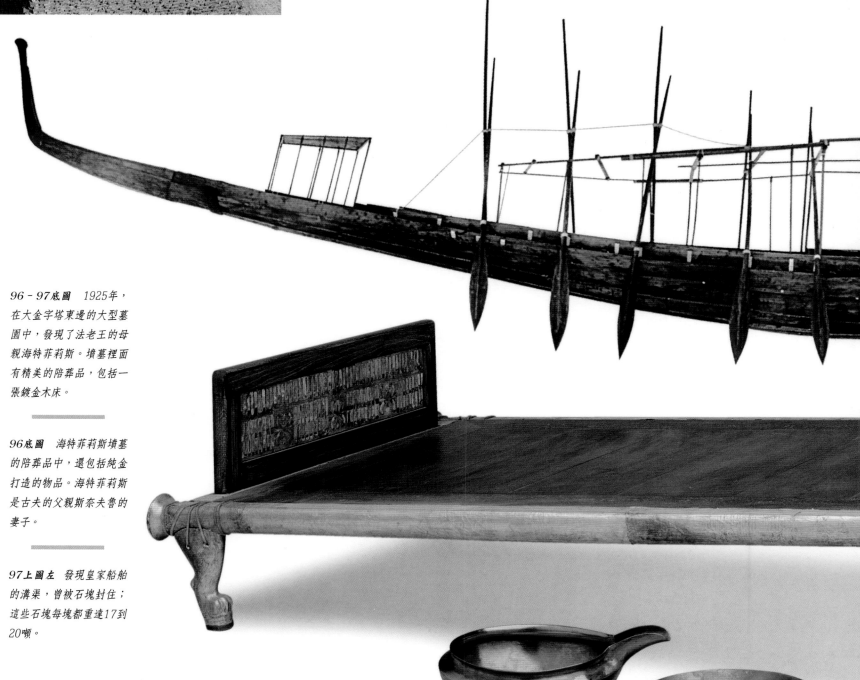

河呢？這是一艘用來載運法老王遺體到金字塔的典禮船呢？亦或只是具有儀式和象徵價值？

這些問題目前都還沒有確切的答案，但很有可能最後一項假設就是正確答案。船隻在埃及這樣的國家，具有非常重要的功能，因為船隻是唯一的運輸工具。人們想像太陽神「拉」每日乘船循著由東向西的固定路線航越天際。在塞加拉的第五王朝金字塔中所發現的宗教經文《金字塔經文》(Texts of the Pyramids)，是目前所知最早的宗教經文，其中便常提及法老王的天際航程。因此根據當時的信仰，這些船隻有可能是法老王的靈魂用來航向他在天空中的父親「拉」，並和父親共乘航向永恆。

97上圖右 在金字塔東邊可以看到5條可能有船舶的溝渠。我們並不知道這些船隻的確切意義，但是讓人聯想到太陽神「拉」的太陽船。

97底圖 在29公尺深墓井底部的墓室內，皇后石棺附近，發現了兩張鍍金的木椅。

97

（圖例）
1.帝王谷第62號：圖坦卡門
2.帝王谷第9號：拉姆西斯六世／五世
3.帝王谷第8號：邁爾奈普塔
4.帝王谷第7號：拉姆西斯二世
5.帝王谷第55號
6.帝王谷第6號：拉姆西斯九世
7.帝王谷第5號
8.帝王谷第3號
9.帝王谷第46號
10.帝王谷第4號：拉姆西斯十一世
11.帝王谷第45號
12.帝王谷第44號
13.帝王谷第28號
14.帝王谷第27號
15.帝王谷第21號
16.帝王谷第60號
17.帝王谷第20號：哈特謝普蘇特
18.帝王谷第19號：蒙特赫凱佩雪夫
19.帝王谷第43號：杜德摩西四世
20.帝王谷第54號
21.帝王谷第18號：拉姆西斯十世
22.帝王谷第17號：塞提一世
23.帝王谷第16號：拉姆西斯一世
24.帝王谷第10號：阿門內姆哈特
25.帝王谷第11號：拉姆西斯三世
26.帝王谷第56號
27.帝王谷第58號
28.帝王谷第57號：霍倫希布
29.帝王谷第12號
30.帝王谷第35號：阿孟霍特普二世
31.帝王谷第49－52號
32.帝王谷第53號
33.帝王谷第36號
34.帝王谷第61號
35.帝王谷第29號
36.帝王谷第47號：史普塔
37.帝王谷第13號
38.帝王谷第14號：賽特納克特／托賽雷特
39.帝王谷第38號：杜德摩西一世
40.帝王谷第15號：塞提二世
41.帝王谷第40號
42.帝王谷第26號
43.帝王谷第30號
44.帝王谷第59號
45.帝王谷第31號
46.帝王谷第32號
47.帝王谷第37號
48.帝王谷第42號
49.帝王谷第33號
50.帝王谷第34號：杜德摩西三世

金字塔的時代持續超過8個世紀後，到了中王國（Middle Kingdom）結束便告中斷，當時在「第二中間時期」（Second Intermediate Period）經過數十年政治動盪，加上許克所斯人（Hyksos）的入侵後，權力再度回到底比斯（Thebes）家族手中。阿赫莫西斯（Ahmosis）趕走了許克所斯人，並建立第18王朝。他把首都遷到位於尼羅河東岸的烏阿瑟（Uaset，希臘名為底比斯），在古代孟菲斯（Memphis）南邊500公里，這些變化標誌著新王國的開始。

在新王國期間，法老王不再把金字塔當成皇家墳墓，而喜歡開挖綿延至尼羅河西岸河畔的高山，挖鑿岩石建造墳墓。就在此地，太陽神「拉」（Ra）結束每日的航天之旅，開始乘坐神船前往陰間深處。在距離河岸數英里的山坡上，躺著「陰間之王」奧西里斯（Osiris）以及「施香膏者」阿努比斯（Anubis）的沉靜王國。

埃及的祭司們長久以來一直在尋找作為皇家墓地最適合的地點。終於，他們選擇一座偏遠的山谷。這座山谷難進易守，成為安全上的重要理由，不過，主因是在於它相當具有特色：有一座名為「提本山」（Theban Peak）的高山，它狀似金字塔俯視著山谷。此時，金字塔不僅是帝王的陵墓，更成為一種象徵，它神奇的保護力量散發到整座山谷。古埃及人稱這座山谷為「大草原」。

底比斯的帝王和古王國時期的法老王一樣，一即位就開始建造自己的墓地。大祭司和皇家建築師必須設計非常詳盡的藍圖，墳墓的所有特色、布局和裝飾元素全都要先標定完

埃及 Egypt
帝王谷
（Valley of the Kings）

帝王谷與圖坦卡門的寶藏
The Valley of the Kings
and the treasure of TUTANKHAMUN

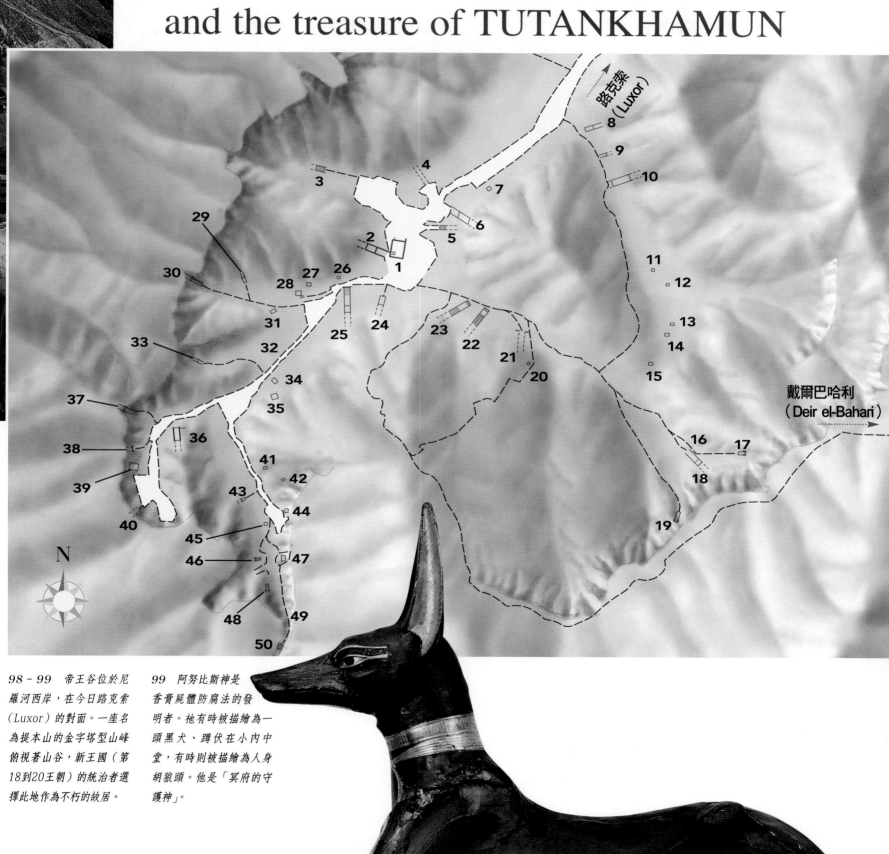

路克索
（Luxor）

戴爾巴哈利
（Deir el-Bahari）

N

98 - 99 帝王谷位於尼羅河西岸，在今日路克索（Luxor）的對面。一座名為提本山的金字塔型山峰俯視著山谷，新王國（第18到20王朝）的統治者選擇此地作為不朽的故居。

99 阿努比斯神是香膏屍體防腐法的發明者。祂有時被描繪為一頭黑犬、蹲伏在小內中堂，有時則被描繪為人身胡狼頭。他是「冥府的守護神」。

100-101 許多墓室的天花板，描繪滿布星宿和星座的天空，或者像拉姆西斯六世（Rameses VI）的墳墓（帝王谷第9號）一樣，繪有天國女神努特（Nut）。

101上圖左 在霍倫希布（Horemheb）的墳墓（帝王谷第57號）裡，接受祭品的女神愛西斯（Isis），頭上戴著太陽圓盤。

101上圖右 皇家墳墓的牆壁上，裝飾著當時流傳的重要法術宗教經文；例如，在阿孟霍特普二世（Amenhotep II）的墳墓（帝王谷第35號）裡，就裝飾著《陰間之書》（The Book of the Amduat）。

成。藍圖中包括幾個要素：階梯、往下走通往側墓室的走廊、前廳，以及放置法老王石棺的「黃金室」。

特別令人值得注意的是那些裝飾墳墓牆壁的要素；包括最重要的法術宗教經文和相關的插畫。所有皇家墳墓裝飾所用的主題，通常多在強調：法老王死後要展開的偉大陰間之旅，較不偏重他的早年生活或軍事征戰事蹟。

新王國和舊王國皇家墳墓主要的差別，就在於這些裝飾元素，以及對新的神學與宗教觀的反省。第四王朝大金字塔的墓葬區域，完全沒有任何銘文或裝飾，但從第五王朝的烏納斯（Unas）統治期間起，便開始在墓室和前廳的牆壁上，雕刻《金字塔經文》（Texts of the Pyramids）裡的內容章節。經文內容主要是法術程式，用途在於幫助亡故的法老王克服在陰

間之旅的路途中所遭遇到的險阻。這些經文歷經很長時間的演進，在新王國期間編纂成為許多作品：《大門之書》（Book of Gates）、《呼吸之書》（Book of Breaths）、《陰間之書》（Book of Amduat）、《土地之書》（Book of the Earth）、《洞穴之書》（Book of the Caves）、《拉的連禱文》（Litanies of Ra），以及較為人熟知的《亡者之書》（Book of the

及轉化為神祇的地點。他的靈魂會上升到天國，並與拉結合。在拉姆西斯的時代，天國係由彎曲的天花板來象徵，上面畫有天國女神「努特」。

　　墳墓的大小與裝飾元素的複雜性，在某種限度內與統治時間的長短有關；例如，在位期間僅16個月的拉姆西斯一世（Rameses I），他的墳墓長29公尺，而他的兒子塞提一世，在位

13年，墳墓就長達108公尺。

　　墳墓的藍圖獲得法老王的核准之後，生活在帝王谷附近的戴爾美迪納的工人和藝匠，便開始施工。

　　一群60個左右的工人，分為兩組，每組負責一邊的墳墓。每工作10天可休息24小時。工人各有專擅的技能，且彼此互補：切石工人、灰泥工人、雕刻工人、設計工人和裝飾工人

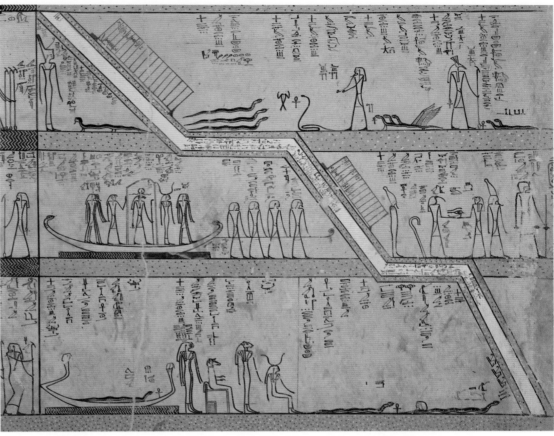

101底圖　在壯觀的塞提一世之墓（帝王谷第17號）中也裝飾著《陰間之書》。這座墳墓於1817年，由義大利帕度亞（Padua）探險家貝佐尼（Giovanni Battista Belzoni）發現。此圖是貝佐尼所繪、讚頌這座墳墓的多幅畫作之一，其中有部分是在西耶納（Sienese）醫生利奇（Alessandro Ricci）的協助下完成。

Dead）。選擇裝飾牆壁的法術經文非常重要，因為當時的神學觀念堅信，法老王的靈魂將進行漫長又艱險的遊歷，最後「化身為太陽」，亦即他與太陽神「拉」合而為一。牆壁上的這些經文，一開始是用畫的、後來才用雕刻，它為法老提供魔法，讓他得以克服在陰間途中所遭遇的險阻。

　　從此墓室便成為法老王進行神秘復活、以

等，大家有如生產線般一起工作。首先，切石工人在岩石上挖鑿一個洞；灰泥工人跟在後頭抹上一層黏土、石灰和碎稻草，然後再塗抹一層薄灰泥，之後以白堊塗白。大祭司和法老王選好的裝飾，由設計工人以紅赭石描繪。他們先用綁在棍子上的繩子，把空間分割成正方形，以便妥善安排人物和經文的位置，遵守精確的比例規則。一名監工負責督導一群設計工

人，他會以木炭糾正任何錯誤。接著輪到雕刻工人，他在岩石上雕刻淺浮雕，之後再上色。在墳墓內部，切石工人繼續挖鑿，此時外部工程已接近完成。這種理性的工作組織，讓工人能以極快的速度不斷工作，因此即使只使用很基本的工具，皇家墳墓也得以在短短數個月內落成。不過，話說回來，最龐大複雜的墳墓，則可能需要6到10年的時間才能完工。

102上圖 阿努比斯神正為亡者的遺體塗抹香膏防腐。這幅畫是畫在迪傑霍瑞方克（Djedhorefankh）的木頭石棺上。

102-103 從亡者的遺體中取出肺臟、肝臟、胃和腸子，放進4個稱為禮葬甕的特殊容器內。每種器官都受到一位神明的保護，這四位神明的形象就畫在容器的蓋子上。

103上圖 送葬行列陪著亡者前往墳墓，後面跟著一群哀傷的婦女，她們披頭散髮，表示服喪〔底比斯墳墓第55號，拉摩斯之墓（Tomb of Ramose）〕。

新王國時期的防腐技術和金字塔時代的原始方法相比，已有很大的進步。法老王的遺體要經過漫長又複雜的處理。塗抹香膏為屍體防腐的程序是在一個隔離區進行，此區稱為「烏阿貝」，亦即「純淨之地」，或稱為「佩尼佛」（per nefer，意即再生之屋），在防腐程序前、施行當中以及完成後，都要唱誦祈禱文並進行法術儀式。首先，要用鉤子從鼻腔把腦漿鉤出來，而後注入藥物清洗腦部。接著剖開腹部左側，取出肺、肝、胃和腸子；代表思想和靈魂所在的心臟，則留在胸腔。取出的內臟要放在四個禮葬甕內，受到復活神賀魯斯（Horus）的四個兒子：艾姆謝特（Imset）、杜亞姆德夫（Duamutef）、哈碧（Hapi）及凱布山納夫（Qebesenhuf），還有諸神如愛西斯、娜芙提（Nefti）、妮特（Neith）和賽爾琪絲（Selkis）的保護。腹部的空洞會填滿沒藥（myrrh）和其他香料，完成後再縫合起來。

屍體接著再覆蓋泡鹼，這是一種含有

鈉鹽的特殊物質，成分包括碳酸鹽、碳酸氫鹽、氯化物和硫酸鹽。過了70天，經由泡鹼的作用完成脫水後，便清洗法老王的遺體，接著整個程序的最後階段便開始了。屍體上會放置一些護身符，包括「心臟的聖甲蟲」，聖甲蟲上還雕刻《亡者之書》第30B章的銘文，這篇章的標題是「讓奧西里斯的心臟不會隔得太遠」，奧西里斯是法老王死後的名字。法老王的屍體以輕薄的亞麻布條包裹之後，便送到皇宮。

此時，真正的葬禮便開始了：法老王的遺體放置在鋪著布幔的台子上，由高官拉著前往墳墓，並且跟隨一大群送葬行列。後面則跟著挑夫抬著法老王的陪葬品，還有好幾群尖叫哭喊的婦女。剃光頭的祭司焚香、搖著叉鈴。整個葬禮行列前往「位於底比斯西方、法老王生命力量健康、千百萬年的偉大威嚴墓地」，也就是墳墓所在地。此地就是舉行「開嘴」典禮最重要的地方，意指亡者可以很神奇的在來生再度

使用他的嘴巴、眼睛和感官，因此又能說話、飲酒、吃東西和看東西。接著，法老王的遺體被送進墓室內，裡頭有具準備妥當的巨大石棺，石棺上雕刻精美的宗教經文和保護神的肖像，並覆蓋厚重的蓋子，通常會裝飾法老王的深浮雕剪像。陪葬品安置在石棺周圍和四周的房間內。這些陪葬品包括亡者在來世會需要用到的日常物品，以及抄寫著《亡者之書》的紙草書。最後，還要放置幾尊「巫沙布提俑」（ushabti）在墳墓裡，「巫沙布提俑」這個詞是古埃及文，意指「答話者」。法老王會宣讀《亡者之書》第6章「讓巫沙布提俑在墓地裡工作」裡的魔法，給予這些陶俑生命。之後法老王便能命令「巫沙布提俑」在陰間執行最繁重的工作。

當所有陪葬品就定位後，工人便把墳墓入口密封起來，蓋上墓地的封章，然後皇室成員、高官和朋友便展開葬禮宴席。

墳墓密封上封條後，就沒有人能夠進入。整座山谷也被視為禁區，除了工人、衛兵之外，無人可以進入；就連祭拜亡故的法老王也不須到埋葬的地點，因為祭拜儀式是在尼羅河高原邊緣的紀念神廟內舉行，此神廟命名為「千百萬年城堡」。

通常墳墓的入口都會顯露出來，特別是從第19王朝開始，墓地的衛兵會時常去檢查封條有否破損，並呈上詳細的報告。然而，所有確保墳墓永遠不受侵擾的安全措施，到頭來完全沒有用，流傳下來的紙草書記載，從第20王朝開始，墳墓就不斷遭到入侵劫掠。墳墓的安全明顯不足，因此祭司們祕密決定，把最重要法

103底圖右 巨大的聖甲蟲被放在亡者遺體的心臟上。心臟是唯一留在體內的內臟器官，因為據信，心臟是靈魂的所在。「心臟的聖甲蟲」上刻有《亡者之書》第30B章的銘文。

老王的遺體，移送到提本山戴爾巴哈利（Deir el-Bahari）神廟附近的一個地點。法老王隱藏在這裡受到保護超過2000年，直到1881年才被當地的古董賊發現。當埃及和歐洲藝術市場上，突然出現屬於皇家陪葬品的物品，便引起了當時埃及古物部的部長加斯頓馬斯佩洛（Gaston Maspero）的疑心。後來他自己發現了這個地點。

我們確知，到了法老王時代末期，所有皇家墳墓都已遭侵入劫掠。一直到1922年，經由

104上圖　圖坦卡門之墓（帝王谷第62號），是所有被發現的皇家墳墓中，唯一幾乎完整保存所有陪葬品的。在照片中的橢圓圖形內，我們可以看到他加冕時的名號「尼布克普魯拉」（Nebkheperura）。

104底圖　皇家陪葬品通常製作精美，在這個木盒上可以看到法老王殲滅敵人的情形。

卡納爾馮爵士（Lord Carnarvon）出資、英國埃及學家霍華卡特（Howard Carter）所主持的挖掘計畫，才發現整座帝王谷唯一一座完好的皇家墳墓。這是一位年輕法老王的墳墓，僅在位短短9年，而且在發現當時，幾乎無人知曉這位法老王的名號。多虧發現了圖坦卡門（Tutankhamun）的墳墓，我們才能得知陪伴法老王前往陰間之旅的陪葬品有哪些，以及底比斯統治者的墳墓裡有哪些東西。若這座小小的圖坦卡門墳墓，就含有已占據開羅博物館大半館藏的3500件物品，那我們實在難以想像，塞提一世或拉姆西斯二世的龐大墳墓內，會有多少陪葬品。這兩位法老王不管重要性或在位期間，都是圖坦卡門這個年輕法老王比不上的。

圖坦卡門的墳墓也揭露了許多嶄新且重要的資訊，如新王國期間的皇家葬禮儀式種種情形。在卡特發現圖坦卡門之墓前，我們對圖坦卡門的了解極少。這位王子早年生活在阿馬納（Amarna）宮廷，他的祖先是誰，我們仍無法確知。他可能是阿孟霍特普四世阿克奈頓（Amenhotep IV Akhenaton）和妃子姬亞

（Kiya）所生的兒子。他的原名是「圖坦卡頓」（Tutankhaton），意思是「阿頓（Aton）的活形象」，但為了政治利益，他把名字改為「圖坦卡門」，意思是「阿蒙（Amon）的活形象」，再加上一個別號，「赫凱烏努席瑪」（heqaiunushema），意思是「上埃及的太陽城之王」。圖坦卡頓娶了同父異母的妹妹安克桑娜夢（Ankhsenamon），意思是「為阿頓而活的女子」。她是阿克奈頓和皇后奈芙緹蒂（Nefertiti）的女兒。在圖坦卡頓繼位之前，阿馬納宮廷已開始沒落，且開始膜拜阿頓神。圖坦卡頓在宮廷內受到三個重要且權威人物的影響，而其中兩人會在他之後繼任王位：大祭司艾伊（Ay）、軍隊總司令霍倫希布（Horemheb）和財政官馬雅（Maya）。1986年，馬雅之墓在塞加拉墓地被發現，而且就位於霍倫希布之墓附近。

圖坦卡頓年僅9歲時，在塞曼克卡爾（Semenkhkare）死後繼位。塞曼克卡爾可能是阿克奈頓的兄弟或兒子，在位僅僅2年，且大半時間都是和阿克奈頓一起治國。年輕的圖坦

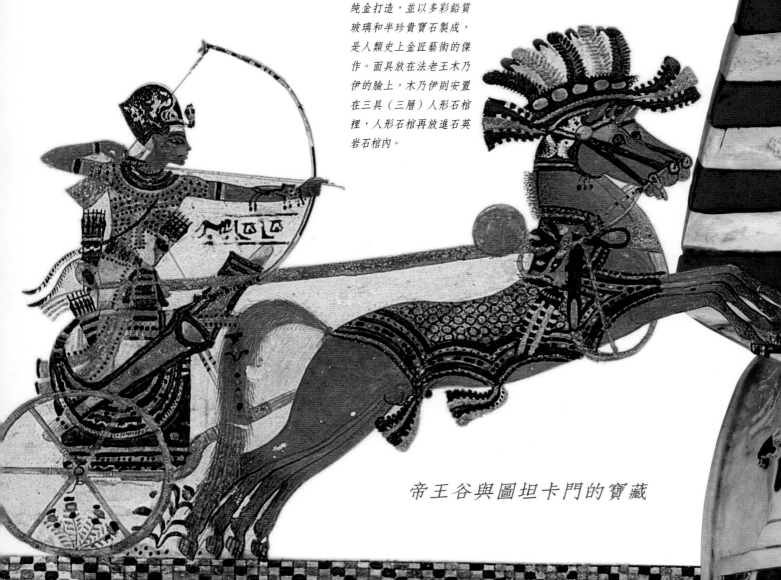

105　這張殯葬面具是以純金打造，並以多彩鉛質玻璃和半珍貴寶石製成，是人類史上金匠藝術的傑作。面具放在法老王木乃伊的臉上，木乃伊則安置在三具（三層）人形石棺裡，人形石棺再放進石英岩石棺內。

帝王谷與圖坦卡門的寶藏

卡頓加冕為法老王時，封號為「尼布克普魯拉」
（Nebkheperura），意思是「拉的顯靈之王」，
他把首都從阿馬納（Amarna）遷回底比斯。圖
坦卡頓即位後的第二年，改名為圖坦卡門，象
徵他所進行的宗教與政治改革，這些改革在他
死後由艾伊，更可說是由霍倫希布完成。新法
老王登基意味著開啟宏偉的底比斯神廟，也意
味著大型建築工程的開始，其中許多工程都是
由霍倫希布完成，但後來王位也被他篡奪了。

圖坦卡門可能於西元前1343年，即在位的
第9年過世，年僅18歲。他的死因並不清楚，
不過1968年二度解剖他的木乃伊時，發現頭骨
有碎片，表示可能是死於意外，也有人認為他
是被暗殺的。

很明顯的是，這座被卡特發現、編號「帝
王谷第62號」的墳墓，起初並不是為了圖坦卡
門興建的。他其實決定要在更偏遠的西方山谷
建造自己的墳墓。這座西方山谷是帝王谷的分
枝，圖坦卡門的祖父阿孟霍特普三世
（Amenhotep III）就葬在此處。義大利探險家
貝佐尼（Giovanni Battista Belzoni）於1816年

帝王谷與圖坦卡門的寶藏

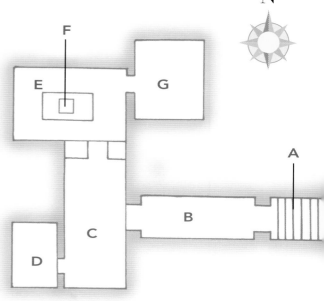

106上圖 在建造龐大的拉姆西斯六世之墓（帝王谷第9號）時，把碎石丟下山，蓋住了圖坦卡門之墓，結果保住圖坦卡門之墓未遭盜墓者破壞。

106底圖 圖坦卡門之墓內只有墓室的牆壁有裝飾。這幅畫描繪《陰間之書》的一段經文，以及凱布利聖甲蟲神（Khepri）駕船夜遊。

106-107 沒有其他帝王谷墳墓的壁畫比得上這幅畫。壁畫中，圖坦卡門的繼任者艾伊，在亡故的法老王面前主持開嘴儀式，以便讓法老王可以在陰間說話並使用五官。

107底圖 這具大型的石英岩石棺，位於圖坦卡門之墓的墓室內。石棺內有三具人形棺，而法老王的木乃伊就放在人形棺裡。

（圖例）
A 階梯
B 走廊
C 前廳
D 密室
E 墓室
F 石棺
G 寶藏庫

在西方山谷發現的艾伊墳墓，墓內裝飾幾乎和圖坦卡門之墓一模一樣，不過這座墓比較長。帝王谷內有許多高官的墳墓，而帝王谷的第62號墳墓可能原本是要保留給艾伊的，也許因為法老王猝死才決定這樣交換。另一點很明顯的是，帝王谷第62號墳墓是在倉促的情況下完工，因為只有小墓室有壁畫，且裝飾相當簡略。

圖坦卡門墳墓的格局非常簡單，顯示這原本是私人而非皇家墳墓。階梯通往南北向的長方形前廳，卡特稱為「門廳」。西面牆壁的小開口通往密室。北面的牆則有通往放置石棺的墓室的門。墓室的東邊也有小密室，卡特命名

108上圖 圖坦卡門之墓於1922年11月4日，由英國考古學家霍華卡特發現，他在此挖掘8年。1930年11月10日，從墳墓中移出最後一件物品。

108中圖左 在挖掘計畫的出資人卡納爾馮爵士的陪伴下，卡特於1922年11月26日進入墳墓的第一間房間（稱為前廳）。裡頭的700多件物品，花了兩個半月才全部搬空。

圖坦卡門的珍寶

108中圖右 第四座也是最後一座安置石棺的木頭聖祠的門，依舊密封著，卡特是三千多年來看到這扇密封門的第一人。

109 打開第四座鍍金木頭聖祠的門後，卡特和助理亞瑟卡倫德（Arthur Callender）一起欣賞讚嘆石英岩石棺。

108底圖 墓室旁的小房間被卡特稱為「寶藏庫」。裡頭的許多物品中，包括一個鍍金大木箱，放置著法老王的禮葬寶。

為「寶藏庫」。

墳墓的位置使得它不像帝王谷內其他墳墓一樣遭到劫掠：它位於拉姆西斯六世之墓的正下方，後來在建造拉姆西斯六世之墓這座更大的墳墓時，碎石覆蓋住圖坦卡門之墓。事實上，圖坦卡門之墓在拉姆西斯六世之墓建造前曾遭人入侵，但盜墓賊可能因為行動被打斷，只拿走很少東西。他們只偷走平常使用的物品，並未對墳墓造成嚴重破壞。

移走覆蓋狹窄階梯的碎石後，卡特發現自己正對著第一道被牆堵住的大門。門後是一條走廊，被砂石還有盜墓賊留下的墳墓物品碎片

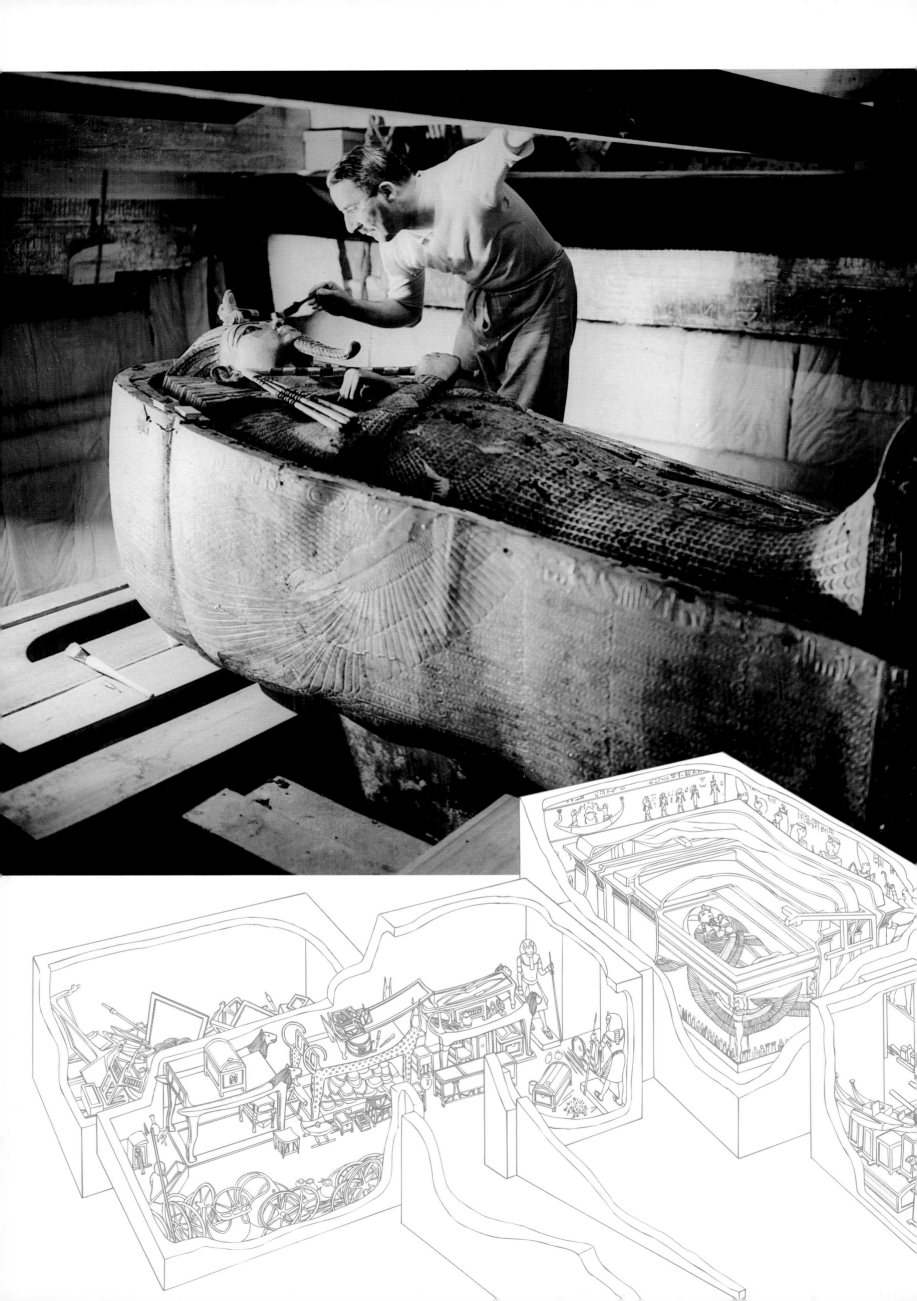

堵住。在這些物品中，有圖坦卡門精美絕倫的木雕頭像立在蓮花座上，象徵法老王的復活。

走廊的盡頭是第二道被牆堵住的大門，打開之後通往前廳。前廳內沿著牆擺滿大量物品，包括三張以鍍金灰泥包覆的木製大禮床。床的上面、下面和旁邊，擺著許多法老王的陪葬品，其中最顯眼的是5個放香水和香膏的雪

花石花瓶、木製箱子、鑲嵌象牙的木頭凳子，以及外覆白石膏的大型木頭容器，裡頭可能放著法老王在來世所需的所有食物。

前廳立著一張柏木做的小椅子，椅子的靠背雕刻精美，刻畫赫布（Heb）神。赫布神拿著兩枝棕櫚樹枝，下方畫有代表無限的象形文，象徵時間的永恆。

卡特還發現一張精美的鍍金木製寶座，被

111左圖　為了取出裝著石棺的木頭聖祠，卡特和助手必須移開分隔前廳和墓室的部分建築結構。

111上圖右　兩尊巨大的雕像守護著前廳北牆的角落，他們保護著通往墓室的門（原本密封）。

111底圖右　兩尊木頭雕像，以一層松脂染黑並部分鍍金。雕像有著法老王的臉部特徵，代表他的卡（或分身）。每尊雕像約高192公分。

110-111　卡特打開第一具鍍金人形棺後，發現第二具人形棺裝飾著多彩的鉛質玻璃。

110底圖　這幅3D素描顯示卡特所看到的圖坦卡門之墓的模樣：墓裡有3000多件豐富的陪葬品，如今都收藏在開羅博物館。

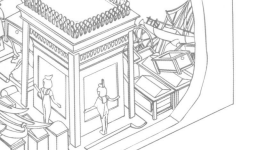

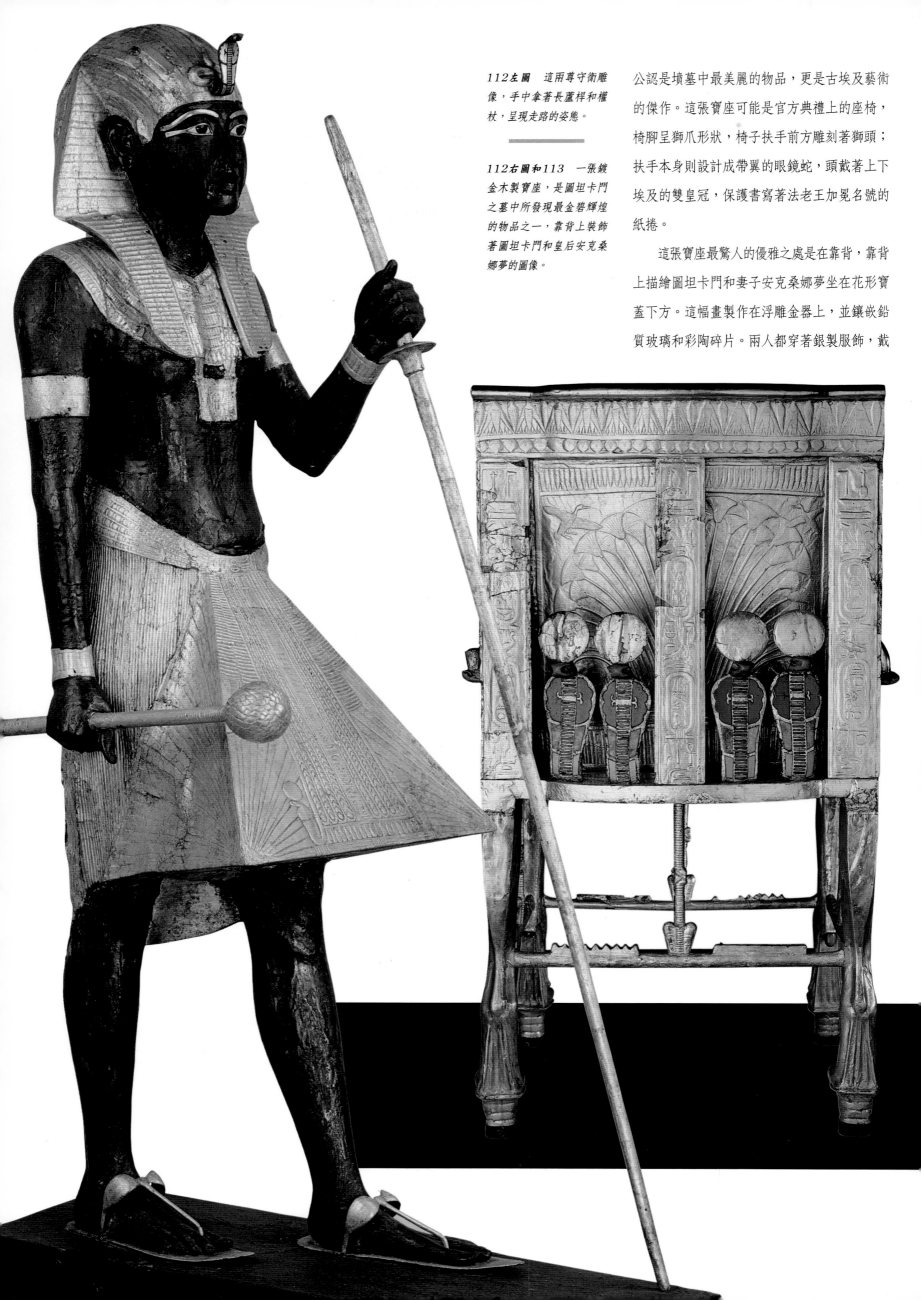

112左圖 這兩尊守衛雕像，手中拿著長蘆桿和權杖，呈現走路的姿態。

112右圖和113 一張鍍金木製寶座，是圖坦卡門之墓中所發現最金碧輝煌的物品之一，靠背上裝飾著圖坦卡門和皇后安克桑娜夢的圖像。

公認是墳墓中最美麗的物品，更是古埃及藝術的傑作。這張寶座可能是官方典禮上的座椅，椅腳呈獅爪形狀，椅子扶手前方雕刻著獅頭；扶手本身則設計成帶翼的眼鏡蛇，頭戴著上下埃及的雙皇冠，保護書寫著法老王加冕名號的紙捲。

這張寶座最驚人的優雅之處是在靠背，靠背上描繪圖坦卡門和妻子安克桑娜夢坐在花形寶蓋下方。這幅畫製作在浮雕金器上，並鑲嵌鉛質玻璃和彩陶碎片。兩人都穿著銀製服飾，戴

著藍色「朱鷺」假髮，再頂著華麗的皇冠。這幅鮮活的畫面，描繪皇后從左手的杯子裡取出香膏，充滿愛意的抹在法老王的手臂上。在這對皇室夫妻頭上，太陽神「阿頓」的光芒照耀到他們身上。

靠在前廳西牆的三張大床，每張都長1.8公尺，裝飾著三位不同的神祇：有河馬頭和一對野貓爪的安穆特（Anmut），祂是「吞噬亡者的女神」、獅頭的愛西斯麥希特（Isis-Mehet），以及牛頭的麥希特烏爾

114-115 前廳西牆沿著牆面，排著三張大型禮床，裝飾著三位神祇的頭部：獅頭的愛西斯麥希特，牛頭的「大氾濫神」麥希特烏爾特，以及河馬頭的安穆特。這些禮床確切的功能並不清楚，不過，《神牛之書》(Book of the Celestial Cow)認為，麥希特烏爾特的床，主要功能是將法老王的靈魂送上天去。

114上圖　三張禮床的第三張裝飾著河馬頭，讓人聯想起女神安穆特，亦即「大吞噬女神」（The Great Devouress）。根據《亡者之書》，這位女神專門吞噬沒有通過奧西里斯審判的亡者靈魂。

114中圖　陪葬品中除了材料和布料，還有93種鞋子，包括這雙黃金涼鞋。

115底圖　這只黃金雙重盒，在第一和第二座金箔木頭聖祠之間發現。盒子作成橢圓形狀，上覆阿特夫冠（atef-crown），用來盛裝油膏。盒子中央的人形，代表法老王一生中的不同時刻，並以密碼形式寫下圖坦卡門的加冕名號尼布克普魯拉。

特（Mehet-Ueret），祂是「大氾濫神」。我們知道床與法老王的復活有關，但實際的功能究竟為何，我們並不清楚。我們知道有愛西斯麥希特形象的床，很像是運送法老王靈魂的太陽船；這些資料，都是從石棺室第一個聖祠內牆上所雕刻的《神牛之書》經文得知的。

在裝飾安穆特的頭的床附近，有一條在幾千年前被小偷打開的窄道，而且從此再也沒有被墓地的衛兵關上。這條窄道通往一個密室，卡特直到發現墳墓5年後才移走這間密室裡的物品。這個小房間，原本是用來存放飲料、食物和香膏的，裡頭堆著2公尺高的各式物品。

物品中包括法老王的武器，例如弓箭和長矛，還有8面裝飾精美的盾牌、模型船、可能是法老王使用的打獵馬車，還有一張鍍金木製寶座，上頭鑲嵌著寶石。這張寶座被暱稱為「教堂寶座」（ecclesiastical throne）。

其他物品還包括一個雪花石膏洗手盆，裡頭放著也是雪花石膏做的模型船，模型船的頭尾裝飾著小岩羚的頭，船上載著上面覆蓋天篷的石棺；裝飾著獅頭的雪花石膏香膏容器、鍍金烏木床，以及無數個棕櫚纖維編織成的籃子，裡頭裝著給代表法老王無形的分身「卡」的用品，還有一張玩「塞尼特棋」（senet，西洋跳棋的前身）的烏木遊戲桌。還有236個用各

116左圖 連接墓室的小房間，卡特稱之為「寶藏庫」，裡頭發現了22間木製的小內中堂，內有圖坦卡門或其他神祇的木製金箔雕像。這些神祇包括孟菲斯的卜塔（Ptah），祂是「創造神」，創造宇宙萬物，手裡拿著專屬的權杖──安克烏阿斯吉德（ankh-uas-ged）。

種材料雕成的巫沙布提俑，以及50個陶罐，裡頭曾經裝著酒，並以僧侶書寫體註明酒的來源、葡萄園的名字，以及製造的年分。這些資料顯示，法老王於在位的第9年去世，因為墳墓裡的陶罐沒有之後的年分。放在前廳南牆和東南角落的，是兩輛分別長2.30公尺和2.89公尺，已經完全解體的鍍金木頭戰車。另外還有一輛類似但比較輕的戰車。戰車的概念由許克所斯人傳進來，從第18王朝起，他們便把戰車當成法老王的權力與力量的象徵。在法老王征戰的淺浮雕和繪畫上，經常顯示他登上戰車，在敵人當中遍灑恐怖與毀滅。

116右圖 這具小人形棺內還有另一具小一點的鍍金人形棺，裡頭又有更小的人形棺。最小的人形棺裡有個人形盒子，盒子裡有一束頭髮，盒子上寫著緹依（Tiyi）皇后的名字。她是圖坦卡門的祖母。

117左圖和中圖 墳墓中發現的物品包括413個巫沙布提俑，分別放在密室和寶藏庫的箱子裡。巫沙布提俑（意思是答話者）是法術雕像，他的工作是在陰間服侍亡故的法老王，並為法老王執行最繁重的工作。藉由《亡者之書》第6章的法術程式，便可喚醒巫沙布提俑做事。

在前廳還發現一件精緻特殊的物品，是一個安置在橇板上的迷你鍍金木頭內中堂（naos）。這是兀鷹女神奈赫貝特（Nekhbet，上埃及的保護女神）古神殿的迷你複製品，內中堂屋頂的特別形狀，以及有12個女神圖像的裝飾淺浮雕，在在凸顯這件物品是女神的聖所。內中堂的門被銀鍊鎖住，但與一個隔間相通，隔間裡有個黃金小雕像的支架，雕像可能已被偷走了，還有一條珍珠項鍊，項鍊的垂飾描繪了烏蕾特考（Uerethekau）女神，祂是「大魔法師」，正在為法老王哺乳。

前廳裡所有牆面上的淺浮雕，描繪了這對法老王夫妻的家庭生活場景。兩尊松脂染黑並部分鍍金的大木頭雕像，就立在北牆邊；一個

117右圖 這個雪花石膏洗手盆真正的功能，我們並不知道，很可能是用來裝油膏或是純粹裝飾。洗手盆裡有艘船，船的頭尾都裝飾著小岩羚的頭；船上載著石棺，上面覆蓋著天篷。

木頭箱子上畫滿戰爭場景，描繪法老王駕著戰車大戰努比亞人（Nubians）和亞洲人，並砍死無數人。這只箱子裡有法老王的涼鞋和各種服飾，箱子的蓋子畫著在當時埃及常見的動物：羚羊、貓和鴕鳥。房間內兩尊1.92公尺高，代表法老王「卡」的雕像，分別站立在室內的角落，具有保護的作用。左邊的雕像戴著「卡伊特」（khayt）的頭飾，另一個則戴著「奈米斯」（nemes）的頭飾。仔細檢查雕像後發現，有兩個小孔裡頭應該放有紙草紙，但卻空無一物，並被草率封住了。雕像立在墓室大門的兩側，上面都覆蓋著一層蓋有皇室御章的灰泥。在雕像底部有一小塊區域，上面蓋有墓地衛兵的章，這顯示衛兵曾經封住了因小偷入侵所造成的洞。

　　卡特拆掉部分的牆後，看到一間墓室，裡面有一個6公尺長、3公尺寬，幾乎把墓室塞得滿滿的金箔木頭聖祠。聖祠裝飾著「節德柱」（ged-pilasters）、並穿插著以藍色彩陶為背景的木

118上圖 這個鍍金木製的小內中堂，原來放置有法老王的黃金雕像。這尊雕像可能於西元前1319年兩度遭侵入期間，被盜墓賊偷走了。

118底圖 圖坦卡門的內臟放在4具迷你石棺中，然後放入這個雪花石膏神龕中。神龕分成4個隔間，有4道門，每扇門上都裝飾有法老王的圖像。

119 裝有禮葬甕的雪花石膏神龕，是在這個巨大的金箔木製聖祠裡發現的。聖祠放置在橇板上，上覆天篷，裝飾著埃及反曲線飾，以及繪有眼鏡蛇和太陽圓盤的雕帶。妮特女神的雕像伸出手臂以示保護。

刻「提特結」（tit-knots）（奧西里斯和愛西斯的標誌）。聖祠由兩扇門封住，它和墓室牆壁之間只有76公分的間隔。聖祠內部裝飾著《亡者之書》的經文，而且像俄羅斯娃娃那樣，裡頭另外還裝了三個聖祠，它們全都是用金箔木頭製成，並裝飾著法老王所前往的陰間的景象。聖祠早在墓室和前廳之間的牆壁砌好之前，就已經放進墓室裡，因此卡特必須依循相反的程序才能把墓室裡的物品搬出來加以研究。他不眠不休，花了大約3個月，才完成這項工作。

在最裡頭的一個聖祠門上雕刻了女神愛西斯和娜芙提的圖像，張開帶翼雙臂呈現保護的姿勢，而門上的墓地封印仍很完整，這表示墳墓最重要的部分仍未遭人破壞。封印描繪一隻

胡狼，這讓人聯想起阿努比斯神，胡狼蹲伏在9個被綁住的囚犯身上，囚犯代表了埃及的敵人。取下封印、打開裡面第四個聖祠的門之後，便可看到一個粉紅石英岩石棺，石棺的四個角落分別雕刻了四位保護女神：愛西斯、娜芙提、妮特和賽爾琪絲，祂們都張開帶翼雙臂，保護皇家木乃伊。搬開石英岩石棺的蓋子後，卡特看到一具蓋著亞麻布的金箔木製人形棺，人形棺上有扮成奧西里斯的法老王像，他雙臂交叉放在胸前，手上拿著彎曲的「赫卡」（heqa）權杖和「尼克哈卡」（nekhakha）鞭子，這兩樣物品都是皇權的象徵。

第一具人形棺內尚有第二具人形棺，一樣覆蓋著亞麻布並套著以蓮花、橄欖葉和紙草作

成的花圈。和外層的人形棺一樣，第二具人形棺也是鍍金木頭製成，裝飾圖案則做成羽毛狀。法老王再度以奧西里斯的形象出現，它是一件真正能充分展現埃及景泰藍技巧的藝術品。這件藝術品是用多彩鉛質玻璃，填滿金絲形成的小空格，整個過程需要絕對的精確和高超的技巧。在第二具人形棺裡，還有最後的第三具人形棺，有1.85公尺長，重達110.4公斤，形狀和其他兩具相同，但以純金打造，整具人形棺都撒上芳香松脂，一樣也覆蓋著亞麻布，以及花形項鍊。

一旦打開第三具人形棺後，就可以看到皇家木乃伊被一副著名的面具覆蓋著。這個面具已經成為埃及文明的象徵之一，它是以純金打

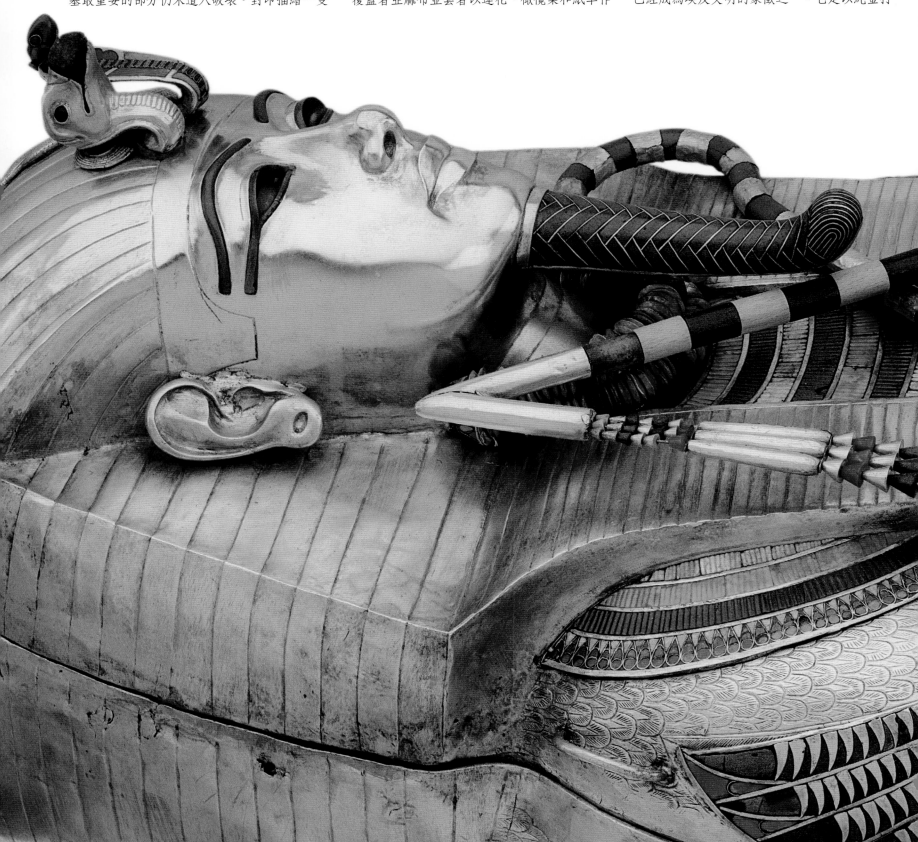

造，鑲嵌著珍貴寶石和多彩鉛質玻璃，有54公分高，約重10公斤，面具所代表的法老王再度以奧西里斯的形象呈現，他的下巴蓄著長長的儀式鬍鬚，是用黃金做成並鑲嵌彩陶。法老王頭戴著奈米斯頭飾，前額裝飾著兀鷹女神奈赫貝特，和眼鏡蛇女神烏雅吉（Uaget）的頭。祂們都是上下埃及的保護女神。面具背面雕刻的經文是《亡者之書》第151b章，「讓法老王遺體的各個部分，受到眾多不同神祇的保護」。法老王的手臂交叉，雙手覆蓋金箔，拿著「赫卡」權杖和「尼克哈卡」鞭子。圖坦卡門的屍體，被包裹在亞麻布條裡，並受到143個護身符和寶物的保護，包括一面大胸牌，上頭描繪兀鷹形狀張開雙翼的奈赫貝特女神，以及

120-121 和其他兩具一樣，第三具人形棺的法老王，也是呈現奧西里斯神的五官，不過這具人形棺是以純金打造，重達110.4公斤。

121上圖 這面烏雅吉眼睛形狀的胸牌，是法老王木乃伊身上的眾多護身符之一。烏雅吉的意思是「治癒」，意指這是賀魯斯的眼睛，被賽斯（Seth）所傷，但被托特（Thot）治好。

122底圖左 如照片中所示的這一段胸牌，可看出埃及金匠是景泰藍專家。在表面做出蜂窩狀後，再以鉛質玻璃和半珍貴寶石將其填滿。

122底圖右 墳墓中的珠寶包括許多手環和臂環，例如這只臂環，裝飾著天青石製成的凱布利聖甲蟲，讓人聯想太陽神拉每日清晨飛越天際的情景。

兩把長約30公分、精美絕倫的儀式短刀。第一把橫放在法老王的腹部，有黃金刀鋒，第二把短刀的刀鋒則是鐵製的。鐵在當時是從近東傳入，是非常稀有珍貴的金屬。其他裝飾品還有17條項鍊（多是用黃金打造）、24個手環和15只戒指。木乃伊長1.63公尺，雖然已經過香膏防腐處理，其保存狀態依然是差強人意。經解剖結果，在腹部發現有一道為了取出內臟而留下的8.7公分切口，再經分析後推估，法老王的年齡約在17到19歲之間。

法老王的手包著金箔，並戴著許多有徽章標誌的戒指。他的頭頂部分被完全剃光，蓋上亞麻布帶後，再由飾有四頭眼鏡蛇的黃金頭帶固定。上方還有奈赫貝特兀鷹張開的翅膀，烏雅吉的眼鏡蛇則裝飾著法老王的前額。

一旦墓室的物品被搬空，只留下石英岩石棺之後，便可以詳細檢視牆壁了，墓裡唯一的繪畫就在這些牆上。牆上的裝飾非常簡單，尤其是和華麗的陪葬品相比。牆面以黃色為背景，用來象徵黃金，畫的內容則是相當罕見的景象，而且值得注意的是，沒有重要的宗教經文。北面牆上有三個場景：右邊是圖坦卡門的繼任者和老師——艾伊，他披戴「薩姆祭司」（sem-priest）特有的野貓皮，站在被描繪成奧西里斯的法老王面前，主持「開嘴儀式」。在中間的，則畫著「上下埃及的王，天賜永恆」，圖坦卡門被畫成人形，戴著朱鷺假髮，站在「天國女神」努特女神面前。在左邊的畫中，法老王是在世的統治者，戴上奈米斯頭飾，擁抱「西方之王」奧西里斯，後面則跟著「卡」。

在西牆上，我們看到取材自《陰間之書》的一幅大壁畫，畫中有12隻聖狒狒，分布在3個平行區塊上，正在膜拜太陽。第4個也就是較高的區塊上，則畫著太陽神「拉」的船，「拉」以凱布利聖甲蟲的形象出現，象徵祂已完成夜間旅程，打敗黑夜的力量，太陽又在晨間升起。

南面牆上只有一小部分有裝飾，畫著圖坦卡門以人形現身，戴著白色的「卡伊特」頭飾；兩旁分別立著伸出手臂歡迎圖坦卡門的阿努比斯神，以及赫特伊曼特

圖坦卡門的珍寶

123 這個隼形的垂飾，讓人聯想起拉哈拉克提（Ra-Harakhti）神，這個垂飾也是古代埃及人景泰藍技術臻至完美的明證。景泰藍技術是把鉛質玻璃和半珍貴寶石鑲嵌入蜂窩狀底板內。

124-125 這條項鍊連著一塊聖祠形狀的胸牌，在胸牌上可看到圖坦卡門兩旁分別立著奈赫貝特女神（左）和烏雅吉女神（右）。

125底圖左 這隻聖甲蟲讓人聯想起凱布利，祂舉著刻有法老王加冕名號尼布克普魯拉的橢圓圖形，名號前面是別號「拉的形象」，如此一來，圖坦卡門便可永生。

125右圖 凱布利聖甲蟲的太陽船，船頭和船尾分別立著頂著太陽的埃及眼鏡蛇，這是這張胸牌最顯眼的特色。胸牌是在墓室的一個木箱子裡發現的。

（Hathor-Imentet）女神，亦即「西方女神」，祂把永生的象徵，一個「安卡」（ankh）十字架，貼到圖坦卡門的鼻子上。

東牆畫的是一列12名高官的送葬行列，他們身著白衣，戴著白色頭帶，拉著圖坦卡門的石棺，前往永恆的安息地。石棺安置在布幔圍起的平台內，放在船上，船再放在橇板上。如上方的象形文字所示，祭司們高聲頌唱著：「喔！尼布克普魯拉，安息吧！喔！天神，國家

的保護者！」兩個剃光頭的人物，可能是上下埃及的維齊爾（vizier，亦即高官，地位相當於總理）——潘杜（Pentu）以及霍倫希布，後者才是國家真正掌權的人。

穿過東牆的通道，通往一間小密室「寶藏庫」，裡頭有個金箔大箱子，放置在橇板上，箱子裡裝著禮葬甕。結果，這個箱子及其內容物才是這間寶藏庫裡最重要的發現。在這件聖物前面，卡特發現一個牛形的赫特（Hathor）女

神金箔木製頭像，另外還有一個小內中堂，也是金箔木製，上方蹲伏著一頭專心守護的黑胡狼，這讓人聯想起阿努比斯神，亦即「守護祕密的神」。胡狼漆著一層薄塗料，覆蓋亞麻布，上面有黑墨水銘文：「上下埃及統治者的第七年，尼佛（Nefer）……祂每日賦予生命。」聖祠受到阿努比斯的保護，分成好幾個隔間，內含許多物品，可能都和木乃伊製作過程有關。上覆一頂幾乎快碰到天花板的天篷，裝飾著眼鏡蛇和太陽圓盤雕帶，聖祠也有類似的裝飾，且每邊都受到一位女神的保護：愛西斯在西邊，妮特在北邊，娜芙提在東邊，賽爾琪絲在南邊。

聖祠內有個雪花石神龕，同樣也安置在橇板上，並受到相同女神的保護。神龕有四個洞，由雪花石蓋子封住，蓋子上飾有法老王的臉。每個洞內躺著一具小人形石棺，應該是模仿自放置法老王遺體的第二具石棺。每具小石棺都是純金打造，鑲嵌著鉛質玻璃飾品。每具石棺長39公分，刻有保護神靈的名字，裡頭放置香膏防腐過程中取自法老王的內臟器官：肺臟受到有狒狒頭的哈碧神的保護，肝臟受到有人形頭的艾姆謝特神的保護，胃部受到有胡狼頭的杜亞姆德夫神的保護，腸道則受到有隼頭的凱布山納夫神的保護。

22個黑木小聖祠堆在寶藏庫的角落，上面堆放14艘模型船，這些船應是用來載送去世的法老王。每個聖祠內都有一兩尊蓋著小塊亞麻布幔的金箔木頭雕像：其中7尊是不同姿勢的法老王（拿著魚叉獵捕河馬、走路、騎著獵豹等等），其他則是27尊不同的神祇。10個木頭箱子內裝著176個巫沙布提俑，這些再加上密室裡的236個，和前廳裡的1個，總共有413個巫沙布提俑，他們配備有1866種各式迷你農具。法老王宣讀魔法後，巫沙布提俑便有了生命，可以在陰間裡從事繁重的工作。

經過這趟簡短的圖坦卡門墳墓之旅，讓我們了解古埃及葬禮的複雜性。在埃及人的心靈中，堅信塵世和陰間這兩個世界，是由靈魂復活和不朽的概念連接起來，一直到1300年後的基督教才又提出相同的概念。

126-127　戴爾美迪納
（Deir el-Medina）是建造
及裝飾貴族和法老王墳墓

的工匠和藝匠所居住的地
方。在這座墓地的墳墓
裡，禮拜堂的入口上方有

一座土磚小金字塔，金字
塔的東邊有個小壁龕，是
放置亡者雕像的地方。

127上圖　底比斯有500
多座私人墳墓，散布在北
邊的帝王谷和南邊的皇后
谷（Valley of the Queens）

之間的各處墓地。其中最
大也最重要的，是位於沙
依赫阿布杜庫爾納這座山
丘的山坡上。

（圖例）

a 大圈地
b 小圈地
c 曼圖霍特普神殿
d 哈特謝普蘇特神殿
e 第11王朝貴族之墓
f 杜德摩西三世神殿
g 阿孟霍特普二世神殿
h 拉美西姆
i 杜德摩西四世神殿
j 邁爾奈普塔神殿
k 托勒密神殿

1.底比斯墳墓第96號：
　賽內夫
2.底比斯墳墓第100號：
　雷克麥爾
3.底比斯墳墓第69號：
　梅納
4.底比斯墳墓第52號：
　納克
5.底比斯墳墓第55號：
　拉摩斯
6.底比斯墳墓第1號：
　賽內加姆

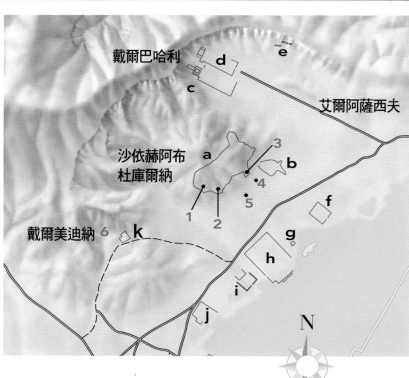

127底圖　拉摩斯是阿孟霍
特普三世及四世時的「總督
和高官」。在拉摩斯之墓
（tomb of Ramose）中有幅
著名的壁畫，描畫送葬行
列，如實呈現婦女哀號，披
頭散髮表示服喪。

底比斯的賽內夫之墓與貴族之墓

The tomb of SENNEFER and the tombs of the NOBLES IN THEBES

在古埃及，那些屬於重要人物、藝術家或宮廷高官的私人墳墓，和皇家墳墓一樣，在神學與宗教方面都表現出相同的觀念，但是兩者在建築和裝飾上的主題是完全不相同的。法老王的葬禮是在廣大的紀念神殿內舉行，而民間私人的葬禮則必須在真正的墳墓內進行；於是墳墓不只是一處埋葬遺體的地方，也是祭拜亡者的地點。私人墳墓的建築表達出這雙重功能，它明顯的區分成埋葬屍體的地區（即地底墓室，通常由垂直天井通抵，這道天井

（圖例）

A 入口
B 塔門
C 庭院

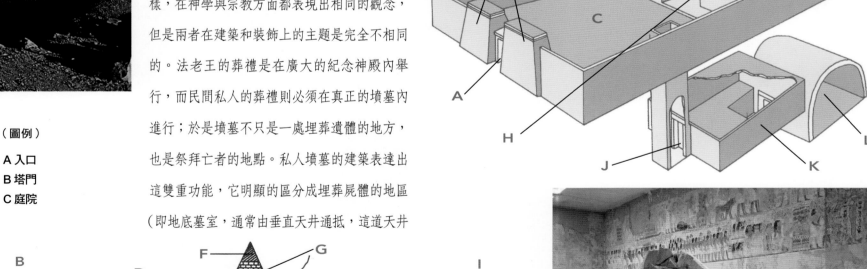

D 亡者雕像　　G 土磚金字塔　　J 天井
E 屋頂窗　　　H 禮拜堂　　　　K 門廊
F 小金字塔　　I 壁龕　　　　　L 墓室

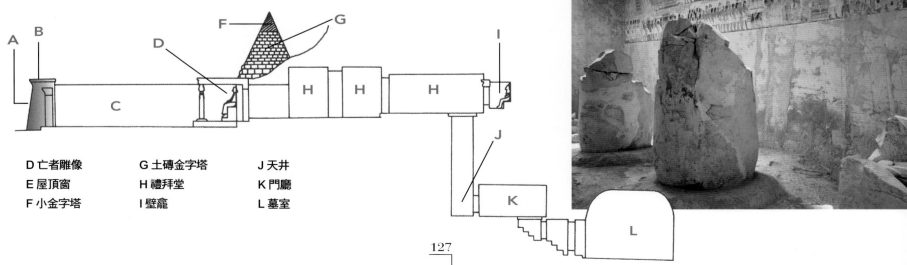

128上圖　賽內加姆之墓
（tomb of Sennegem）於
1886年被發現時，依舊完
好。墓室的木門上畫有亡者
與妻子茵妮菲提（Inyferti）
在玩塞尼特棋的場景，象
徵「奧西里斯的審判」。門
另一邊（右圖）的畫，上
方是被膜拜的奧西里斯和
愛西斯，下方則是被膜拜
的卜塔索卡利奧西里斯
（Ptah-Sokari-Osiris）和愛
西斯。

在下葬後便被封閉），以及祭拜亡者的禮拜堂，
從象徵和功能層面來說，禮拜堂等同於皇家的
紀念神殿。祭拜區通常有一處庭院，它位於墳
墓入口前面，在墳墓入口上方通常蓋了一座小
金字塔。這個入口通往一個門廳，它的對面有
一個禮拜堂，禮拜堂的建地呈倒 T 形。禮拜堂
裡向來裝飾著多彩的壁畫，而且通常會有一尊
亡者的全身雕像，旁邊有時還會有亡者妻兒的

雕像相陪。

　在戴爾美迪納
工人村裡的所有墓地，發現一種形式很特殊的
私人墳墓，它是為那些建造並裝飾大型皇家墳
墓的藝術家和工人準備的。這種墳墓的禮拜堂
入口上方總是加蓋了一座土磚小金字塔。1886
年和1906年，分別在戴爾美迪納工人村的兩座
墳墓裡，發現完整的墓室，它們分別屬於工頭

128底圖　對古埃及人而
言，陰間生活的方式和節
奏就跟塵世生活一模一
樣。在這幅壁畫中，我們
可以看到賽內加姆正在伊
亞努（Iaru）農田播種，
這是死後的田園生活。

128－129　底比斯私人
墳墓裡的裝飾，通常畫的
是日常生活，但有時也會
畫陰間場景以及在伊亞努
農田耕種的情形。

130－131　賽內加姆和
配偶茵妮菲提坐在兩張椅
子上，腳邊是他們年幼的
孩子。他們得到穿著豹皮
的薩姆祭司的淨化。

賽內加姆（Sennegem），亦即「真相之屋的僕人」，以及建築師客阿（Kha），亦即「大屋子的主人」。這兩座墳墓的陪葬品讓我們得以深入了解古埃及的日常生活。客阿的墳墓有5具石棺，分屬他本人和妻子；石棺附近擺著各種家具，像是凳子、小桌子、床、箱子、盒子和一個放著妻子假髮的櫃子。此外還有亞麻布，各種食物和飲料等，甚至還有至今仍能辨識出是用花朵作成的頭冠。客阿的木乃伊旁邊有一張

紙草紙，上面幾乎記載了《亡者之書》的全部經文。

皇家墳墓和私人墳墓之間的另一個很大的差別，就是禮拜堂牆上壁畫的內容。私人墳墓裡的禮拜堂壁畫通常描繪亡者的日常生活和俗世活動，而非陰間世界。

當然，《亡者之書》尤其是《大門之書》的經文和繪畫，以及神話和儀式場景、諸神肖像、祭品、陰間生活的場景等等，不會完全沒

有，不過，僅見於墓室壁畫。雖然死後生活的主題僅次於那些描繪亡者塵世生活的主題，亡者依然是整個裝飾內容的主角和靈感來源。聯繫這兩種主題的圖像，便是描繪亡者葬禮的場景；不過在葬禮壁畫中，也是以俗世與具象的場景為主，而非形而上的主題。

葬禮的俗世部分，通常不會出現在皇家墳墓的裝飾中，唯一的例外是圖坦卡門的墳墓，但在私人墳墓中，則是以純熟的藝術技巧、豐

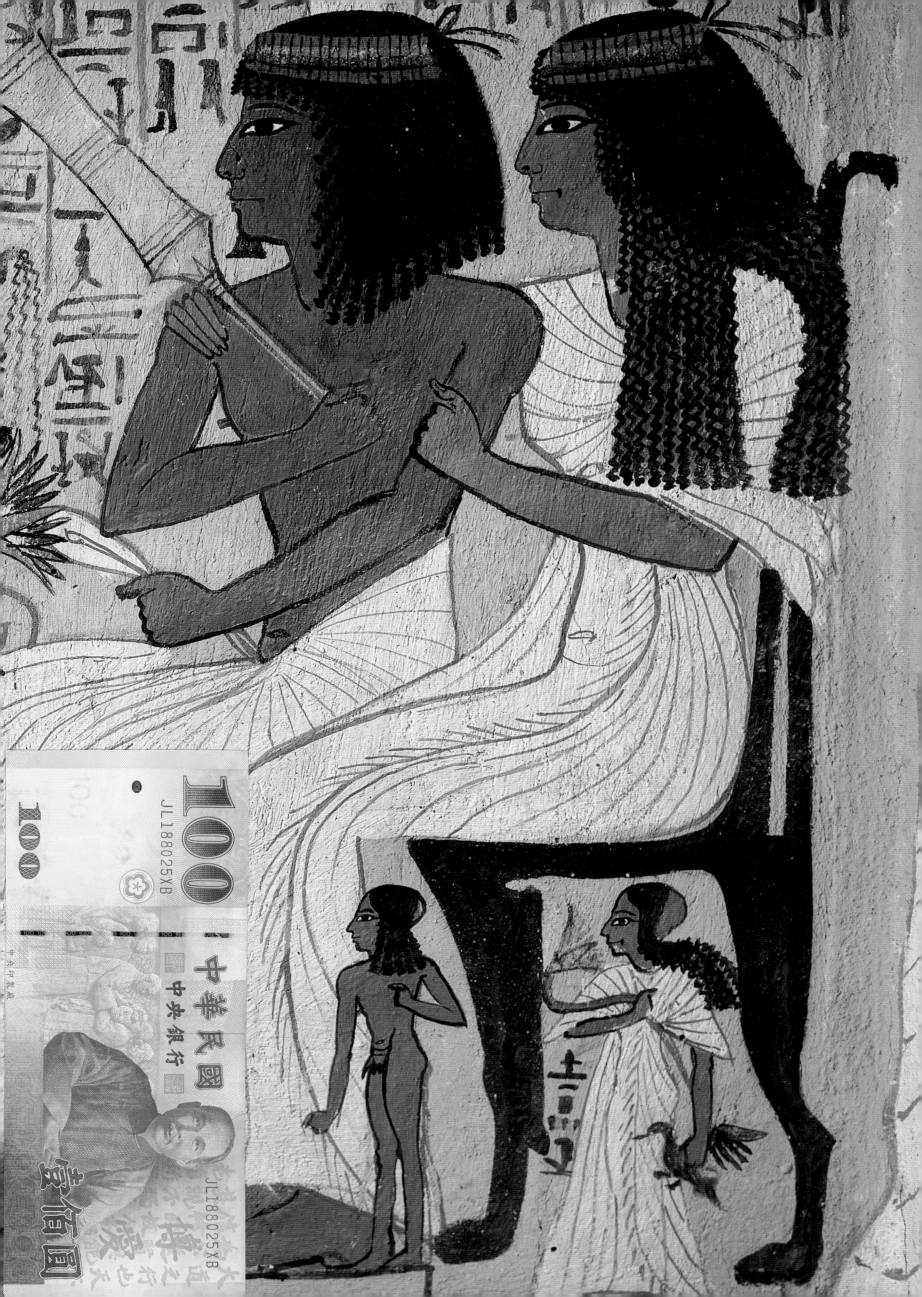

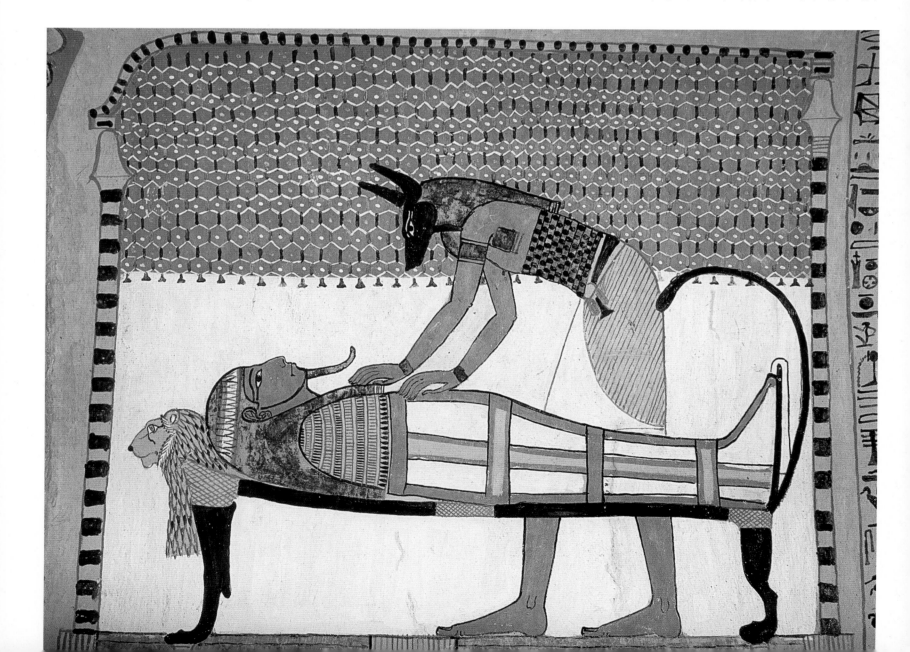

132上圖 從賽內加姆之墓的墓室天花板壁畫中，我們可以看到拉哈拉克提神（Ra-Harakhti）以及太陽城信仰中的九柱神（Ennead），站在旁邊的是拉靈魂的化身太陽鳥貝努（Benu）。

132上圖右 賽內加姆和茵妮菲提正在膜拜4位星宿神祇。

132底圖 這幅壁畫畫的是香膏防腐之神阿努比斯，正在賽內加姆的屍體上塗抹香膏。賽內加姆躺在一張裝飾著獅頭的床上。

133 身體被畫成木乃伊形狀的陰間之王奧西里斯，頭戴阿特夫冠和特有的徽章。他兩旁立著兩根「內布利斯」（nebris），這是一種古代的圖騰標誌，指的是懸掛獸皮的木棍。

富詳盡的描繪，包括亡者屍體防腐的過程和儀式、僕人抬著陪葬品的送葬行列、淨化和進入墳墓的典禮、石棺送進墓室，以及有樂師和舞者陪侍的熱鬧葬禮宴席，而宴席也是葬禮的最後儀式。我們對底比斯法老王統治時期的葬禮儀式的認識，有很大一部分就是來自於這些殘留的壁畫。

壁畫最常見的主題之一，就是亡者乘船沿尼羅河而下，前往阿比多斯（Abydos）朝聖。古埃及人相信，阿比多斯就是奧西里斯墳墓的所在地。奧西里斯被邪惡的兄弟賽斯（Seth）殺害並分屍。奧西里斯的妻子愛西斯把丈夫被肢解的屍體重新組合，並神奇的重新賦予他生命，還生下兒子賀魯斯（Horus）。亡者的屍體都會象徵性的送往阿比多斯（第一王朝的國王都安葬於此），以便向奧西里斯致敬。奧西里斯是復活的象徵，也是陰間之王，亡者要前往祂的王廷報到，並在42位神祇的注視下，經歷「奧西里斯的審判」。根據《亡者之書》第125章的描寫，在審判中亡者的靈魂要被衡量。

在這個陰間之旅的重要階段，亡者的心臟（古埃及人認為心臟是靈魂和思想的所在）被放在神的天平上，和瑪特（Maat）女神的心臟

134-135 納克是阿蒙的抄寫官暨天文官，他生活在杜德摩西四世統治的時代，納克之墓（tomb of Nakh，底比斯墳墓第52號）的裝飾以日常生活或亡者葬禮為主題，如這幅壁畫便精采的描繪了葬禮宴席的情形，大家在一名盲豎琴師的伴奏下歡宴。

134底圖 這幅有名的三少女繪畫，也是取自宴席場景，三名少女各自演奏豎琴、魯特琴和笛子。

135底圖 印涅卡伍是「真相之屋中上下埃及之王的工頭」，生活在拉姆西斯二世和拉姆西斯四世統治時代（第20王朝），在印涅卡伍之墓（tomb of Inerkhaou，底比斯墳墓第359號）的壁畫中，描繪亡者及妻子瓦布（Waab）和兒女們，一旁的祭司正呈給他們裝有亞沙布提俑的容器。

比較重量。瑪特女神是宇宙秩序的化身，有時以代表祂名字的鴕鳥羽毛的象形文字呈現。亡者必須在神明代表面前朗誦一段「負面告白」，宣讀在世期間並未犯下的罪過；這麼做的目的是為了淨化自己，以便讓心臟的重量與瑪特女神的一樣。只有在此時才算「證明無罪」，可以被奧西里斯接受。

雖然墳墓壁畫的重點是放在亡者塵世生活的最後階段，亦即他的死亡和葬禮，不過大家最偏愛也最常見的主題，無疑的是亡者的日常活動。這個主題激發了最具詩意也最美麗的壁畫：從播種到收割的農業活動、在沼澤捕魚和獵鳥、採葡萄和製酒、準備食物、灌溉花園，以及製作珠寶和陪葬品等，都是普遍常見的壁畫主題。

有許多壁畫是與亡者的公開和私人活動有關，通常這類亡者都是重要的男性宮廷高官，因此繪畫的場景經常呈現亡者正在執行公務，例如稅收、主持外國使者的致敬儀式、查看自

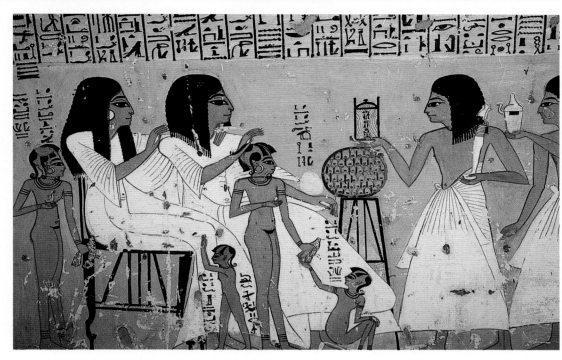

己產業的農事活動、或視察工匠在作坊工作的情形。

在每日生活的場景中，通常是描繪亡者和法老王一起接見外國使節、呈獻供品或獻花的場合、也或許是膜拜裝扮成神明的法老王。有時壁畫中的法老王是單獨站在其他神祇面前，有時也像個活人坐在國王寶座上面，有時有妻

兒在旁陪伴。

壁畫常見的題材還有大型宗教節慶，例如每年一度的底比斯戰神蒙特（Montu）節，又稱山谷節，在這個每年一度的節慶中，底比斯三神：阿蒙和祂的神妻穆特（Mut），以及兒子孔斯（Khonsu）的雕像，會從卡那克神殿（temple of Karnak）被抬出來，用船運到河的

西岸，從這裡再直接前往戴爾巴哈利。

在這些肅穆的題材旁邊，有時也會描繪一些日常生活的小細節，讓我們得以一窺古埃及人的真實生活：例如，一個理髮師在幫客人剪頭髮、主人在毆打奴隸，或非常寫實的畫出鳥兒棲息在樹枝上，還有蝴蝶、蝗蟲、鳥巢，甚至貓兒跟蹤藏身於紙草叢裡的獵物。

就如同皇家墳墓都集中在帝王谷，而重要人物的私人墳墓則集中在一些特定的地點，其中一個墓地位於帝王谷北邊和皇后谷南邊之間的路上，一座叫做沙依赫阿布杜庫爾納山的山坡上，也就是在戴爾美迪納工人村裡。還有另一處較小的墓地，則是位於沙依林阿布杜庫爾納山附近。在底比斯墓地的400多座墳墓中，

從藝術家的觀點而言，最具代表性的可能是賽內夫之墓。賽內夫生活在西元前15世紀後半葉（阿孟霍特普二世統治時期，第18王朝），是一位很有權勢的國家高官，並擁有一個「市長」的頭銜。

這座不朽故居裡的壁畫，不但是新王國時期最美麗的底比斯壁畫，也精湛的描繪了私人

137

墳墓壁畫中所見最重要的主題。

　　此外，這裡的壁畫還引進許多重要的風格改革。賽內夫之墓在建築和裝飾上都不是典型的風格，因為墓室很不尋常的寬闊，而且畫滿了壁畫，甚至完全覆蓋著通常保留為禮拜堂和門廳的公共區。而且，多彩的場景也很不尋常，因為墓室裡的幾幅壁畫，畫的是陰間場景，並有《亡者之書》，甚至更古老的《金字塔之書》的經文。賽內夫之墓的壁畫以亡者和他的妻子「摯愛」的梅麗特（Meryt）為主，描繪他倆愛情的結合超越俗世生命，融入結合奧西里斯和愛西斯的偉大愛情中。在前廳的壁畫中，賽內夫接受一列祭司送來的供品，帶頭的是他的女兒穆特圖依（Mut-tuy）。她獻給父親一個天青石作成的心型小護身符。一批僕人呈獻陪葬品以及要裝飾亡者防腐屍體的飾品。整幅畫就位於畫在天花板的棚架下方，棚架上懸

掛著好幾串葡萄，這讓人聯想起奧西里斯的葡萄藤，它代表生命的原動力以及奧西里斯神再生的力量；棚架也是墳墓名字「葡萄藤之墓」（Tomb of the Vines）的由來，是由首度造訪者所命名的。當初在挖鑿岩石建造這座墳墓時，藝術家巧妙地運用岩石不平整的表面，讓裝飾呈現出立體效果，這是底比斯藝術前所未見的技術。

隔壁墓室的天花板，一部分裝飾葡萄藤，一部分裝飾傳統的幾何圖案；有四根柱子支撐著天花板，且柱子四邊都畫滿壁畫。壁畫畫的是賽內夫接受梅麗特呈獻供品的14個場景，供品包括項鍊、蓮花、護身符、油膏和香脂。其中兩根柱子則畫著開嘴儀式，在東面和南面牆上也繪有相同的儀式。另一個仔細描繪的重要主題則是賽內夫的葬禮。他的石棺被抬到墓地，走在石棺前方的是抬陪葬品的挑夫，後面則跟著朋友和宮廷高官。北牆的壁畫則是賽內夫和妻子坐在擺滿供品的桌邊，並有象形文字描述整個場景「國王呈獻供品給永恆之王奧西里斯，讓祂能製造麵包與啤酒、肉和所有良善純淨的物品，給已證明無罪的賽內夫的卡。」

有一幅很大的場景描繪賽內夫和梅麗特乘船前往阿比多斯的朝聖儀式，船身被畫成綠色，象徵紙草，也在意義上象徵復活；這也成為壁畫最後部分常見的主題。

這座墳墓具有象徵和儀式上的目的，所有的裝飾內容都和亡者的靈魂在陰間的儀式之旅有關，旅程的終點就是靈魂的轉化與再生。經此遊歷，亡者的靈魂才能「重見光明」。墓室壁畫的最後部分，描繪已再生的賽內夫和梅麗特，準備「重見天日」，望見「每日的（太陽）圓盤」。

140上圖右 在埃及利比亞沙漠的巴哈利亞綠洲（Bahariya Oasis）所發現的希臘羅馬墓地，是從撒哈拉沙漠（Sahara Desert）的石灰岩礦床挖掘出來的。這層礦床形成於第三紀時代。這片面積達13平方英里墓地的挖掘工作始於1999年。

140上圖左 亞歷山大大帝神殿，是這位馬奇頓統治者在返回孟菲斯途中，經過巴哈利亞時建造的。他還事先在西華（Siwa）請示過朱比特阿蒙的神諭。這座神殿是綠洲上最重要的古蹟之一，位於最近剛發現的墓地附近。

140-141 主持巴哈利亞挖掘工作的是埃及考古學家札希霍阿斯（Zahi Hawass），他正在察看第54號墓內的一具木乃伊。

141上圖 這是第54號墓內一具木乃伊的臉，幾乎相當完整，將近2000年後，才讓考古學家第一次看見他。

巴哈利亞綠洲的黃金木乃伊
The golden mummies
of BAHARIYA OASIS

141底圖　家族墳墓的亡者都是並列，可能是依照親屬的要求。

巴哈利亞綠洲是撒哈拉沙漠最東邊四座綠洲中最北方的一座。這座綠洲名稱的由來並不清楚，但很可能是和阿拉伯的詞語「bahr」有關，它經常被拿來指地中海（el-bahr el-abiyad），亦即「白海」的意思。由於地中海在埃及的北界，因此一般認為，「巴哈利亞」這個名稱指的是「北邊的綠洲」，這點在托勒密時代的碑文中曾有記載。

巴哈利亞位於開羅西南方約380公里，就在一鏡片形狀的窪地上，窪地長94公里、寬40公里，其中轟立著幾座石灰岩山丘。

埃及人從中王國時代開始，就生活在這片富含溫泉的廣大天然盆地內。在這個時期，埃及人首度在附近的法尤姆（Faiyum）地區，建造第一項重要的水利工程；尤其到了第18王朝，這片綠洲的商業和戰略重要性越來越高，人口也跟著成長。綠洲的地理位置能夠控制往來於尼羅河谷地與西邊沙漠和利比亞之間的重要路線。巴哈利亞在這個時期首度出現殯葬建築，像是距離現代村落卡瑟（el-Qasr）只有幾公里的墳墓。這些墳墓隸屬阿孟霍特普（Amenhotep），他被稱為輝伊（Huy），亦即

「綠洲總督」的意思。從淺浮雕可得知，這個地區在當時是酒類和小麥生產的中心，居民能夠自給自足。

在第26王朝期間，綠洲變得更重要。在經過失序、不確定的第三中間時期以及接著的衣索匹亞王朝之後，塞特（Saite）統治者重整埃及的行政與軍事，而希臘人則控制了利比亞瀕臨西方沙漠（Western Desert）的昔蘭尼加（Cyrenaica）。在阿馬希（Amasi）法老王統治期間，巴哈利亞成為利比亞和尼羅河河谷的商業樞紐，經濟昌盛，其繁榮的程度，可從現在的首府巴維提（Bawiti）村附近的4座墳墓窺知一二。這些墳墓分別隸屬兩位負責巴哈利亞地區行政管理的高官佩塔斯塔爾（Petasthar）

142上圖左和中 巴哈利亞綠洲的木乃伊，先覆蓋一層石膏，再以「木乃伊盒」（cartonnage）技術漆上黃金。

142上圖右 在許多情況下，木乃伊會裝飾著珠寶和葬禮經文的象形文字。

143 巴哈利亞木乃伊的金箔臉龐上，會畫上眼睛和眉毛，給予亡者活人的五官。

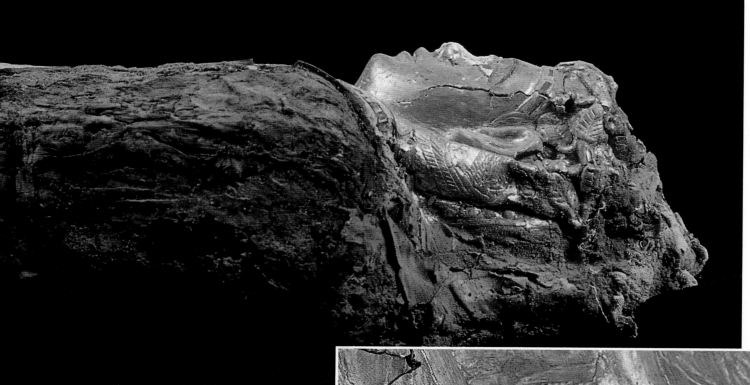

142底圖 第54號墓的一具木乃伊盒上，非常寫實的複製一名婦女的性徵。這名婦女胸部之間的「巴」（Ba）的畫像，把亡者靈魂畫成鳥的形狀。

巴哈利亞綠洲的黃金木乃伊

144-145 第54號墓的部分木乃伊（一男兩女兩小孩）經過清潔、強固後，便送去給綠洲首府巴維提的古物檢查員。

144底圖 很難估算這片墓地究竟葬了多少具木乃伊。但考古學家相信，應該超過一萬具。

145上圖 經過木乃伊處理的亡者遺體，會整齊的放置在從岩石挖鑿而成的壁龕裡。壁龕的挖鑿是按照典型的希臘羅馬習俗。這個時期，巴哈利亞綠洲的人口大約有3萬人。

巴哈利亞在西元前4世紀後半葉便成為重要的城市,當時,亞歷山大大帝從西華綠洲返回途中,便曾造訪巴哈利亞,並在此地建造了一座神殿,執行著名的朱比特阿蒙神諭。這位馬奇頓大將軍造訪的目的是想取得上天的認可,以便直接繼承埃及王位。

亞歷山大下令在巴哈利亞建造神殿,並獻給自己。至今仍可在卡瑟麥吉斯巴特(Qasr al-Megisbah)找到這座神殿,直到幾年前它都還是巴哈利亞綠洲最重要的古蹟。

1996年,著名的埃及考古學家札希霍阿斯和他的探勘小組,發現了一片羅馬時代的廣袤

145中圖 這名亡者是一名大約35歲的男子,遺體用浸泡過香脂的亞麻布條仔細的包裹起來,亡者的臉部完全不裝飾。

與塔替(Thaty),以及兩位腰纏萬貫的商人傑達蒙尼方克(Gedamonefankh)與班尼條(Bannentiu)父子。這對父子的墓是在地底被挖到,兩座墓僅相隔幾公尺,墳墓的壁畫以底比斯墳墓為本,華美非凡。此外還發現巴哈利亞在這個時期的第一座大型集體墳墓,就位於大約西南邊1公里外,一個叫做卡拉特艾爾法拉吉(Qarat al-Farargi),其意思是「賣雞者的山丘」。這片廣大墓地並不是葬人的,而是用來埋葬朱鷺。朱鷺這種鳥如今在埃及已看不到,但以前被視為托特神(Thot)的象徵。在有如迷宮的走廊和地底房間內發現好幾千具製成木乃伊的朱鷺,由於這種情形被認為非常重要,因此這座墓地已成為朝聖的地點。

墓地。挖掘工作從1999年展開,並已確知這是至今在埃及發現最大、也最重要的羅馬時期墓地。初步估計在廣達13平方英里的地區內,約有數百座墳墓。這項了不起的發現,已成為各國報章雜誌和電視報導的題材,也讓巴哈利亞在短短數月間傳遍全球。

到目前為止,在已挖出的4座墳墓裡,發現有數十具保存非常完好的木乃伊,其中有許多具都是用一種叫做「木乃伊盒」的特殊技術製成,這種技術是讓木乃伊戴上面具,面具是用浸泡過白堊的亞麻布條製成,再覆蓋一層薄薄的金箔漆。最後的裝飾包含能讓人聯想起再生的花卉圖案,或與死後世界有關的神祇圖像,或護身符的圖形,它們有的用畫的、有的

147中圖右 巴哈利亞的木乃伊之所以會保存得這麼完好,可能是因為沙漠乾燥的氣候有利保存,而非因有香膏防腐的程序。當時的防腐程序比起古埃及時代簡化得多。

147底圖右 從中王國時期就開始使用的木乃伊盒技術,在希臘羅馬時代取代了人形棺。而裝飾技術的精緻,則顯示當時綠洲的經濟相當繁榮。

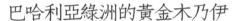

巴哈利亞綠洲的黃金木乃伊

以金箔製成。畫上眼睛的目的,是想盡可能如實複製亡者的五官。

有些木乃伊放在簡單的黏土製人形棺中,沒有任何銘文。裝飾的主題則是埃及在羅馬時代典型的裝飾元素,例如將法老王時代的圖案融合希臘古典設計,還有將埃及諸神與羅馬神話中的諸神並列。截至目前為止所研究的巴哈利亞墳墓,都是像第26王朝的墳墓一樣,用挖鑿岩石的方法蓋成,不過它們都是用來作為集體墓地。集體安葬在當時是相當普遍的做法,而且一直延續到基督教時期的地下墳墓。

在已經研究過的墳墓中最重要的一座是第54號墳墓。它有一條狹窄的階梯通往第一間墓室,接著是第二間墓室,開在牆上的門則通往兩邊的房間。這座墳墓約有40具木乃伊,由於沒有水氣,所以保存得相當完好,乾燥是典型的沙漠特色,也讓許多屍體得以自然的風乾成

146 木乃伊盒上表現出亡者的五官、頭髮和飾品。金色代表黃金,埃及人認為黃金象徵諸神永不腐朽的肉身。

147左圖 有時木乃伊會被畫上與葬禮有關的護身符的圖形。

147上圖右 這具木乃伊的頭頂忠實複製了頭髮,上方並有典型的賀魯斯(Horus)神的圖像,是依照希臘羅馬時代的傳統,畫成老鷹的形狀。

例外，亡者的屍體不再放在木製人形棺內，而只以亞麻布條包裹。有許多晚期的木乃伊的臉龐只覆蓋金箔石膏面具就代表石棺，也就取代了石棺。

在巴哈利亞發現羅馬墓地以及著名的黃金木乃伊，不只讓我們重新了解當時使用的香膏防腐技術，更提供給我們有關綠洲居民的生活百態，尤其是飲食習慣和疾病方面的珍貴資訊。

148 在第54號墳墓附近的第65號墳墓中，有些屍體是埋在簡單的黏土石棺中，石棺既沒有裝飾也沒有銘文。

149上圖 一個名叫班尼條的富商墳墓裡的壁畫，描繪風神「蘇」，支撐著「拉」的太陽船。

木乃伊。

到了希臘羅馬時代，將屍體製成木乃伊，已成為相當簡單、快速又經濟的做法，許多人過世的時候都會這麼做，而不再像法老王時代那樣，只是少數有錢人的專利。屍體香膏防腐程序已不再具有太多法術和宗教意義。木乃伊都在大型實驗室大量製作。這些實驗室不再為祭司所有，而是屬於專業技工，他們只使用最少量的珍貴香脂，這當然也就損及木乃伊完成時的品質了。除了少數

149中圖 第26王朝有許多墳墓，像是班尼條之墓，裝飾著類似底比斯墳墓壁畫的圖畫。

149底圖右 第26王朝（西元前664年到西元前525年）墳墓內的壁畫，描繪的都是典型古代葬禮圖像，但畫風有極大差異。

149底圖左 班尼條之墓裡的這幅畫，描繪阿努比斯正將亡者的屍體製成木乃伊。亡者躺在葬禮床上。羽翼張開的神鳥「巴」，象徵他的靈魂。

尼姆魯德山：
靠近天神聖座

NEMRUD DAGH:
Near the heavenly thrones

西元前189年，強大的塞琉西（Seleucid）帝國在馬尼西亞艾德希菲倫（Magnesia ad Sipylum）之役被羅馬人打敗後，這個承繼亞歷山大大帝的豐功偉業，版圖包括安那托利亞半島及近東地區的龐大帝國，開始分崩離析，許多新的王國陸續興起。這些新興國家的統治者，大多是地方重要人物，像是祭司或將軍，他們希望建立自己的皇權，更希望自己的國家享有獨立和政治自主的權力。其中一個就是科馬基尼（Commagene），位於幼發拉底河（Euphrates）和托魯斯（Taurus）山脈之間的一小塊高山地區。這個地區由於大半年天候惡劣，因此不適人居，但卻含有豐富的天然資源，戰略位置尤其重要，因為它正好位於往來東西必經的走廊地帶。由於這地區扮演了這樣的角色，於是造就了這地區的歷史，尤其是在西元前最後一個世紀時，此地成為當時世界新霸主擴張政策的新目標，新霸主分別為西方的羅馬人和東方的帕提亞人（Parthian）。

儘管面臨兩大強鄰的壓力，科馬基尼國王

運用高明的手腕，仍使得這個小王國能保有3個世紀的獨立狀態，最後才在西元72年被羅馬皇帝韋斯巴興（Vespasian）併入羅馬帝國。

科馬基尼最重要的國王就是安提克一世（Antiochus I），他在位時間為西元前62到西元前38年，正好就是內戰紛擾導致羅馬共和結束的年代。雖然安提克與被凱撒打敗的龐培（Pompey）結盟，且又被盧庫盧斯（Lucullus）和馬克安東尼（Mark Anthony）打敗，但安提克一世仍能穩固權勢達30年之久，在此期間，他推動非比尋常的王朝與宗教計畫。由於這個王國邊境土地的特點、不同文化共存的情形、想將絕對權威合法化的慾望，以及要培養他自己和繼承人的威望，使得安提克把希臘和波斯神祇納入新宗教，但在這個新宗教裡，國王和他的祖先才是基本要角。

獻給這個新宗教的膜拜建築，就是「聖廟」（hierothèsia），亦即科馬基尼歷代國王的紀念陵墓。其中最重要的一座就是安提克一世的墳墓。它蓋在一個稱為尼姆魯德山（Nemrud Dagh）的山峰上，是一個裝飾著巨大雕像的殯

150 這張照片顯示兩尊巨大雕像的頭〔宙斯歐洛司馬德（Zeus Orosmades）和安提克一世〕，雕像裝飾著科馬基尼國王的陵墓，而陵墓就蓋在尼姆魯德山山頂上。

151上圖 位於東邊階地的人造殯葬圓墩，高50公尺，裡面應該有安提克一世的遺骨，不過經過科學查驗，卻一直未能找到。

151中圖 老鷹和獅子的頭像都是神明的象徵，用來保護科馬基尼國王安提克一世的墳墓。

151底圖左 照片中的頭像，長久以來一直被誤認為是阿波羅密斯拉赫利俄斯漢密斯（Apollon Mithra Helios Hermes），其實這是安提克一世的頭像。從頭飾的不同，就可分別出兩者。

葬圓墩。這座山峰海拔為2162公尺，在安卡山脈（Ankar Daglari）中孤峰挺立，大半年都覆蓋著白雪。尼姆魯德山也許不是這個地區的最高峰，但從每個地方都可以看得到它；或許這就是安提克選擇此地作為墓地的原因。與現代土耳其其他建築古蹟比起來，尼姆魯德山相當晚才被發現（西元1881年），而且是機緣巧合。當時有一名德國工程師查爾斯塞斯特（Charles Sester），奉命尋找與安那托利亞東部聯絡的新路線，他想查證是否真如當地牧羊人傳說的，有座滿布巨大雕像的山。由於此座山海拔很高，而且遺跡又極為龐大，因此找到這片古蹟的消息傳出後，大家都抱持懷疑、不予置信的態度。不過，從1882年到1883年，在德國學者卡爾胡曼（Karl Humann）和奧圖普契

這個基地有3個從岩石挖鑿而成的台地，挖鑿過程產生的石頭和碎石，則用來建造上方的圓墩。其中最大的兩個台地位於東西兩側，是沿著山蜿蜒而上的步道終點。國王的臣子每年兩次，會在舉行節慶慶祝國王的生日（12月到1月）和即位（7月）時，循步道上山。祭司則是每個月上山祭拜兩次。第三個台地面向北方，是環繞圓墩基地道路的中繼休息站。

從兩個主要台地上的巨大雕像背後的長篇銘文可以得知，在完整的宗教程序進行當中，祭司必須穿上波斯服裝，並提供食物和酒類給主持慶典儀式的人。在銘文中，安提克倡言新信仰是臣民和後代子孫幸福的基本元素，它能保證大家在面臨國王經驗過的危險與絕望時，獲得希望與救贖。東側的台地似乎在祭典中扮

斯坦（Otto Puchstein）以及1883年土耳其專家哈姆迪貝伊（Hamdi Bey）和歐斯根艾芬迪（Osgan Effendi）相繼到此考察後，這片古蹟的照片和故事終於傳遍全世界。1953到1973年，泰瑞莎B.戈爾（Theresa B. Goell）領導展開大規模考古調查與地質探測，其目的是要挖掘並研究整個地點，並且找到安提克一世的墓室。不過一直到今天，還是未能找到這座墓室。安提克一世蓋在尼姆魯德山頂上的建築是一座圓墩，高50公尺，基地直徑約150公尺。

演較重要的角色，因為東側有一座少了頂端的金字塔形狀的巨大祭壇。在對面，有一座巨大的雕像挺立在比這座台地還要高6公尺的基地上；而在兩側還有兩座基地，上面立有老鷹和獅子的雕像（現已傾頹），各自象徵上天與君主體制。

呈坐姿的神祇雕像，分別高8到10公尺，依舊傲然挺立。宙斯歐洛司馬德坐在中間，左側是科馬基尼的化身提克（Tyche）女神，右側則是阿波羅密斯拉赫利俄斯漢密斯。這三座

雕像的旁邊則坐著神格化的安提克和赫拉克力士阿爾塔尼斯阿瑞斯（Herakles Artagnes Ares）。這些雕像都是從當地的石灰岩石塊雕成，不過現在頭部已全都不見，且因風吹日曬雨淋加上劇烈的溫差變化已出現裂痕。這些雕像曾經表面平滑，而每一尊都雕得這麼巨大英挺，目的就是讓人從很遠的地方便能看得一清二楚，相對來說，臉部五官和衣服就無仔細琢磨。這從宙斯歐洛司馬德和赫拉克力士阿爾塔尼斯阿瑞斯的鬍子，及服飾的處理便可看出來。

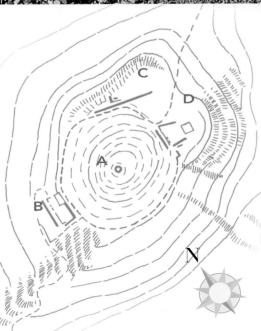

N

在最大雕像的基地與一座階地之間有個中間台階，台階上有塊綠色砂岩，上面刻著「戴克西歐希斯」（dexiosis，亦即歡迎）故事的浮雕，描繪安提克一世迎接神祇也被每位神祇歡迎的事蹟。此外還有獅子的占星浮雕，就刻在對面的階地上，幾乎完整無瑕的保存至今。階地的北面和南面，圍著低矮石牆，形成兩座平台，上面放置刻有浮雕的石板。如今石板多已裂成碎片，但還是看得出來上面刻了安提克的祖先，每個背後都附有解釋的銘文。北面平台刻有15位安提克父親這邊的祖先，包括遠古的大流士大帝（Darius the Great）以降的歷代科馬基尼和波斯國王。南面平

台則刻有他母親那邊的祖先，總共有4位皇后和13位國王，亞歷山大大帝可能也包含其中。

圓墩西面的階地有點不一樣：後方同樣也列著巨大雕像，但國王的祖先則安排在南側和西側（分別代表安提克波斯和馬奇頓的祖先），因此雕像形成一座三邊圍起來的院落。這些雕像被發現的時候，幾乎全都癱倒在地上，原因可能是地震、圓墩被侵蝕，以及尋寶者想要進入墓室。這意味著，部分國王祖先的浮雕保存得相當完好，尤其是神祇歡迎安提克一世的那些浮雕。在這組巨大浮雕故事中，每個場景都

雕著國王和一位神明側立著互相問好。安提克頭戴皇冠、手持權杖，但穿著東方服飾。浮雕刻畫相同的神祇，但以不同的圖像來表現；阿波羅密斯拉赫利俄斯漢密斯也穿著東方服飾；他同時拿著巴森姆（barsom，一小束細樹枝），頭上有發亮的圓環。赫拉克力士阿爾塔尼斯阿瑞斯則是以古典版的海克力斯（大力士）現身，身體赤裸、披著獅皮、拿著木棍。整組浮雕的終篇是座非常有名的浮雕，稱為「星象獅子浮雕」。浮雕呈現獅子的正面，腳爪張開。獅子的頸部戴著上弦月，背景以及獅身上有19顆8道光芒的星星，形成獅子座。在左上方3顆較大有16道光芒的的星星，依銘文所示代表著木星、水星和火星。圖像的精準描繪顯然和星象有關（也許是至今所發現最早的星象圖），代表與國王的個人事件有關的那一天。這天到底是哪天，長久以來一直是學者爭辯的話題。浮雕的種種元素顯示，安提克的星座為獅子座，

三個星球與月亮相合，最可能的日期是西元前62年7月7日。這一天，在盧庫盧斯於西元前69年有條件許可之後，龐培終於正式把科馬基尼王國讓給安提克。

在這麼不可能的環境下，建造這麼龐大又耗費巨資的墳墓，可看出這位鋪張的君主是多麼我行我素。不過，在長篇大論的銘文和雕像的詮釋中，又把國王的意圖解釋得很清楚。安提克一世的這個計畫，半宗教、半宣傳色彩，推行的依據是他想要把墳墓蓋在「靠近天神聖座」之處，彷彿要合理化自己與天神的關係。

這個野心勃勃的宗教計畫，想結合截然不同的傳統和宗教觀，但到頭來卻只維繫幾個世代，後來國王的繼位者也建造了自己的聖廟，不過規模比尼姆魯德山小很多。

現在所遺留下來的只剩下歷經風霜的古蹟獨特的魅力，在經過20年的科學研究後，安提克一世的遺骨仍安穩的躺在此地的某處。

約旦 Jordan

佩特拉（Petra）

佩特拉的巨石墓
The great rock tombs of PETRA

156上圖　大自然的鬼斧神工，加上人類的巧手，造就了佩特拉和諧又壯觀的奇妙景致。

156中圖　佩特拉山谷陡峭的岩石斜坡，形成天然屏障，但其實這裡有幾百座從岩石挖鑿而成的墳墓，是歷經3個世紀才建造完成。

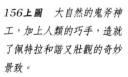

佩特拉是納巴坦人（Nabataean）的首都，納巴坦人是西元前4世紀就存在的一個民族，發源地在現代約旦和沙烏地阿拉伯之間的沙漠。他們經過很長一段時間的遊牧生活，最後在西元前1世紀定居在幾個原是遊牧基地的地方。其中一個最重要的地點就是佩特拉，納巴坦語稱為雷肯（Reqem），位於往來紅海與死海間唯一一條通道的中心位置。

佩特拉地處險峻高山之間的隱密山谷內，只能靠幾條天然通道進出，是商人的理想藏身地點，這些商人有時也會偷盜。他們的財富和權勢來自兩個因素：買賣搶手的外國商品（尤其是東方的香料），以及地中海地區的日漸安定。這些商人以君主體制為基礎，再加上自己的語言和宗教，建立了城市，並征服包括大馬士革（Damascus）和部分敘利亞（Syria）在內的幾個地區。納巴坦王國的獨立只持續到西元106年，後來就被羅馬皇帝圖雷真（Trajan）征服，變成阿拉伯行省。不過即使在羅馬帝國統治下，佩特拉依舊是首府。佩特拉繼續維持商隊中心的重要角色，同時也是所有從印度或東方來的商人，要前往地中海港口途中，路經

156底圖 風蝕形成了迷人的造型，並使得軟砂岩的顏色更加的突出。請注意，背景處是科林多斯墓（Corinthian Tomb）。

156-157 照片中為阿爾德爾修道院（al-Dair）一景，以及佩特拉四周的鄉間風光。佩特拉是商隊的必停地點，因而變成一座富強的城市，並且開創出特有的建築風格。

紅海時必須停下來休息的地點。到了古時代晚期，羅馬帝國衰亡後，佩特拉跟著沒落，並且一度被十字軍短暫占領，之後又有好幾個世紀，歐洲人一直不得其門而入。佩特拉的位置遭人遺忘，名字成為傳奇，是一座有無盡寶藏的神祕城市。1812年，瑞士旅行家J.L.布爾克哈特（J.L. Burckhardt）重新發現佩特拉，他假扮成阿拉伯朝聖客來到這裡，希望到附近的傑貝哈倫山（Jebel Harun）山頂奉獻祭拜。

佩特拉獨一無二的原因有很多。這座古城所盤踞的山谷和狹窄峽谷，是經過現今稱為瓦迪穆沙（Wadi Musa）的激流，長達好幾個世紀的沖刷而形成；陡峭的砂岩岩壁，展現灰色、淡黃、鮮紫等五彩繽紛的地質岩層，不過最主要的還是粉紅色的岩石。人類以巧手為這個特異的自然奇觀添加建築物，主要是挖鑿岩石，為歷代國王以及這座城市的重要人物建造墳墓。這些殯葬建築，除了完好的保存狀態、

豐富的寶藏和無比碩大之外，還展現獨特的風格和結構，是融合了古埃及、希臘和近東的建築傳統而成。佩特拉的墳墓還有一個特點：岩石銘文，不過目前只有3座殯葬建築還保有岩石銘文，原因可能是雕刻銘文的軟岩石已遭風蝕，或者銘文是畫在灰泥上，而灰泥早已剝落。此外，所有墳墓都已被侵入，陪葬品遭劫掠一空，所以我們無法確定墳墓的年代，導致學術界不斷爭辯個別建築的年代和特色。

第一批墳墓所在的地區就在佩特拉主要入口前面，瓦迪穆沙乾涸河床的兩旁。其中兩座墳墓因為完全不同的建築傳統顯得格外突出：方尖碑墓（Obelisk Tomb）和巴布希克躺椅墓（Bab el-Siq Triclinium）。第一座墳墓是從第二座墳墓上方的岩石直接挖鑿而成。雖然兩者的墓室幾乎平行，但正面卻沒有排成一直線。

方尖碑墓的正面在佩特拉的殯葬建築中相當獨特：四根原本高度7公尺的方尖碑矗立在下層，而墓室入口就開在下層。墓室由兩根柱子框飾，柱子上有裝飾著額板和三槽板的多里克雕帶。中間兩根方尖碑之間的壁龕，也有相同裝飾，還有一幅幾已完全侵蝕的浮雕，依稀可看出是個穿著希臘服飾的男子。融合不同建

158上圖 神怪石（Djinn Blocks）位於蛇道（Siq）入口附近，與佩特拉其他建築不同；當地相傳這裡是精靈的房子。

158中圖和158-159 我們並不知道方尖碑墓和巴布希克躺椅墓之間是否有關聯。兩座墳墓上下相疊而建，但風格卻截然不同，建築特色也不一樣。

築風格是典型的佩特拉特色，在這座墳墓尤其明顯：方尖碑是法老王和托勒密埃及時代的紀念建築象徵，它們以一種原創的方式與古典世界的元素結合，亦即額板裝飾和三槽板，這兩者還很不尋常的有相同長度。然而，方尖碑墓在亡者化身上也融合不同的傳統。一方面我們看到不具形象的東方象徵，由方尖碑體現；另一方面，亡者圖像的靈感來自希臘人。這座墳墓是為5個人而興建（墓室裡小房間的數目），最重要的一座墳墓蓋成拱形墓龕（arcosolium，亦即石棺上有個嵌入牆內的壁

龕），座落於遠牆。

在方尖碑墓下方，巴布希克躺椅墓兩層的正面，完全從岩石挖鑿而成。下層有四根中央半圓柱和兩根側柱，上有納巴坦式柱頭，不過已嚴重侵蝕。這層的上方有一裂開的三角牆，上面又有一間裝飾四根短壁柱的低矮閣樓。墓室入口位於中央，在低拱的拱楣面下方。墓室內，有張簡單的馬蹄形長椅。正面的上層非常低，飾有四根短半壁柱，同樣上方也有破裂的三角牆。這座墳墓兩側各有一間墓室，墳墓則是從地板開挖而成，除此之外沒有其他特色。

墳墓的建築正面是佩特拉常見的特色，以巴布希克躺椅墓的例子來說，呈現的效果是相當壓迫的構造，與上方墳墓細長方尖碑的垂直挺拔，形成強烈對比。除了從風格上的細節可看出方尖碑墓建造年代較早之外，很顯然的，由於上方墳墓早就存在，因此躺椅墓才會這麼低矮、壓迫。關於這兩座墳墓沒有任何資料，也無法確定它們的年代，不過雕刻在瓦迪穆沙兩岸的納巴坦文和古希臘文的殯葬銘文，可能和這兩座墳墓有關聯。這些銘文的雕刻年代，約是在馬里丘斯（Malichos）國王（西元前62

（圖例）

A 休息屋	H 市區
B 納巴坦文和古希臘文銘文	I 未完成之墓
C 方尖碑墓和巴布希克躺椅墓	J 阿爾德爾修道院
D 卡茲尼寶藏洞	K 土克馬尼亞墳墓
E 烏奈蘇之墓	L 羅馬士兵墓
F 皇家墳墓群	M 文藝復興墓
G 塞瑟斯佛羅倫提努斯之墓	N 破裂三角牆墓

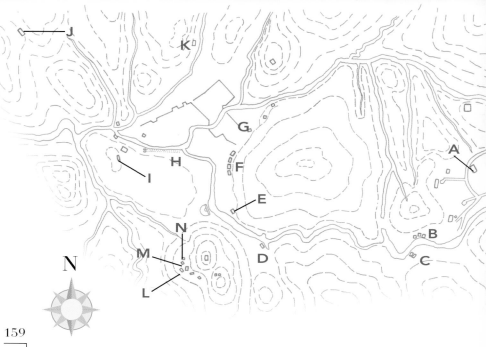

160底圖左 深而窄的蛇道，保障佩特拉數百年的安穩。

160上圖右 蛇道的兩側雕刻著無數石碑，包括紀念墓、聖殿和膜拜的壁龕。

160底圖右和161 卡茲尼寶藏洞內部格局有如一座古典神殿，有門廊和墳墓。兩側各有墓室。卡茲尼寶藏洞意指「法老王的寶庫」，相傳裡頭藏有讓人嘆為觀止的珍奇寶藏，只有敲中正面一處祕密位置的人，才能得到這些寶物。

到西元前30年，或較不可能的情況是西元40到70年）的時代，若兩者真的有關聯，便可視為是方尖碑墓的年代。

這兩座墓位於佩特拉的最東邊。要前往佩特拉，必須通過一條稱為「蛇道」的峽谷，兩旁的峭壁高達80公尺。岩壁上挖鑿有壁龕，有些是空的，有些則有人像、方尖碑或柱子。這些碑柱通常具有宗教意涵（擬人或動物形狀的神像），但通常是紀念墓（nefesh），亦即代表與紀念亡者的建築。nefesh的本意是「魂魄」，代表亡者的靈魂，因此無法和墳墓放在一起，這點在蛇道的一篇銘文上說得很清楚。這篇銘文是紀念佩特拉的一個居民，他死於傑拉薩（Gerasa），也葬在這座城市。

在蛇道第一段的末端，岩壁合在一起，幾乎阻絕了光線，後來又在遠端一座廣大的天然場地分開，這就是佩特拉最著名的建築之一：

卡茲尼寶藏洞（el Khazneh el-Faroun）。先把要建造卡茲尼的岩壁整理妥當，然後標明出巨大的長方形，再往內切割幾公尺深的岩石，雕刻成兩層樓的正面，寬度和高度為25.30×39.1公尺。

和佩特拉多數的殯葬建築一樣，卡茲尼也是完全從岩石挖鑿而成，但保存的狀態十分完好。由於地處偏僻，加上是建造在岩面裡頭，因此它傑出繁複的裝飾和雕刻，都保存得極佳。上下兩層雕了許多人物：下層側邊的間柱之間，雙子星（Dioscuri）的孿生兄弟卡斯特（Castor）和波勒克斯（Pollux）騎馬的浮雕，使用古典圖像手法，雕刻在一塊基地上。在上層有9位女性人物的浮雕：3個在前面的壁龕、4個在裡面的壁龕、2個在後面的壁龕。最後這兩個刻有羽翼，因此被認為代表勝利女神娜姬（Nike），其他人物（除了圓形建築的前方壁龕裡，拿著豐饒羊角的人物之外）則穿著短袍、揮舞著斧頭，象徵亞馬遜女戰士。

墳墓的內部也一樣美不勝收。門廳裡三座裝飾精美的門，通往不同的房間，位於中間、也是最大的房間，面積為11.97×12.53公尺，有三座壁龕，應該是用來放置石棺。蛇道的漆黑，和卡茲尼正面的光線之間的對比非常強烈，這想必是選擇這裡為建造地點的原因之一。但真正獨特的是繁複多樣的雕刻和裝飾主題，和佩特拉的其他墳墓都大不相同。包括受到納巴坦以外的文明影響的眾多元素，其中許多乃衍生自亞歷山卓（Alexandria），例如柱頭的原創性，尤其是支撐太陽圓盤的中央雕像柱腳。太陽圓盤原本是埃及女神赫特（Hathor）和愛西斯（Isis）的象徵。卡茲尼寶藏洞應該不只是一個人的墳墓，更是膜拜被神化的人的地方。赫特和愛西斯的象徵，以及三角牆上的中

央圖像，代表阿嘉特提克（Agathe Tyche）女神或「好運」，都是明證。

光彩奪目的整體效果以及華美豐富的細節，卻因完全缺乏銘文資料而大打折扣，導致眾說紛紜的年代判定，因此只能根據間接證據，包括「精彩的建築特色」以及第二龐貝繪畫風格之間的相似度。最近仔細分析建築細節後顯示，卡茲尼的年代應該是在西元前1世紀後半葉和西元1世紀初之間。然而，要想確定這座建築是獻給哪個納巴坦國王，恐怕是項冗

162-163 蛇道盡頭靠近劇院附近，成為真正的「墳墓之道」，這裡也是「正面街道」這個名稱的由來。右邊可以看到納巴坦權貴的墳墓—「烏奈蘇之墓」(Tomb of Unaishu)。

162底圖左，163上圖和底圖 佩特拉大部分的墳墓，正面都各有不同的設計、圖案和風格，形成百花齊放的壯闊。許多都蓋有雉堞，這是近東地區神聖和殯葬建築中極為普遍的裝飾。

長又困難的工作。

佩特拉的其他墳墓多半是另一種類型，亦即上下相疊建造，蛇道的末段以及流進山谷的溪流的岩壁兩側，就有此類墳墓。直線形的正面呈高塔的形狀，上面加蓋一或兩間閣樓，閣樓裝飾著斜面或階梯式雉堞，這種裝飾是受到亞述和波斯的影響。此類裝飾極少出現人像，古典元素也僅限於少數的建築裝飾。多數墳墓的特色都是納巴坦建築獨有的，例如柱頭，形狀類似科林多斯柱式，但主體修整成平滑石塊，螺旋飾僅是平直的突出，常見的頂盤花則作成簡單的立方體。塔墓（也稱為塔門墳墓）的建造，也是先修整岩面，再雕刻正面，從上方開始逐漸填滿主要裝飾。位於住宅區西坡的「未完成之墓」（Unfinished Tomb），便是以這套建築公式建造。

塔墓真正表現納巴坦殯葬建築的特色。這類墳墓是為朝廷顯貴和商人而建，他們把佩特拉建設成富強的城市。兩座墳墓上的納巴坦文銘文就是獻給這類權貴：如烏奈蘇和土克馬尼亞。烏奈蘇被描述為莎琪拉特（Shaqilat）皇后的兄弟，但意思指的是大臣。歷史文獻記載，他曾代表納巴坦王國多次出使海外，有一次還前往謁見奧古斯都（Augustus）皇帝。

雖然土克馬尼亞墳墓（Tomb of Turkmaniya）銘文的內容，有部分已在溪流氾濫時沖毀，也未留下陵墓所有人的資料，但明

白解釋整座墳墓的格局卻是格外重要。因為銘文不只記載墳墓的內部格局（有門廳及有小房間的墓室），也記錄外在特色，如庭園、門廊、宴會室和水槽，這些是供葬禮時使用，但如今已不復見。

高達600多座的塔墓，並非相同類型，其中有很多不同的構造和格局，但真正區分每一座墳墓的是，挖鑿來建造墳墓的岩石顏色。每種岩石的多彩效果都是獨一無二的，例如，絲墓（Tomb of the Silk）不同顏色的砂岩紋路，使墓看起來彷彿包裹在絲布裡。想從墳墓結構的繁複性來確定年代，已顯示會造成誤導。和其他納巴坦遺址，例如現今沙烏地阿拉伯的麥丹艾斯沙利（Medain es-Saleh），仍保留銘文年代的相似墳墓相對照後，證實這樣比較的結果是錯誤的。因此，不同形式的建築裝飾不過是隨機採用（尤其是在西元1世紀），而選擇的標準可能只是基於品味或財力資源。

其中有一墳墓群與其他大半墳墓有明顯不同，就是「皇家墳墓群」（Royal Tombs）。這個名稱的由來，不只是因為正面的燦爛光華，

同時也是因為墳墓的地理位置；墳墓聳立在傑貝爾庫布塔（Jebel el-Kubtha）的西邊，俯瞰著佩特拉的住宅區，形成佩特拉主要大道的背景。南邊則是甕墓（Tomb of the Urn）。這座墳墓即使從遠方仍極易辨認，因為西元5世紀的時候，為了把墳墓改建成教堂，增建了一系列拱門。墳墓的獨特處在入口前方的庭院，門廊兩側有多里克圓柱，墳墓一如往例，是從岩床挖鑿而成。

墳墓正面特別高聳，側邊有兩根半壁柱連

164上圖左 宮殿墳墓一間墓室的入口，被粗獷有力的裝飾所框圍。

接四分之一圓柱，還有兩根有納巴坦式柱頭的中央半圓柱。這些柱子框圍著最大墓室的入口，入口裝飾有多里克雕帶，上覆拱楣面。在半圓柱之間，可在高處看到三個缺口，是用來放置屍體的；中間的缺口還留有覆蓋的石板，石板上刻著一名男子的半身像。圓柱上方有柱頂雕帶（刻有4個半身像，如今已磨損得很嚴重）、閣樓以及上覆一只大甕的三角形三花壁面。雖然墳墓正面大致的格局與一般的正面相

同，不過為數不少的半身像卻給予這座墳墓鮮明的個性。頂端三座似乎未遭破壞、奇特但不獨特的小墓室更凸顯墳墓的與眾不同。由於墳墓被改建成教堂，使得我們無法了解其他細節，但這座甕墓極有可能是為了安放一個國王的遺骸而建，這位國王也許是阿列塔斯四世（Aretas IV）。

附近的科林多斯墓的正面，儘管因為風吹日曬雨淋的關係，保存狀態較糟，但乍看之下很像卡茲尼寶藏洞。然而，這兩座建築的相似處，相當明顯的，主要是因為在第二層都有圓形建築，不過兩者事實上有極大差異。科林多斯墓並沒有門廳，因此沒有卡茲尼那麼深，它的下層圓柱與正面的表面相連。下層是典型的納巴坦風格與品味，然而上層儘管有科林多斯柱頭，構造和卡茲尼類似，但卻沒有卡茲尼極盡繁複的裝飾。它的內部格局也很不一樣，有四間獨立但大小不同的墓室。這些特色並未減損這座墳墓的重要性與規模。這座墓很可能也是蓋來安放皇室成員遺骸的，不過墳墓沒有雕刻，顯示出品味或需求的改變。

科林多斯墓的旁邊，聳立著宮殿墳墓（Palace Tomb）。宮殿墳墓有一巨大正面，分成三層。第一層有四座壁龕，頂端交叉覆蓋著山

形牆與三心拱拱楣面，每座壁龕都框圍著墓室的門。在第二層，有9對愛奧尼亞式半圓柱，上有柱頂雕帶和一座閣樓。第三層也有半圓柱，但集中在建築物南面。此墓的建築模式很不一樣；極有可能是根據上層的希臘宮殿而建。儘管單調沒有任何裝飾元素，但宮殿墳墓的高聳挺拔，使它成為佩特拉最壯觀的建築。

其他也有建築正面的墳墓，雖然規模較小，但裝飾和圖形元素卻同樣重要。其中一座

164上圖右 甕墓的三個缺口是不同墓室的一部分，缺口原本應被浮雕石板所封住。

164底圖 科林多斯墓的圓形建築裝飾著科林多斯式柱頭，下層的建造風格則是納巴坦式。

164-165 科林多斯墓和宮殿墳墓，是被稱為「皇家墳墓群」的其中兩座墓。

165底圖左 宮殿墳墓有繁複的三層建築正面，也許是受到希臘風格的影響。

165底圖右 甕墓下方的拱門是拜占庭時代所增建，當時墳墓被改建成教堂。

165

166上圖 破裂三角牆墓（Tomb of the Broken Pediment）的內部從未完工，原因不明。

166中圖 羅馬士兵墓（Tomb of the Roman Soldier）名稱的由來，是因為正面中央浮雕上有一個身著盔甲的男子，也許是高級軍官。

就是塞瑟斯佛羅倫提努斯之墓（Tomb of Sextus Florentinus），位於傑貝爾庫布塔的北坡，墳墓頂端有裝飾著植物圖案的山形牆，還有一個甕。這座墳墓的名稱來自一篇拉丁文銘文，記錄這名男子是西元127年的阿拉伯行省總督，葬於佩特拉。不過由於建築細節似乎與這個年代相抵觸，因此有人認為銘文指的是這座墳墓第二度被使用的年代。另一座也非常華美的墳墓是羅馬士兵墓，位於瓦迪法拉沙

（Wadi Farasa）的溪谷裡。墳墓的名稱來自於入口大門上方的壁龕前方，矗立著身著盔甲的人像。除了墳墓本身，建築的布局還包括有中央門廊的庭院，對面有一間寬敞的宴會廳，被稱為「多彩廳」（Polychrome Room），因為被挖鑿成墓的岩石有繽紛的紋路。

佩特拉最大的墳墓矗立在城市西邊的山丘上，稱為阿爾德爾修道院。正面寬50公尺、高度大約40公尺；在構造上類似卡茲尼和科林多斯墓，下層也有半圓柱，上層則有中央圓形建

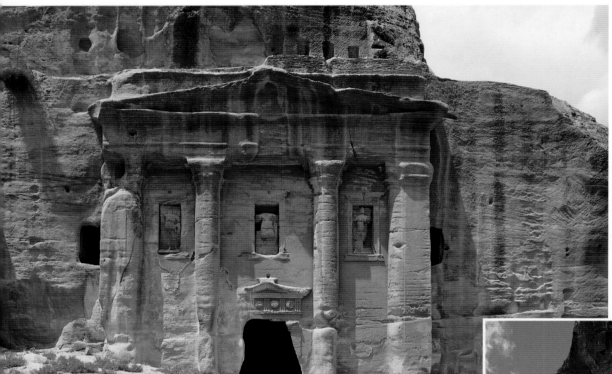

166底圖左 羅馬士兵墓的宴會廳，因為繽紛的砂岩條紋而被稱為「多彩廳」。這是佩特拉唯一裝飾半圓柱和壁龕的建築。

166底圖右 文藝復興墓（Renaissance Tomb）是納巴坦殯葬建築的範例，建築位置的安排、規模大小以及細節，都處於絕佳平衡的狀態。

167 羅馬帝國阿拉伯行省的總督「T. 安尼努斯塞瑟斯佛羅倫提努斯」（T. Aninus Sextus Florentinus）的墳墓，於西元130年，由總督的兒子根據天意舉行落成儀式。

168上圖　阿爾德爾修道
院頂端的甕，就安置在巨
大的圓形建築上方的納巴
坦式柱頭上。

168－169　佩特拉最大的
墳墓阿爾德爾修道院，可
能是建造來安放納巴坦於
西元106年被羅馬帝國征服
之前，最後一位國王的遺
骨。

168上圖　阿爾德爾修道
院頂端的甕，就安置在巨
大的圓形建築上方的納巴
坦式柱頭上。

168－169　佩特拉最大的
墳墓阿爾德爾修道院，可
能是建造來安放納巴坦於
西元106年被羅馬帝國征服
之前，最後一位國王的遺
骨。

169上圖　阿爾德爾修道院的正面，並未裝飾納巴坦建築傳統中常見的圖像設計。

169底圖　阿爾德爾修道院距離佩特拉市很遠，籠罩在神祕的孤寂氣氛中。在拜占庭時代住著一小群基督教教徒，因此這座建築才被稱為「修道院」。

築、半山形牆的中央壁龕，以及側壁柱。和卡茲尼寶藏洞相比，阿爾德爾修道院的缺乏深度，以及明暗對比的效果特別的顯著，尤其是在下層，因為正面較大，再加上裝飾的類型而更加明顯。阿爾德爾修道院的巨大正面並沒有圖像的設計，而建築的裝飾也是典型的當地風格，例如，納巴坦式柱頭和圓盤雕帶，都顯得平板樸素。這座建築的位置遠離城市、缺乏圖像浮雕、明顯偏離希臘品味，以及刻意選擇當地建築圖案，在在暗示這是拉貝爾二世（Rabbel II）的墳墓。他是羅馬帝國於西元106年征服佩特拉之前的最後一任國王。最讓人津津樂道的是，拉貝爾二世深以當地傳統和納巴坦人民為榮。

帕耳美拉的墓地

The necropolis at PALMYRA

敘利亞Syria

帕耳美拉（Palmyra）

史上首度間接提到帕耳美拉〔即古代的泰德穆爾（Tadmor）〕綠洲有人屯墾定居，是在西元前19世紀。綠洲有一座淡水泉和一座硫磺溫泉，剛開始只是閃族遊牧民族的中繼休息站，後來他們才定居下來。帕耳美拉綠洲位於敘利亞沙漠內，地處最重要交通路線的交會口，貫通美索不達米亞和敘利亞、阿拉伯灣（Arabian Gulf）和地中海，這意味著帕耳美拉在西元1世紀時，便已發展成為「商隊城市」，城內同時集中又傳播不同的文化元素。在

溼壁畫，以及對帕耳美拉諸神的描述。我們對帕耳美拉死亡意念的理解，便是綜合整理這些資料而來的。

在帕耳美拉，就如同在敘利亞和巴勒斯坦的其他地方一樣，人們稱呼墳墓為「不朽之屋」，家是最安全的地方，帕耳美拉人在家庭中，享有家人的關愛與隨之而來的幸福感。親人時常以亡者名義安排葬禮宴席，顯示帕耳美拉人仍把去世的家人當成日常生活的一部分。

在敘利亞地區，自遠古以來便以單顆石

塞琉西（Seleucid）帝國時期（西元前3到西元前1世紀），此地已深受希臘影響，從共和時期（Republican period，西元前1世紀）末期開始，羅馬文化的元素已影響了整個帝國時期（Imperial period，西元1到3世紀）。

有關帕耳美拉生活的宗教面的資料，都來自於墳墓、聖殿、銘文和紀念碑等考古遺跡上描繪的圖像，例如浮雕、亡者雕像、墳墓內的

頭標記墳墓所在的位置。這顆石頭被視為後來所有殯葬建築的起源，不管是簡單的墓碑或繁複的結構。墓碑的亞蘭語（Aramaic）和帕耳美拉語為「奈費許」（nefesh），字面意思為「呼吸」，意指「魂魄」，後來用來指「人」。把這個詞引申為「紀念墓」，便是把墳墓等同於亡者，表示墳墓是亡者魂魄的所在。

帕耳美拉墳墓分散在市內不同地區的好幾

個墓地。其中最重要的是在東南、西南和北邊的墓地，稱為「墳墓谷」（Valley of the Tombs）。

在帕耳美拉發現的墳墓建築，有「塔墓」和「地下墓室」。另一種形式的墳墓為「廟形墓」，只有極少數留存下來。塔墓幾乎只蓋在墳墓谷，年代最早的為西元前1世紀到西元1世紀之間。塔墓的垂直結構，一開始讓人以為它們

170底圖 梯形與多山的沙
漠，環繞著帕耳美拉綠
洲。著名的墳墓谷就位於
城市西邊的山丘之間。背
景處可看到被稱為「關防
牆」(Customs Walls) 的
防禦城牆。

171上圖 吉安布里柯之墓
(tomb of Giamblico) 是保
存得最好的塔墓之一，挺
立在墳墓谷內。

170-171 帕耳美拉市
位於烏姆貝爾吉斯 (Umm
Belqīs) 山丘的山腳下，在
半山腰並列著好幾座塔
墓。風吹日曬雨淋加上年
久失修，墳墓的狀態很糟
糕。最右邊的塔墓就是吉
安布里柯之墓。

171底圖 在帕耳美拉主要
道路「列柱大道」(Great
Colonnade) 的西端，矗
立著「祭拜神廟」。這是一
座極為罕見的廟形墓。照
片中為墳墓的後方，入口
通往地下墓室。

只是高塔。這種墳墓是以當地石頭建造,有正方形的地基,矗立在階梯上,越往上越細,看起來十分優雅。入口大門上方數公尺處,通常會有壁龕,刻有說明墳墓建造者身分的浮雕和銘文。位於地面的墓室內會有好幾列壁龕,由半圓柱、壁柱、柱頭和雕帶分隔開,藻井天花板則刻有花卉或幾何圖案。分隔6個相疊壁龕的4根圓柱,彼此間的間隔通常從天花板的高度(有時可達7公尺)直抵地面。通往樓上的

階梯,則位於入口的右邊或左邊。其他樓層的墓室也有相同的隔間,但不像地面樓層那麼高,且裝飾也比較不豪華。塔墓有時高達5層,可容納多達300個墓葬壁龕。

這種類型的墳墓中,最具代表性的例子,就是伊勒貝爾之墓(Tomb of Elahbel)和吉安布里柯之墓。伊勒貝爾是建造這座墳墓的四兄弟的大哥,在帕耳美拉扮演重要角色,他的墳墓完成於西元103年。北邊有個入口通往地下

墓室,這間墓室和墳墓主體分開,但利用中央地基安放遺體。主要大門則位於南邊,門上刻有墳墓奠基的日期。主要墓室的大小為7.5×3公尺,高度超過6公尺,一層層的壁龕由有科林多斯柱頭的壁柱分隔開。藻井天花板上,白色玫瑰花飾襯著藍色背景,中央則雕刻著4尊半身人像,隱約可見紅色衣服和白色、藍色或黑色首飾。遠牆上,兩根半圓柱支撐著腳線下楣,上下各有排成一列的5尊女性半身人像。

172-173 墳墓谷的景色，在日出和日落時分尤其美麗，在陽光照耀下，墳墓石頭的顏色更加明亮。在保存狀態最差的墳墓裡，可以看到牧羊人生火的痕跡。

173上圖 伊勒貝爾之墓曾於西元1973到1976年進行整修。入口大門上方的銘文，雕刻有墳墓主人和建造者的名字，裝飾腳線越往上越窄。拱門下方立著安放伊勒貝爾雕像的葬禮床。

173中圖 伊勒貝爾之墓的墓室遠牆上，有兩列共10尊的女性半身像。半身像的腋部，被反對偶像崇拜的阿拉伯人損毀。立於兩邊、有科林多斯柱頭的壁柱，隔開安放亡者遺體的地區。

173底圖 伊勒貝爾塔墓主要墓室的內部，有一裝飾華麗的藻井天花板。正方形的壁磚裝飾著浮雕花卉圖案，白色的玫瑰花飾襯著藍色背景；環繞著中央的4個半身人像，人像還看得出原本的顏色。可惜墳墓沒有銘文，無法得知這些人像的身分。

遠牆的裝飾還包括一張葬禮床，床上還殘留紅漆，但已看不清楚主要雕刻。這座墳墓有4層樓，頂樓有陽台。

吉安布里柯之墓的年代為西元83年。入口大門有裝飾精美的下楣，飾有花卉圖案的三角牆，安置在兩隻獅身鷲首獸上。第3層樓的正面，裝飾有第二個三角牆，由兩根飾有科林多斯柱頭的壁柱支撐；三角牆原本用來保護墳墓建造者的浮雕圖像，但浮雕現已蕩然無存。三

角牆下方有兩個老鷹形狀的突出支柱，在更下方的地方則有獅頭支柱。吉安布里柯之墓的內部，比伊勒貝爾之墓肅穆，每排壁龕之間的空間，襯著簡單的腳線檐板，天花板則裝飾菱形圖案。

在帕耳美拉發現有地底構造的最古老墳墓，年代可追溯到西元前2世紀後半葉。這座墳墓位於城市東方的巴爾夏明（Baalshamin）神廟的下方，原本也有外部構造，但後來的地下墓室已不再建造外觀，所以完全沒有地上

物。帕耳美拉的許多地下墓室，都位於西南和東南邊的墓地，就在俯瞰整座城市的阿拉伯城堡底下。最具代表性的地下墓室分別為「三兄弟之墓」（Tomb of the Three Brothers）、「雅海之墓」（Tomb of Yarhai）以及「F墳墓」。

在城市西南方的三兄弟之墓中，一條有2公尺坡道的走廊，通往兩扇巨大的石門。大門裝飾著幾何圖案，下楣和門窗邊框刻有5篇亞蘭語的帕耳美拉方言銘文：第一篇紀念墳墓的奠基，其他幾篇則記錄墳墓的買賣，年代在西

元160到241年之間。

六階階梯往下通往墳墓，基地形狀像倒立的T。三條9公尺長的長廊，從門口分別通往右邊、左邊和正前方。全都分成3或4公尺高的垂直隔間，每間隔間可容納6名亡者。每個壁龕由一面石板封住，石板上有亡者的浮雕半身像，和一篇記載亡者姓名的短銘文。

中間長廊是其中最重要的：從門口就馬上看得到墳墓建造者的浮雕，四周還圍繞著家人。亡者以典型的宴會姿勢躺在躺椅上，這樣

的裝飾很適合家人為了紀念亡者而不時舉行的
宴席。如此一來，亡者彷彿也在參加以自己的
名義所舉行的宴席，至少象徵意義上是如此。

　　中央有座門廊的盡頭，特別豪華的裝飾著
圓柱、柱頭和柱頂雕帶，支撐著有華麗溼壁畫
的假拱頂。亡者的全身或半身像，就畫在牆上
的圓形框內，由帶翼的勝利女神高高舉起，甚
至還保有原本的鮮亮色彩。圓拱下方的拱門，
畫有古典神話故事，不過，亡者和勝利女神的
臉部，還是逃不過進入墳墓、第一批反偶像崇

174底圖　位於三兄弟之墓
內的唯一溼壁畫，幾何圖
案和藤蔓螺旋紋框飾著神
話故事。下方是帶翼的勝
利女神，支撐著圓形的亡
者像。

174 - 175　雅海之墓於
1934到1935年被挖掘出
來，並於大馬士革博物館
（Damascus Museum）內

進行部分重建。西邊的有
座門廊內，特別建造的壁
龕裡有主要雕像群。

175底圖　三兄弟之墓有座
門廊的天花板，裝飾著八
角形幾何圖案。正中央的
盾牌畫著神話故事：甘尼
美（Ganymede）被化身
為老鷹的宙斯綁走。

拜的阿拉伯人的破壞。

　　三兄弟之墓有300個壁龕。這樣的數量當然超過一個單一家族的需求，甚至把後代也考慮進去還是太多。不過，在塔墓和地下墓室的入口，柱頂雕帶上刻的銘文解釋了一切。

　　銘文記載說，造墓者把墳墓的一部分讓給別人，這些人後來成為墳墓的主人。我們因此推論，帕耳美拉的商業活動不只局限於貿易，還包括更複雜的交易，像是買賣土地或建築物，也包含墳墓在內。

　　雅海之墓如今已在大馬士革博物館內進行部分重建，這座墳墓於西元108年在墳墓谷的中央開始挖鑿建造，入口位於北邊。3公尺寬的階梯通往巨石大門，門口有雕刻精美的下楣。14×3公尺的中央走廊兩側，在西元2世紀末，各增建一座有座門廊。東邊的有座門廊未完成，西邊的有座門廊則為階梯式入口，鋪著石板，且有圓拱門。墓室的牆上裝飾著浮雕雕像：在盡頭的是兩位祭司，這可從他們圓錐形的頭冠判別出來，他們斜倚在躺椅上，其他相

同裝束的人則站在中間後方；左邊則有一名穿斗篷的婦女。躺椅下方有一系列男性和女性半身像；兩排有其他半身像浮雕的壁龕，框圍住整個場景，並覆蓋有座門廊的其他兩面牆。

　　通往南邊有座門廊的走廊，被兩座拱門隔開，中間的空間則是框圍著腳線的壁龕：一邊6個、另一邊則為4個。盡頭的牆分成兩座有座門廊，側邊立著壁柱，支撐著下楣，下楣上裝飾有平腳線，上面再覆蓋爵床葉形螺旋紋飾浮雕。每座有座門廊的兩側都有壁柱，上覆複

176-177 東南墓地的
泰墓（Tomb of Tai）內，
有幅馬雷（Malé）和妹妹
波拉亞（Bolaya）的深浮
雕。人像左邊的箱子，象
徵財富。

177底圖左　戴克里先營壘
（Camp of Diocletian）的
這幅浮雕，描繪一名穿著
長袍和軟褲的男子，披風
由搭釦固定在肩膀，腳上
則穿著短靴。

177底圖右　這幅深浮雕來
自薩拉馬特之墓。西元200
年後，女性雕像上的飾品
越來越繁複。

帕耳美拉的F墳墓

合柱頭和腳線下楣，下楣上還有貝殼形狀的半圓頂。每座有座門廊內有三座壁龕，同樣有貝殼形狀的半圓頂。下方有兩組雕刻人像，刻畫兩個家族的葬禮宴席。

東南墓地的地下墓室「F墳墓」，是1990年代，奈良考古機構在樋口隆康的指揮下挖掘的墳墓之一。可惜，因天花板塌落，毀了墳墓所有的裝飾，但仍能從上方觀看整座墳墓。

墳墓的格局是拉丁十字形狀。南邊的入口

178左圖 F墳墓四周特殊的地形，意味著天花板已塌落，這也使整個建築的保存帶來許多問題。

（圖例）
A 入口階梯
B 西側
C 東側
D 中央墓室
E 墓室
F 壁龕
G 石棺

N

階梯超過9公尺長，北邊的中央走廊幾乎達18公尺，東邊走廊超過8公尺長，而西邊走廊則不到5公尺長。這些側邊走廊並未完成，但看起來又像已完工，因為現今已不存在的柏木，曾被排放在牆邊，這點可從銘文記載得知。

這座特別壯麗的墳墓，是西元128年由波洛發（Borrofa）和波爾哈（Bolha）兩兄弟挖掘出的。巨石大門上有平滑木板條作成的下楣，覆蓋著圓形腳線和齒飾。墳墓內，隔間之間的通道上覆有桶形拱頂，並裝飾腳線拱門。

179上圖　F墳墓主要有座門廊的兩側，排列著高起的柱基，底部有腳線裝飾。柱基上矗立著分隔壁龕的圓柱底座。

178右圖　F墳墓的巨石大門，裝飾著一系列長方形和正方形圖案，大門靠著單一門栓轉動。兩個有爵床葉飾的托座，支撐著有齒飾的下楣。

178-179　從西北方俯視F墳墓的挖掘工作，墳墓的入口階梯、通道拱門、東側和西側的有座門廊，以及南北向的中央有座門廊，全都可以清楚看見。

帕耳美拉的F墳墓

180上圖 F墳墓的建築銘文，刻在裝飾有森林之神薩梯（Satyr）巨大頭像的石板上。這個浮雕主題在帕耳美拉相當獨特，推測具有驅趕惡靈的神奇魔力。

180底圖 一條通往天井的小圓拱通道，開在東側階梯牆，通抵F墳墓。這張照片也顯示出墳墓的內部裝飾，有玫瑰花飾飾條、平腳線、爵床葉形螺旋紋飾、圓形腳線，以及保護齒飾。

刻有梅杜莎（Medusa）頭部的拱頂石，具有保護功能。平滑的木板條、爵床葉形螺旋紋飾、圓形腳線以及齒飾，裝飾著拱門及牆壁的飾條。

一進入中央走廊，就可看到左右有兩座裝飾著腳線的拱形壁龕，內有石棺浮雕雕像，雕像躺在葬禮床上。遠處的有座門廊，一如慣例，擁有墳墓內最重要的雕刻。一名祭司斜倚在躺椅上，左手肘靠著軟墊，手中拿著杯子，右腳跨在左腳上。他穿著蓋到大腿的長袍，以及花卉圖案的帕提亞式褲子。他的後方還有四個人和一個小孩，其中只有一個雕像有頭部。

日本考古學家計算出墳墓內有82具屍體，其中有11具在石棺內，8具小孩屍體則直接埋在地上的壕溝裡。墓內陪葬品不多，都放在亡者的頭旁或腳邊。有戒指、垂飾、耳環、黃金項鍊的珠子，還有一些銀飾和銅飾，都是亡者下葬時所穿戴的衣物。

殯葬建築的繁多以及墳墓的裝飾，多少可說明帕耳美拉對死亡的概念。帕耳美拉人喜歡炫耀財富、權勢和幸福。死亡對他們而言，不是負面的經驗；來生只是有秩序世界的一部分，死亡並不代表毀滅，而只是完成了俗世的生命。

180-181 F墳墓的墓室，裝飾有雕刻像群、玫瑰花飾飾條、爵床葉形螺旋紋飾以及齒飾，而且這些裝飾還延續到遠方的拱頂房間。

181底圖 墓室後方的雕像，一名男祭司斜倚在躺椅上；後方有四個人和一個小孩。

182上圖　在馬利（Mari）
發現的因都古德（imdugud）
像和其他物品，證實烏爾
和其他國家有往來。因都
古德是一種神秘的獅頭
神鳥。

烏爾的皇家墓園
The Royal cemetery of UR

伊拉克
Iraq
★烏爾
（Ur）

182中圖　這張照片拍攝
於西元1930年，挖掘皇家
墳墓（白框處）時。如今
地面僅餘一個大洞；從上
方可看見烏爾納姆塔廟
（Ziggurat of Ur-Nammu）。

旅人穿越遼闊、荒涼的美索不達米亞平
原，欲找尋遠古蘇美人、亞述人或巴比
倫人的遺跡，卻遍尋不著任何墳墓、墓誌銘、
古墳或廣大陵墓，當然更看不到像在埃及、帕
耳美拉（Palmyra）、羅馬的阿庇亞大道
（Appian Way），或甚至歐洲墓園所找到的考古
發現。對遠古民族而言，「不歸路」盡頭的死
後世界，就是「居民住在沒有光的屋子裡，以
塵土和泥巴維生，穿著打扮像鳥一樣，看不到
光線，活在黑暗中，像鴿子一樣咕咕叫。」亡
者被安置在地底下，地面沒有任何記號，但應
該可能有些水泥建築（就像第三王朝時烏爾的
陵墓），或是紀念石頭。無法獲得安葬的人是不
幸、會受苦的，能享有葬禮的人則是幸運的，
而只有得天獨厚的人，才能擁有陪葬品（婦女
的珠寶首飾、士兵的武器、工匠的工具等）。

在多數墳墓中，並未記載有像是奴隸或妻

182底圖　從烏爾挖掘出
來的建築中，僅存極少的
古物。即使是皇家墳墓之
後的建築物也是如此。

183上圖　這只美麗的頭
盔，發現於墳墓PG/755，
屬於馬舒基南德格
（Meskalamdug），現保存
於伊拉克。頭盔是純金打
造，直徑24.8公分。

妾等「人類」財產，連在美索不達米亞歷史末期，曾統治廣大地區的偉大君主，他們的陵墓裡也沒有殉葬的痕跡。然而，卻有一個例外。有趣的是，這個例外所在的墳墓群，也是發現中最珍貴、最有意思的美索不達米亞寶藏所在。葬在這些墳墓裡的國王，生活在非常遙遠的古代，統治一個不是很大的王國。他們就是烏爾的國王，烏爾是一個註定會繁榮的城市。大約在西元前2000年、第三王朝期間，烏爾成為一個大帝國的首都，並在傳奇的阿卡德（Akkad）的薩爾貢（Sargon）霸權殞落後，開創蘇美的文藝復興。上述的陵墓以及著名的塔廟，便是在這個時期興建。這座塔廟是保存最好的階梯金字塔，是由烏爾納姆（Ur-Nammu）國王建造，他是人類史上最早的立法者。

有著奇美寶藏的烏爾墳墓，年代比這個時期還早，屬於西元前2500到西元前2450年，在所謂的第一王朝年代（Protodynastic Era）的末期。葬在這裡的蘇美國王，我們可從雕刻封印得知他們的姓名，他們並未被列入著名的國王名冊中，這個名冊記載蘇美美索不達米亞許多城市最早期統治者的姓名（大洪水以前和大洪水之後）。

這份國王名冊所列的統治者，是埋在烏爾墓園的國王之後的繼位者，梅山尼帕達（Mesannepada，第一王朝的可能創立者）同時也宣稱自己是基什（Kish）的國王，我們因此可以假設，只有開始擴張王國的統治者才會被列入名冊。基什距離烏爾北邊很遠，但離巴比倫不遠。葬在這皇家墓園的國王，僅是「烏爾的國王」，包括一位名叫馬舒基南德格的國王，有些文獻記載他是梅山尼帕達的父王。

墳墓就位於神殿和聖區的外面。雖然從陪葬品的觀點而言，這些墳墓很有趣，不過，和埃及地底墓室相比，卻一點也不壯麗，而且更加簡樸。每座墳墓或只有一間墓室，或只是一些挖地建成的小房間，排列著石頭或磚塊，再覆蓋突出的方石或桶形拱頂。沿著一條陡坡通道可通抵墳墓。墳墓發現者李奧納德伍利（Leonard Woolley）在日記中記載，他們於1927年初開始挖掘。不久他就知道，兩座墓分

183中圖　一般短刀的刀鋒都是銅製的，而這把短刀則是純金打造，握把是由天青石和黃金製成。短刀長37.3公分，存放在巴格達的伊拉克博物館。

（圖例）
A PG/779
B PG/789
C PG/800
D PG/1237
E PG/1054
F PG/1050

N

屬兩個不同的年代，且上下相疊。位於下面的，就是後來所知的「皇家墓園」（Royal cemetery）。墳墓的形式有兩種：平民百姓的墳墓和國王的墳墓。他們挖掘整理出2000座平民墓，國王墓則有16座，由於古墓的盜墓賊也侵犯過這裡，因此保存狀態差強人意。有的墓室已無法辨認，有的則完全毀損。不過，墓園的考古發現還是令人既興奮又驚奇：一方面從墓園可得知許多葬禮的相關資料，是在美索不達米亞其他地區尚未發現的；另一方面所發現的珍貴物品數量難以想像，且都展現高超的藝術價值和手工技巧，目前分別展示陳列在倫敦的大英博物館、巴格達的伊拉克博物館和費城的賓州大學博物館。

值得描述的是其中一座最完整壯麗且重要的墳墓。這座墓被稱為PG/779，是最大的幾座墳墓之一，有四間墓室，由拱形通道分隔

184和184－185 「烏爾軍旗」中的戰爭及和平場景，在其他地方所發現的祭拜石板上也有類似特色，例如巴格達東邊不遠處的卡法吉（Khafaji）也有這類的石板。其他城市也有製造同樣美麗、趣味的「旗幟」，但可惜只有部分留存至今。

185上圖右和中圖 「烏爾軍旗」的三角形側邊，以印度洋撈獲的巨蚌的殼為材料，切割製成圖像。

開。亡者的遺體似乎放在祭壇華蓋下方的箱子裡。珠寶和盤子與一名男子的遺體放在一起，男子頭部包著頭飾，上面裝飾著成千上萬顆天青石珠子。他的身旁躺著最重要的發現物品之一：「烏爾軍旗」（Standard of Ur）。伍利曾描述在放棄找到任何東西的希望後，發現這寶物的那一刻：「工頭發現一個貝殼鑲嵌碎片，一分鐘後，挖出天青石和貝殼馬賽克的一角。」浸泡過蠟的布料貼在瓷磚背後，每一邊都面朝下放在玻璃上。取下布料時，塵土也跟著落

下，因此嵌板可以完美的組合起來：有兩塊長方形的主要嵌板，長55公分、寬22公分，還有兩塊三角形。嵌板以倒立的帳篷形式放置，三角形的部分蓋住末端。整組嵌版固定在木棍上，顯然是在遊行時抬舉著前進。兩塊嵌板上的圖樣是描繪戰爭與和平（每塊分成三區）。奇怪的是，嵌板上的場景年代順序似乎是倒敘，所以最開始的場景是放在下面的區塊。

這塊「軍旗」的功能想必是要紀念打勝仗，搶到很多戰利品並大肆慶祝。嵌板的下面

區塊是描繪戰爭，可看到四輛戰車，各由兩隻野驢拉著，正急著進攻殺敵，最後終於擊潰敵人。每輛戰車有四個堅固的輪子，載著一名戰車手和一名長槍手，長槍手頭戴頭盔、身穿鑲邊羊毛裙及覆蓋上半身的短披風的傳統蘇美戰袍，手上拿著取自戰車前方囊袋內的長矛。戰車手拉著韁繩，韁繩穿過野驢背上的兩個圓環。中間的區塊描繪步兵配備斧頭、頭戴類似的頭盔，但衣著更加繁複（在慣常的衣服外面加上長外衣，應該是用來保護身體）。這件長外

*185中圖右　參考伍利的
素描，這幅簡圖顯示墳墓
PG/779的切面，四間墓室
由走廊分隔開。*

*185底圖　這是其中一個
黃金花瓶，形狀是切開的
鴕鳥蛋，是墳墓PG/779的
陪葬品，目前收藏在賓州
大學博物館。開口處的鑲
嵌裝飾，是用瀝青、貝殼
和石灰岩作成。*

衣可能是由皮革作成（伍利認為是毛氈），是重
裝步兵的防禦利器。在這個區塊的中央，描繪
兩個士兵正在與敵軍激戰，之後是一列戰俘，
由穿著像戰車手的輕裝步兵押送。在軍旗右
邊，戰俘做U形轉彎，轉到最上方的區塊，在
步兵押送下走到中央，那裡站著一個穿長袍的

重要人物：手中拿著權杖的國王。他的後方站
著三名手持長棍的高官、由一名侏儒（或可能
是小孩或年輕王子）駕駛的皇家戰車，戰車後
方有一名拿著韁繩的戰車手。在描繪和平的場
景中，下方區塊的一列人，馱著重物或牽著野
驢。他們的衣服和兩位領導行列前進的蘇美高
官穿的不同；這個場景可能是描述遣送戰俘，
或是一列戰俘背著烏爾軍隊搶到的戰利品，要
送給國王。中間區塊的人牽著羊群和牛群，其
中有一個人雙手各拿著兩條魚。很明顯，這列
人是帶著宴席用的動物供品要獻給國王。這裡
的人物穿著一般的短裙，袒露上身。在上方區
塊，我們一眼就可認出那一個是國王，因為他
的服飾最華麗，身形也較魁梧。國王面前坐著
6個人，每人手上都拿著一個杯子，僕人則在
國王左右忙碌著。一名婦女（可能是歌手）和
一名豎琴手立在最右邊。豎琴前方裝飾著牛
頭，就和墓園裡所發現的真正豎琴一模一樣。

　　墳墓PG/800是普雅碧〔（Pu-Abi）之前稱
為蘇巴德（Shubad）或蘇達布（Shudab）〕
公主的墳墓。墳墓裡還有一個豎琴手的骸骨，

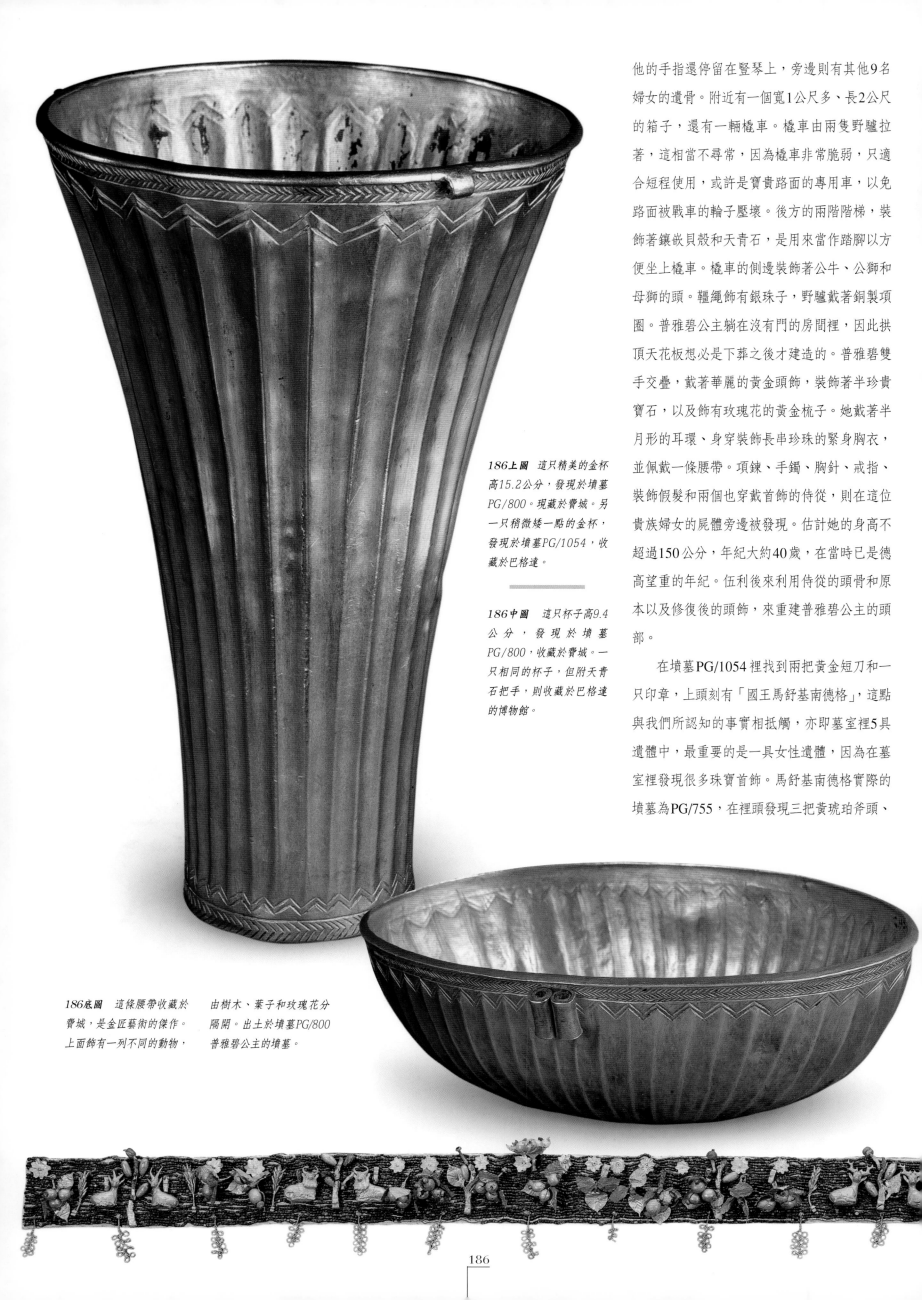

他的手指還停留在豎琴上，旁邊則有其他9名婦女的遺骨。附近有一個寬1公尺多、長2公尺的箱子，還有一輛橇車。橇車由兩隻野驢拉著，這相當不尋常，因為橇車非常脆弱，只適合短程使用，或許是寶貴路面的專用車，以免路面被戰車的輪子壓壞。後方的兩階階梯，裝飾著鑲嵌貝殼和天青石，是用來當作踏腳以方便坐上橇車。橇車的側邊裝飾著公牛、公獅和母獅的頭。韁繩飾有銀珠子，野驢戴著銅製項圈。普雅碧公主躺在沒有門的房間裡，因此拱頂天花板想必是下葬之後才建造的。普雅碧雙手交疊，戴著華麗的黃金頭飾，裝飾著半珍貴寶石，以及飾有玫瑰花的黃金梳子。她戴著半月形的耳環、身穿裝飾長串珍珠的緊身胸衣，並佩戴一條腰帶。項鍊、手鐲、胸針、戒指、裝飾假髮和兩個也穿戴首飾的侍從，則在這位貴族婦女的屍體旁邊被發現。估計她的身高不超過150公分，年紀大約40歲，在當時已是德高望重的年紀。伍利後來利用侍從的頭骨和原本以及修復後的頭飾，來重建普雅碧公主的頭部。

在墳墓PG/1054裡找到兩把黃金短刀和一只印章，上頭刻有「國王馬舒基南德格」，這點與我們所認知的事實相抵觸，亦即墓室裡5具遺體中，最重要的是一具女性遺體，因為在墓室裡發現很多珠寶首飾。馬舒基南德格實際的墳墓為PG/755，在裡頭發現三把黃琥珀斧頭、兔

186上圖　這只精美的金杯高15.2公分，發現於墳墓PG/800。現藏於費城。另一只稍微矮一點的金杯，發現於墳墓PG/1054，收藏於巴格達。

186中圖　這只杯子高9.4公分，發現於墳墓PG/800，收藏於費城。一只相同的杯子，但附天青石把手，則收藏於巴格達的博物館。

186底圖　這條腰帶收藏於費城，是金匠藝術的傑作。上面飾有一列不同的動物，由樹木、葉子和玫瑰花分隔開。出土於墳墓PG/800普雅碧公主的墳墓。

187 普雅碧公主華美的
黃金頭飾、梳子和耳環，
目前收藏於費城。雖然非
常華麗繁複，但這是當時
婦女典型的髮飾。

烏爾的皇家墓園

銅製和純金短刀（把手由銀、黃金和金飾天青石製成），還有著名的頭盔，這是金匠藝術的傑作。頭盔邊緣有洞，以便塞入襯料，頭盔細緻地表現波浪形的髮絡，被緞帶繫起來，形成一個髻，側邊的頭髮還露出耳朵。

在墓室外頭的長通道內發現很多屍體：墳墓PG/1050～1051內有40具，一只印章的銘文顯示這裡是阿卡拉姆杜格（Akalamdug）國王的最後安息地；墳墓PG/789內至少有63具（其中12具是婦女）；墳墓PG/1237內則有男屍6具、女屍68具，有些排成行列，有些則圍繞著4座豎琴。最後這座墳墓尤其重要，因為發現了兩尊讓人驚嘆不已的黃金和天青石雕像，還有躍起的羊靠著小樹休息的雕像。豎琴的裝飾非常美麗，不只是因為所裝飾的公牛頭有天青石鬍子，牠也代表每天穿越天際的太陽神；所以公牛頭可能就是阿波羅的前身，阿波羅也彈奏豎琴。豎琴前方的鑲嵌裝飾使用的是珍珠母，十分有意思，木頭琴身上描繪的是常見的場景，有的是英雄殺死人頭牛身怪獸，有的則是相同的公牛戰勝野獸。也描繪行為像人的動物，牠們飲酒、以其他動物當食物，或跳舞、演奏豎琴和叉鈴；最後的場景在中古時期的浮雕中也一再出現。

在烏爾墓園發現的物品種類繁多：有刀身，銅製或黃琥珀製的矛頭（有些有雕刻），化妝盒和胭脂，磨刀石，劍和鞘，黃金、銀和銅製的盤子（杯子、罐子和碟子），100多種石頭容器、珠寶盒、盾牌、箱子等。還發現至少20種類型和材料的珠串首飾：黃金、銀、鍍金銅、天青石、紅玉髓、瑪瑙、赤鐵礦、水晶、貝殼、鉛質玻璃和木頭等。在其他地點也發現裝飾在臂環、手鐲或項鍊上的珠子。珠子在烏爾的用途很廣，可以裝飾假髮、緊身胸衣和其他服飾、腰帶，甚至韁繩，其中有些設計是從印度和安那托利亞傳進來的。珠子當然也是各種不同項鍊的材料。

所發現的珠寶首飾還包括葉子形狀的垂飾，這是現代珠寶設計者最近開始採用的設計。還有「狗項圈」，是把三角形材料串起來，並變換三角形的角度位置。不尋常的是，其中還包括西洋棋棋盤，由貝殼和天青石作成，棋子放在裡頭。最近的研究發現，這些正方形棋

188　出土於墳墓PG/800的壺。第一個壺高6.7公分，材料是天青石，第二個高16.5公分，由方解石製成。

189　這個製作華美、炯炯有神的銀製雄獅頭，來自墳墓PG/800，原本是用來裝飾櫃車，可惜現在已經氧化。

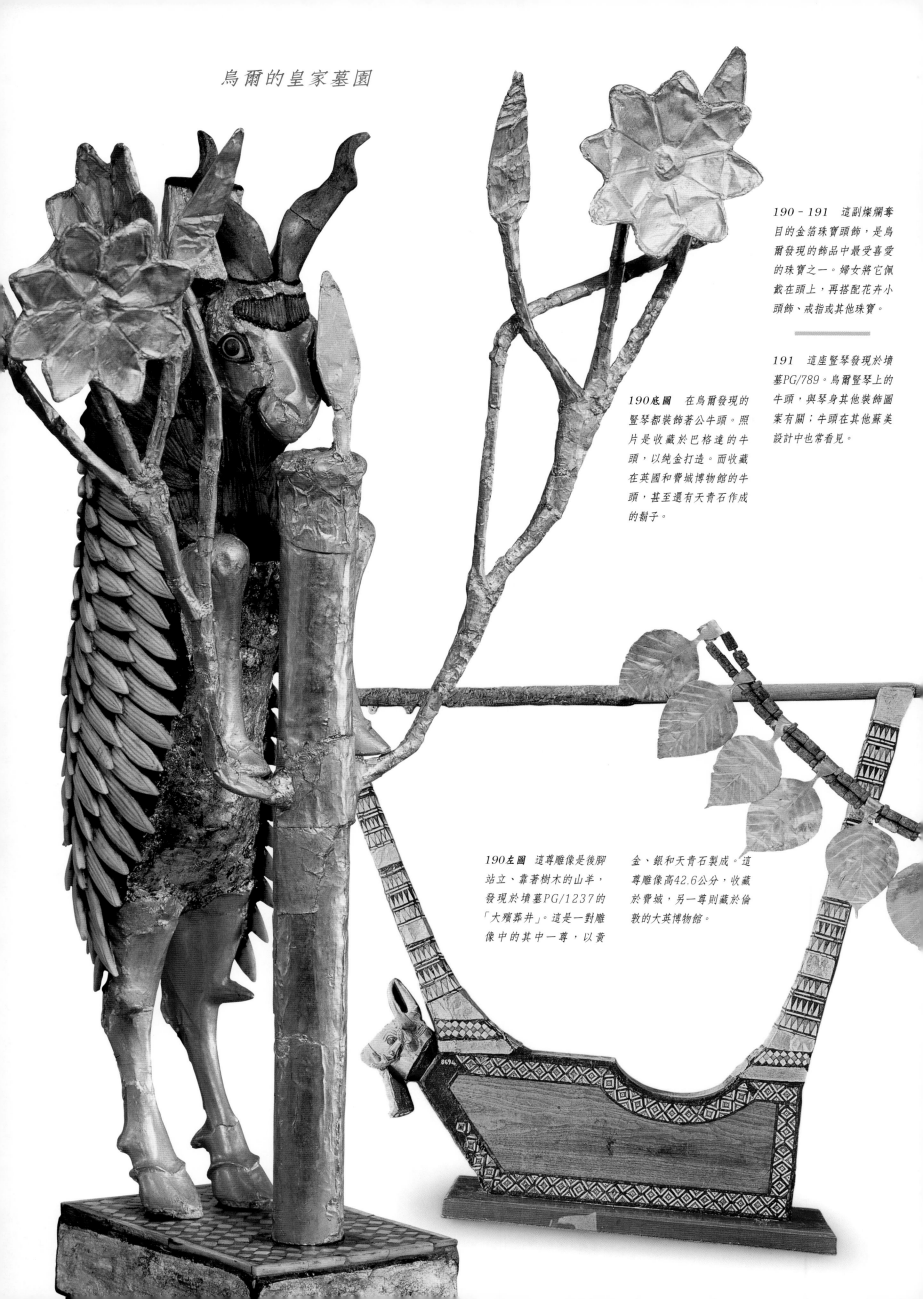

190-191 這副燦爛奪目的金箔珠寶頭飾，是烏爾發現的飾品中最受喜愛的珠寶之一。婦女將它佩戴在頭上，再搭配花卉小頭飾、戒指或其他珠寶。

191 這座豎琴發現於墳墓PG/789。烏爾豎琴上的牛頭，與琴身其他裝飾圖案有關；牛頭在其他蘇美設計中也常看見。

190底圖 在烏爾發現的豎琴都裝飾著公牛頭。照片是收藏於巴格達的牛頭，以純金打造。而收藏在英國和費城博物館的牛頭，甚至還有天青石作成的鬍子。

190左圖 這尊雕像是後腳站立、靠著樹木的山羊，發現於墳墓PG/1237的「大殉葬井」。這是一對雕像中的其中一尊，以黃金、銀和天青石製成。這尊雕像高42.6公分，收藏於費城，另一尊則藏於倫敦的大英博物館。

盤是根據精準計算製成，具有「魔法」或「半魔法」。銀製模型船讓人聯想到祭拜月神南那（Nanna），祂在烏爾特別受到人們尊崇，同時也讓人聯想到葬禮和死後世界的信仰。船可能是用來載運亡者順利抵達「不歸城」。人們相信死後世界存在，這樣的信念可由珍貴的陪葬品得到明證，亡者可利用這些物品，盡可能重新創造和俗世一樣的生活。例如，墳墓PG/1054的食物供品。即使如此，烏爾皇家墓園最令人吃驚的特點，便是發現人類「墳墓物品」。很明顯的，即使不是全部，但也有很多國王和皇后的隨從與君主一起下葬，如嬪妃、衛兵、奴婢、宮女、樂師和歌手。從此世轉到來生，似乎出於自願而且也不痛苦。

在墳墓PG/1237內發現一個大銅鍋，裡頭有74具屍體，全都拿著銅杯或石灰岩杯。他們可能全都喝下鍋裡的某種藥物或藥汁，然後沉沉睡去，或者更可能的是他們喝下了毒藥。從身體的躺臥位置可知，他們並未被移動，而且很可能在樂師演奏豎琴的樂聲中，歌唱到最後一刻。君主的屍體先被放在墳墓中，隨從跟著進入墓中；然後門被堵住，殉葬就在門口進行。接著，呈上食物、供品，祭拜莫酒之後，覆蓋封起墳墓。

烏爾的皇家墓園不只

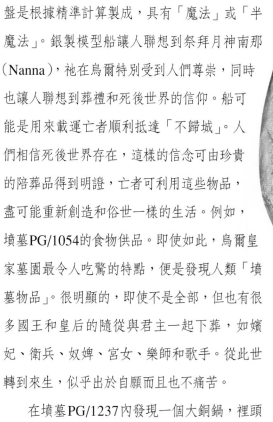

揭露一種很不尋常的葬禮和對來生的持久概念，它同時也告訴我們，第一場的戰車戰役，以及目前所知最早的墓園拱頂、圓頂和環形殿建築。烏爾所達到的文明程度，必定是卓越經驗與能力造就的成果。例如，書寫語言的知識、冶金術、各種工藝的技巧、巨大的貿易帝國、成功的軍事組織，以及似乎沒有內閣的政府體制。這也表示畜牧業和農業必定非常繁榮，這對沒有石材、金屬或木頭的蘇美人來說，才是成就一切的基礎。

亞洲和遠東
ASIA AND THE FAR EAST

冰墓，叢林神廟和黏土戰士
Ice tombs, temples in the jungle, and clay warriors

俄羅斯 Russia

貝瑞爾（Berel）

伊塞克（Issyk）

安平
滿城
茂陵

亞洲 Asia

西安
乾陵
昭陵

桑奇（Sanchi）

吳哥（Angkor）

印度洋 Indian Ocean

在西元前7000年左右，亞洲地區和歐洲、近東、中東地區一樣，生活在今日中國、日本、韓國、印度、巴基斯坦和東南亞等地的居民，過去以狩獵和採集維生，也開始學習農業，並定居在固定的地點。

西元前5000年左右，生活在中國中部長江流域的居民已開始栽種稻米，並從事多種畜牧養殖業。西元前3000年晚期，亞洲最古老的文化之一良渚文化出現，並留下許多墳墓。亡者擁有大量的陪葬品，其中不只有碧玉製成的工具和飾品，如斧頭、刀身、鑽子和項鍊，還有兩種物品也是以玉作成的，叫做璧和琮；它們代表天與地，是榮譽的象徵，國王或族長將它們用來賜給族中最有功勞或最重要的人。到了新石器時代晚期，此地居民開始使用銅器，並組織起來成為國家，創立了商朝，並有皇帝統理一切，大型的紀念墓蓋成深入地底的倒立金字塔形式或十字形。

亞洲和遠東

然而，並非亞洲所有民族都是從狩獵採集演進到農業的生活方式。生活在阿爾泰（Altai）地區的西伯利亞和高加索草原，以及鹹海（Aral Sea）附近區域的居民，持續以畜牧維生；他們選擇繼續過著遊牧生活，因為只有這樣，才能不斷輪流使用整個區域的放牧草地。

這些民族的起源不明，並有許多不同的稱呼，但最常被稱為斯基泰人（Scythian）。他們所創造的文化極為聞名，包括精緻的藝術和工藝，尤其是金屬和黃金藝品、稱為「墳墩」（kurgan）的大型土墳，以及獻祭動物和活人的繁複葬禮儀式等。這些民族建立部落式的體制組織，他們的領袖死後會有豪奢華麗的陪葬品，還會以僕人和馬匹殉葬，因為他們理應在陰間繼續服侍主人。

這些草原民族中年代最久遠的，可追溯到西元前3000年左右，不過，用最華貴墓葬品陪葬的民族，則是生活在西元前7世紀到西元前5世紀之間。另外有一支遊牧民族薩迪（Saka）族，他們在哈薩克（Kazakhstan）的古墳也是屬於這個時期。他們的葬禮最鮮明的特色，就是在亡者服飾上使用大量黃金。

在此期間，中國的商朝滅亡，周朝和秦朝繼之興起。秦始皇在西元前221年統一天下，建立中國第一個帝國。他龐大的陵墓就位於現在西安附近的臨潼，始皇陵興建的本意，就是要作為他所擁有的天下的縮小寫照。始皇陵內也有皇室成員、嬪妃和奴婢陪葬，還有許多動物、銅製戰車，以及無數御林軍的雕像。

這座無與倫比的陵墓，最著名者為「兵馬俑」，它的建造需要成千上萬名藝術者，不眠不休工作數十年才有辦法完成。毫無疑問，始皇陵是人類史上規模最大、也最令人折服的不朽故居。墓裡有3條巨大坑道，裡頭有無數兵馬俑，等於一支專屬軍隊，約有8000名士兵、600匹馬和100輛戰車。

秦朝帝王的巨大墳墓，尤其是始皇陵，讓之後的漢朝也起而仿效。漢朝在西元前2世紀初統治中國。漢墓都覆蓋著巨大土墩，實際上是在地底複製宮殿，通常裝飾著富麗的壁畫，其中許多是描繪死後的世界，根據當時盛行的形上思想，有仙人住在這個世界，仙人長生不死，形狀半人半鳥。通往墳墓的道路稱為「神道」，兩旁排列石雕。亡者埋葬時，穿戴著玉製的服飾和面具，據說玉具有保存屍體免於腐化的奇特特性。

足以與秦墓、漢墓相比，但特色不同的就屬唐墓了。唐朝於西元7世紀到10世紀統治中國，這個時期也是中國歷史的盛世。其中最壯麗的一座陵墓，是距離西安幾十英里遠的乾陵。這是唐高宗和武則天的陵墓，墓室深入地底，描繪有高宗和武則天栩栩如生的畫像，以及許多朝廷重臣的雕像。

中國到唐朝為止的不朽故居，是亞洲最偉大的殯葬建築。其他足以和中國陵墓相抗衡的，則是印度波帕爾（Bhopal）附近的桑奇（Sanchi）「大佛塔」（stupa），以及柬埔寨的吳哥窟神廟（temple of Angkor Wat）。雖然這兩者都不是墳墓，但卻是具有墓葬功能的建築，也是佛教建築。

建於西元前3世紀的桑奇佛塔，直到西元13世紀，一直是一個重要的朝聖和祭拜地點，也是最有名的佛塔建築。佛塔原本只是一座墓塚，用來安葬佛祖的聖骨，後來發展成為石頭建築，象徵宇宙及其起源。

最後，在吳哥（Angkor）的吳哥窟神廟，是由國王蘇耶跋摩二世（Suryavarman II），於西元12世紀前半葉所建。吳哥是高棉（Khmer）帝國的首都，位於金邊西北邊204英里。吳哥窟神廟裝飾著精緻絕妙的淺浮雕，以石像代表毗濕奴（Vishnu）神和已經神化的國王。

195　唐朝新城公主的墓裡，裝飾著美麗的壁畫。在她的墓室裡可看見穿著典雅服飾、梳著繁複髮型的宮女，在這不朽故居中，向公主致敬。

草原民族的葬禮

The funerary rites of the PEOPLES OF THE STEPPES

196底圖左　這片男士胸牌，發現於烏克蘭的托爾斯塔亞莫吉拉（Tolstaja Mogila，西元前4世紀中期），裝飾著日常生活場景和神話故事，也證明獅身鷹首獸在斯基泰人的宗教信仰中，占有重要地位。

196-197　這把梳子發現於索洛卡（Solokha），展現了西元前4世紀、希臘斯基泰藝術的精緻程度。這代表了黑海沿岸的希臘作坊，曾為斯基泰貴族打造藝品。

196上圖左　這面精緻的鏡子發現於柯勒姆斯之墓（Kelermes tumulus），顯示近東和愛琴海地區對草原藝術的影響。這點在祭拜動物女神的掌禮官身上最為明顯。

哈薩克 Kazakhstan

★ 貝瑞爾（Berel）

★ 伊塞克（Issyk）

自遠古以來，歐亞北部地區以畜牧維生的遊牧民族，便不斷遷徙找尋新的放牧地。在許多文獻中，都提到過這些遊牧民族，他們隸屬於創造「草原文化」的薩迪（Saka）民族。薩迪這個名字，可能原本是伊朗文，它的字根sak為走、漫遊的意思。薩迪人衍生出許多部族，如斯基泰人（Scythian）、索羅馬西安人〔（Sauromatian）或稱皇家薩爾馬提亞人（Royal Sarmation）〕、霍馬瓦加薩迪人（Haumavarga Saka）、提格拉柯達薩迪人（Tigrakauda Saka）、伊塞頓人（Issedonian）以及其他部落。

我們對這些部落的起源一無所知。希羅多德（Herodotus）在他的《歷史》（Histories）這本書的的第四書（Book IV）中，講述這些遊牧民族的習俗，如老者的安樂死、內群食人、獻祭馬匹祭拜太陽、皇族祭拜黃金等習俗。這些知識都是他在黑海沿岸的貿易中心奧爾比亞（Olbia）停留期間所習得的。

他所描述的一個高度階級分層的遊牧社會，從高聳的貴族墳墓也能獲得證實。在這些貴族墓內有繁複的地底墓室，有武器、希臘花瓶、服飾，以及鑲嵌動物圖案金牌的頭飾等墓葬品。葬禮規定僕從、嬪妃和一大群馬匹和戰車，必須陪著貴族前往死後的世界。下葬之後，還要舉行豪奢的紀念宴席，整個葬禮才算結束。當聯邦裡其中一個部落的領袖去世時，其他部落的領袖通常會獻祭一名他們的代表，以及佩戴著華麗馬飾的馬匹一起陪葬。

西元18世紀，第一批草原文化的文物出現在歐洲，當時有人將無數「西伯利亞寶藏」的黃金物品獻給沙皇彼得大帝（Tsar Peter the Great）。這些由貴重金屬製成的物品，激起了探險家和尋寶者的貪婪之心，他們開始探勘高加索（Caucasus）和阿爾泰（Altai）之間的草原，那裡有很多的「墳墩」（kurgan）。然而，這些新的探險家卻發現，大部分的墳墓早已被劫掠一空。

我們從墳墩能清楚知道墳墓結構及製造墓葬品的材料、葬禮程序，進一步了解這些遊牧民族的社會組織、經濟、工藝、藝術，但對於與來世信仰相關的資料卻所知甚少。他們的來世觀可能與印度和伊朗的宇宙儀式有關。

在哈薩克西部的墳墩裡，被火化的遊牧民族的貴族，地位可能與印度的冥王閻羅王（Yama）和伊朗神祇伊瑪（Yima）相等。伊瑪

198上圖左 在伊朗西部的
奇維萊（Ziwiyeh）寶藏
中，發現了這面箭筒上的
金牌，可以證明與近東有
貿易往來。金牌上裝飾著
蹲伏的草食動物，以及獅
頭的正面。

198上圖右 這面飾板上的
主題似乎與某種陰間儀式
有關，這點從蛇可以看出
來；整個場景以蜂窩圖案
裝飾，並鑲嵌寶石。

是太陽之子，將火傳給人類的神明，宗教經典
認為祂與鹹海南邊的花剌子模（Chorasmia）
有關。

　　一般而言，做為陪葬物的材料有三類，包
括：作成動物形式的物品、馬飾和武器，這些
在婦女墳墓的墓葬品中也有發現。不同的民族
因為生活在不同的區域，有些墳墓的墓葬品，
可能是以其他區域沒有的材料製成，不過就整
體而言，這些陪葬物的材料不僅形成了草原文
化，而且具有無可置疑的藝術同質性。

　　在高加索北邊的庫班河（Kuban）地區，
曾經從柯勒姆斯之墓、烏爾斯克之墓（tomb of
Ul'skj）、七兄弟之墓（Tumulus of the Seven
Brothers）、伊萊沙維廷斯卡亞之墓（Tomb of
Elizavetinskaya）發現最華麗的墓葬品。它們
表現了米奧托斯基泰（Meoto-Scyth）文化。
在柯勒姆斯之墓內發現的許多物品，其裝飾圖
案源自近東和愛奧尼亞的圖像元素，但製作手

法則呈現本地風格，最明顯的例子是一面鑲嵌金箔的純銀鏡子：鏡子的裝飾分成8個區，有一些神話圖案，如月神（Potnia Theron）、獅身人面像、與動物打鬥的英雄。至於希臘的影響，可在烏克蘭的托爾斯塔亞莫吉拉（Tolstaja Mogila）古墳中看到，其內的黃金胸牌交替裝飾著動物和遊牧生活，以及獅身鷹首獸的神話場景。獅身鷹首獸是一種圖騰動物，也是太陽與皇室的象徵。從動物的動作所製造的裝飾效果，以及自然特徵的刻意掩飾，都可顯露本地風格。就連飾板、搭釦和戰車的裝飾元素，都看得出本地風格。例如，烏爾斯克之墓有一面戰車的後方飾牌，是以鳥喙為主要構圖，身體的部分僅以簡單的裝飾螺旋紋來代替。

一般來說，墳墩會有一條壕溝，通常排列著木板並覆蓋蘆葦草蓆，墓室就位在壕溝裡頭。在壕溝上方則以泥土和石頭為建材蓋成墳墓。墳墓一旦蓋好就很少會重新打開再葬入新

198－199上圖 這面飾板發現於毛鳥素沙漠（Ordos Desert）地區（西元前3世紀），上面的獸形風格已臻最高表現極致，精采地描繪奇獸大戰陸龜。

198－199底圖 動物藝術是草原民族的典型特色。在這把短刀鞘上，和諧地融合了希臘世界（西元前4世紀末）藝術的諸多元素。

的屍體，儘管這個習俗在索洛卡很常見，但是索洛卡最古老的墳墓仍遭到劫掠。在這座古墳的外圍有另一座較新的墳墓，仍保存相當完整。這座新墓裡有數間由走廊相連的房間，其中最大的房間內有3個不同大小的壁龕。最大的壁龕內放著一名男子的屍體，他的手臂戴著飾品，頭上戴著希臘式頭盔。屍體旁邊有一把梳子，是希臘斯基泰（Graeco-Scythian）藝術的精品，裝飾著遊牧民族之間的戰鬥場景。中央有一名騎士，正把敵人從受傷的馬上拉下來，這頭馬則躺在兩名戰士中間的地上，旁邊第三個人則佩戴短劍、盾牌和裝弓箭的袋子。

從西元前4世紀起，這樣的墓葬儀式成為習俗，每座墳墓只供一個家族使用。墓葬品中有希臘文物，這顯示斯基泰貴族的高度希臘化。從刻赤（Kerch）半島的墳墓中發現，斯基泰貴族遺體都放在裝飾精美的彩繪木製棺材中。不過，希臘文物的數量後來逐漸減少，代

之以在當地製造、完全未受外國影響的物品。

在西元前1000年期間，哈薩克南部住著提格拉柯達薩迪人（Tigrakauda Saka），他們以石頭和泥土層層交替來建造墳墓，並在外部圍著一圈石頭。在巴沙提爾（Bassatyr）的墓地有31座不同大小的墳墩，其中被稱為「大墳墩」的墳墓，它的形狀是截短的圓錐形，並以螺旋方式環繞94個圓圈。

一般薩迪人的墓地和貴族相比，在結構上迥然不同。從卡爾加利墓地（Kargaly

necropolis）發現，他們的屍體都是放在木製棺材裡，再放進壕溝、覆蓋上樹幹。薩迪晚期（西元前5世紀到西元前4世紀）的墓地，土墩頂端通常有固定在土裡的石製同心圓圈。墓葬品包括鍋子、祭壇、焚香爐。祭壇上還殘留著葬禮宴席剩餘的牲禮。

雖然我們對遊牧民族葬禮習俗的認識，多來自高加索和烏克蘭的古墳，但藉由最近在東邊的哈薩克南部和東部的發現，讓我們對薩迪部落有更進一步的了解。

200上圖右　戰車通常會裝飾銅製的飾牌。圖為西元前7世紀到西元前6世紀、烏爾斯克之墓的飾牌，用的是「全鳥喙」的鳥類圖案。

200中圖左　這塊小飾板上有典型的雙輪車，這種車輛是遊牧民族用來穿越歐亞草原的交通工具。

201上圖　這面顏色豔麗的飾板，是來自毛烏素沙漠區域的草原（西元前3世紀）。飾板上有兩隻駱駝，分立在樹的兩旁，裝飾外框的蜂窩圖案原本嵌有半珍貴寶石。

201底圖　這只西元前5世紀的美麗銅製搭釦，圖案是一頭麋鹿被野貓攻擊、一條蛇在攻擊草食動物（以角的螺旋紋來表現）。獸形風格將這兩個場景簡化，並且統一成一個較大的構圖。

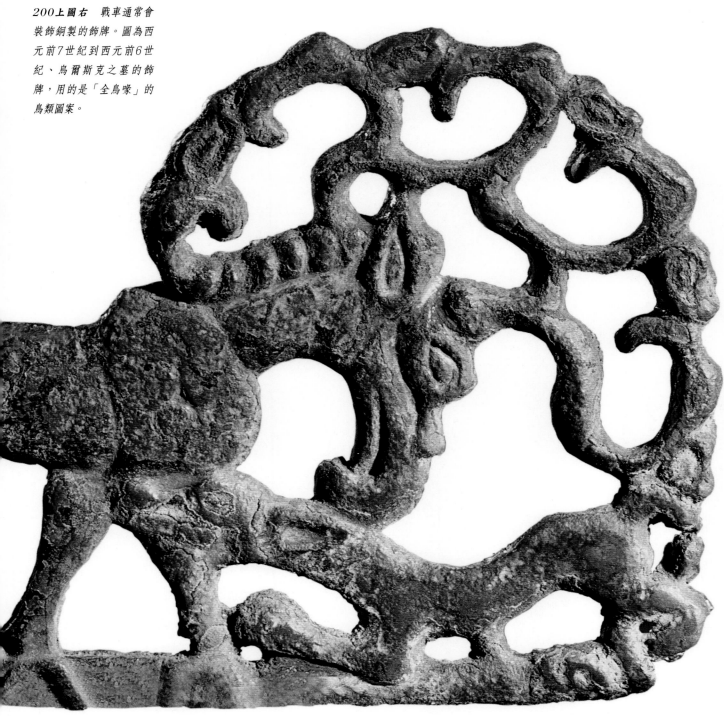

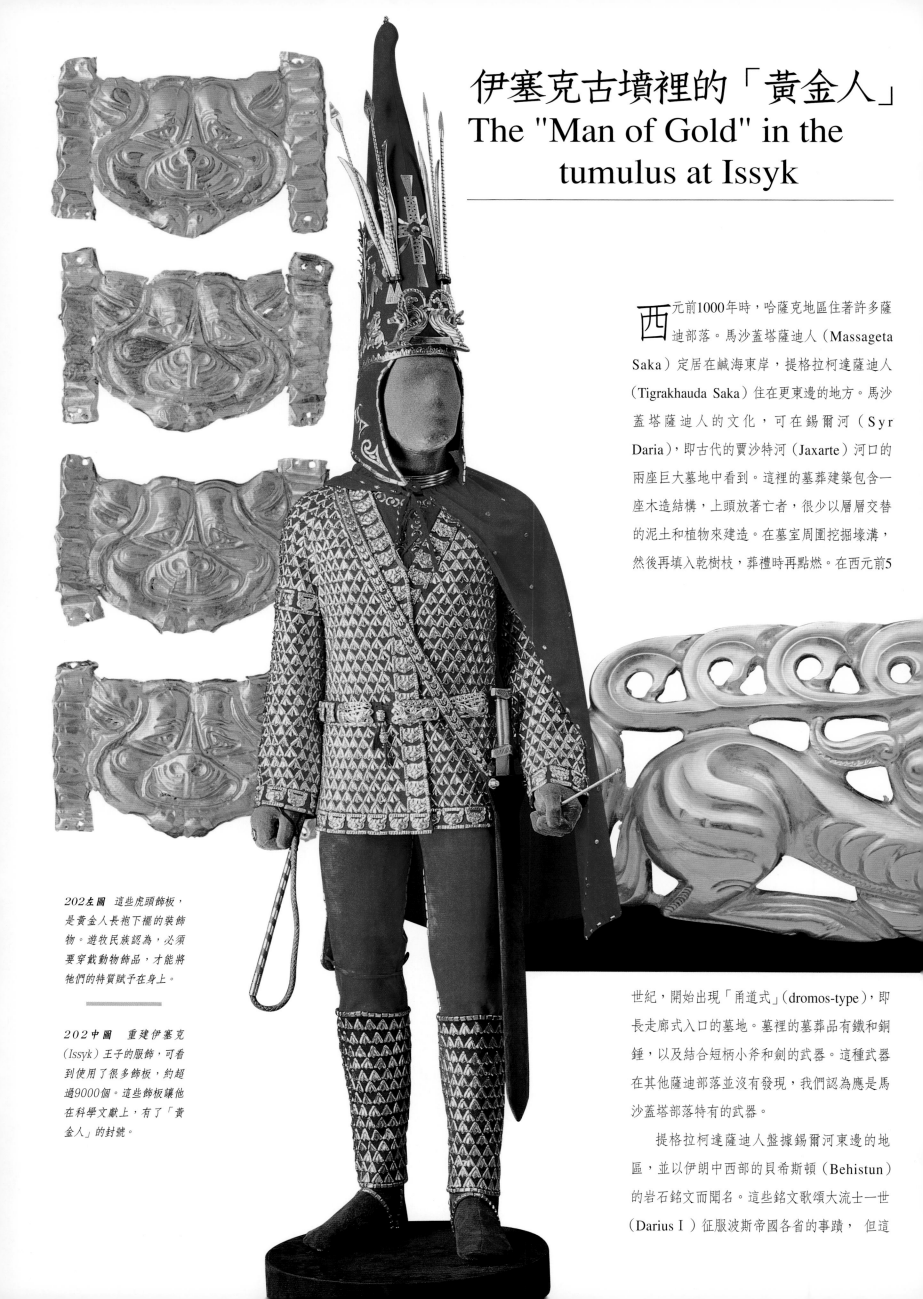

伊塞克古墳裡的「黃金人」
The "Man of Gold" in the tumulus at Issyk

202左圖 這些虎頭飾板，是黃金人長袍下襬的裝飾物。遊牧民族認為，必須要穿戴動物飾品，才能將牠們的特質賦予在身上。

202中圖 重建伊塞克（Issyk）王子的服飾，可看到使用了很多飾板，約超過9000個。這些飾板讓他在科學文獻上，有了「黃金人」的封號。

西元前1000年時，哈薩克地區住著許多薩迪部落。馬沙蓋塔薩迪人（Massageta Saka）定居在鹹海東岸，提格拉柯達薩迪人（Tigrakhauda Saka）住在更東邊的地方。馬沙蓋塔薩迪人的文化，可在錫爾河（Syr Daria），即古代的賈沙特河（Jaxarte）河口的兩座巨大墓地中看到。這裡的墓葬建築包含一座木造結構，上頭放著亡者，很少以層層交替的泥土和植物來建造。在墓室周圍挖掘壕溝，然後再填入乾樹枝，葬禮時再點燃。在西元前5

世紀，開始出現「甬道式」（dromos-type），即長走廊式入口的墓地。墓裡的墓葬品有鐵和銅錘，以及結合短柄小斧和劍的武器。這種武器在其他薩迪部落並沒有發現，我們認為應是馬沙蓋塔部落特有的武器。

提格拉柯達薩迪人盤據錫爾河東邊的地區，並以伊朗中西部的貝希斯頓（Behistun）的岩石銘文而聞名。這些銘文歌頌大流士一世（Darius I）征服波斯帝國各省的事蹟， 但這

些省分卻在他登基時造反。大流士一世在位的
第一年,斯基泰部落利用亞述(Assyria)、巴
比倫和埃蘭(Elam)局勢混亂的機會往西遷
移。大流士一世敉平戰亂後,遷徙回東邊地
區,並把遊牧部落重新趕回他們原處,重建皇
權要求他們進貢。大流士一世抵達一處沼澤
後,也許就是鹹海,他發現這裡的水位幾乎全
年都很低,就其原因是為了灌溉而挖了許多水
道,從阿姆河(Amu Daria)和錫爾河引水出
來。這時他才明白他所接觸到的並不是馬沙蓋

塔部落,也不是波斯文獻所記載的霍馬瓦加薩
迪人(Haumavarga Saka),而是一個戴著特殊
尖帽子的新部落。從考古研究顯示,哈薩克南
部和西部低區的平原,從西元前8世紀起人口
就很稠密;也就是在這裡,發現了數量極多的
古墳型墓地,墓裡的陪葬品燦爛奪目,考古學
家稱其為「皇家墳墩」。提格拉柯達薩迪人的古
墳,有很深的中央壕溝,裡頭有排著木板的墓
室。葬禮完成後,墳墓便以石頭和泥土層層交
替的方式建造起來。

近年來最重要的發現之一,就是在首都阿
拉木圖(Almaty)附近的伊塞克墓地,這片墓
地是由哈薩克考古學家挖掘,含有40座不同大
小的古墳;南區有一座直徑約60公尺的墳墩,
是以砂礫、石頭和泥土層層交替的方式建造,
這種方式在塞米瑞克(Semirec'e)地區和祖昂
托比(Zuantobe)是典型的墓地建造技巧。在
這古墳的中央位置有一條含有墓室的壕溝,即
使在很早的時代能進入這間墓室,也會發現裡
頭已經空無一物。

202-203 這兩只裝飾長袍腰帶的搭釦,刻有背上長著巨角的麋鹿。背面還有獅身鷹首獸的頭部,顯示這件飾品是根據正統的獸形藝術來製作。

203上圖 這塊裝飾短刀把手的飾板,圖案是一頭身體扭曲的奔馳駿馬。

203底圖 伊塞克王子戴著兩只戒指;其中一只的戒面有一名男子的頭部,戴著放射狀的頭冠,可能是和密特拉(Mithras)教有關的太陽形象。

不過，在進一步挖掘後發現，在古墳南側還有第二間墓室，年代約在西元前5到西元前3世紀。這間墓室的建材是來自天山的木板，墓室為東西向。葬宴使用的花瓶沿著西牆和北牆放置，包括一只裝飾黃金飾板的碗，上頭刻畫著一隻可能是祭品的「全鳥喙」鳥類，以及兩只銀杯，其中一只有26個雕刻記號，代表亞洲最早的本土語言。裝飾著黃金飾板的蓆子，鋪在踩平的泥土地板上，地上有一具約18歲的年輕男子屍體，仰臥，頭部朝向東方。他穿戴的服飾完全裝飾著黃金飾板，包括一頂尖帽子、襯衫外覆短「袍」（kaftan）、腰際繫著腰帶、貼身的褲子、長靴。他的鐵劍放在木頭和皮革劍鞘內，擺在右邊，鐵製短刀也放在類似的刀鞘內，擺在腰部附近。刀鞘上裝飾兩塊黃金飾板，刻著一頭麋鹿和一匹奔馳的駿馬。鞭子也一起陪葬，木頭握把綁著金條，還有個小袋子裡頭有鏡子和紅石頭碎片。衣物上成千上萬片的長方形和三角形飾板，上頭刻畫動物和虎頭，這些閃閃發光的飾板上呈現生命樹、高山、雪豹和鹿，也裝飾他特有的尖帽，這在在顯示，這名少年是提格拉柯達薩迪部落的年輕王子。由於帽子上的裝飾便是當時波斯和印度宗教的象徵，因此這些裝飾更凸顯他的皇室身分。縫在紅皮革上的飾板圖案，刻畫著身體扭曲的雪豹

正要攀登高峰，巨角山羊的角沿著背部彎曲，
還有長在山上的生命樹，高山以金箔製成，並
作成之字形的形狀。這些都是古老東方的圖
案，與諸神世界有關。尤其少年帽子上的浮雕
黃金羊「法恩」（farn），更是代表皇家榮耀，
能賦予戴帽者天授神權。另一件重要的皇室象
徵，是兩匹以金箔木頭作成、長著巨角的帶翼
駿馬；葉片形箭矢從高山往上指，顯示王子的

身分是戰士，這也符合他在三個階級的薩迪印
歐社會裡皇室成員的地位。最後，刻畫著太陽
的長飾板，代表當時波斯和印度的宇宙象徵。

　　至於動物，則屬於一個我們一無所知的象
徵世界。牠們可能代表大自然的力量，藉由圖
騰形象，把力量傳給穿戴這個象徵的人。同樣
的，牠們可能也代表歐亞草原口耳相傳的古老
神話。

來自冰的王子
The Prince who came from ice

薩迪墓地大部分都位於哈薩克東部卡本山（Mount Kalbin）的南面和東面山坡，沿著伊爾提斯（Irtys）河與布克塔瑪（Buchtarma）河，最遠的有到阿爾泰山。一些所謂「皇家墳墩」也在這裡發現，其中有許多如今已被稱為「冰凍墳墩」。科學家已確認這地區曾經有過三個文化階段：最古老的由馬吉米爾（Majemir）墓地代表（西元前7世紀到西元前6世紀）；中間時期為貝瑞爾墓地（Berel necropolis，西元前5世紀到西元前4世紀），裡頭的墓室是以木板建成，馬匹也葬在裡頭；最近的一個時期則是在庫拉佐加（Kulazorga）墓地（西元前3世紀），亡者都放在石板製成的石棺裡再埋進土裡。嚴寒的冬天、深達地底7公尺的壕溝，加上建造墳墓的大量石頭封鎖了空氣，這意味著墓裡形成一個很深的永凍層，讓有機物質得以保存下來，不至於分解腐敗。

這個地區從遠古時代盜墓的活動就很猖獗，因此危害了有機遺體的存留。這樣的情形就曾經發生在圖艾克塔墓地（Tuekta necropolis）、巴夏達墓地（Barshadar necropolis）、卡坦達墓地（Katanda necropolis）和希布墓地（Shibe necropolis）。1865年在貝瑞爾挖出的第一座墳墩也有相同情形，墳墩的壕溝排著木板，裡頭有一巨大棺材，是以刨空的落葉松樹幹製成，上覆山毛櫸樹皮。在一般薩迪百姓的

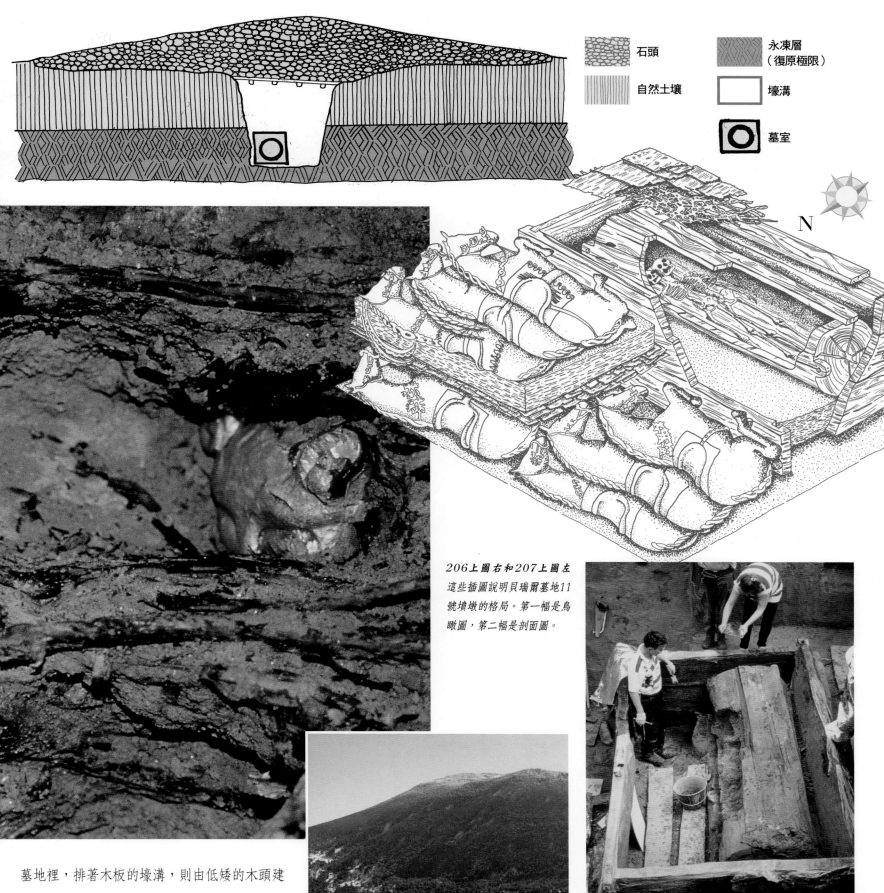

206上圖右和207上圖左
這些插圖說明貝瑞爾墓地11
號墳墩的格局。第一幅是鳥
瞰圖，第二幅是剖面圖。

墓地裡，排著木板的壕溝，則由低矮的木頭建
築取代，而且也不使用棺材。

除了墓葬品，墳墩裡很少有人類遺骸和有
機物質，女祭司阿克阿拉卡（Ak-Alakha）的墳
墩就是如此。這座墓位於烏洛克（Ulok）高原
的巴季里克（Pazyryk）皇家墓地，曾經在1929
年和1950年被發掘過。另一座位於貝瑞爾墓地
的11號墳墩，也有相同遭遇。貝瑞爾墓地蓋在
布克塔瑪河的天然階地上，從1998年8月起，考
古學家在此展開4座古墳的一系列發掘工作，其
中11號墳墩是第一座被發掘的。發掘工作由威
尼斯利加布研究與學習中心（Ligabue Research

206底圖左　裝飾著虎頭
的馬勒環；耳朵的螺旋紋
緩和老虎兇猛的形象。

206 - 207　這張照片顯
示木頭和金箔作成的馬勒
環，在永凍層被發現的那
一刻。

207中圖　這幅素描重建
貝瑞爾墓地11號墳墩的壕
溝。在北邊我們可以看
到，以刨空的落葉松木作
成的棺材，南邊分兩層，
葬有12匹馬，且馬飾一應
俱全。

207底圖右　在這間墓室
內，考古學家正準備把棺
木運送到阿拉木圖。

207底圖左　哈薩克東北部
的貝瑞爾墓地一景。

208上圖　這件金箔木頭飾品是隻造型獨特的山綿羊；羊身和羊角相反的螺旋，更加強色彩的效果。

208底圖　這塊金箔木頭小飾板上是頭麋鹿，裝飾在馬具上。

and Study Center of Venice）、巴黎國立科學研究中心（National Scientific Research Center of Paris），以及哈薩克的馬古藍學院（Margulan Institute）共同組成的國際考古隊，在法蘭克福（H.P. Francfort）和薩米謝夫（Z. Samishev）的指揮下，以及班妮諾娃（E. Barinova）的贊助下，聯手進行。

　　挖掘工作在1999年6月結束，挖出了一座西元前4世紀保存在永凍層中的皇家墳墓。雖然這座墳墓在遠古時代已遭劫掠，但位於地底下4公尺深的永凍層狀態良好，而位於地底下6公尺深的東西向壕溝也處於極佳狀況。墳墓裡的墓室在壕溝的北段。壕溝的南段有12匹馬的遺骸，馬匹身上裝飾精美的馬飾；分成兩層，上下各6匹馬，以樹皮和樹枝薄板隔開。盜墓者僅破壞

209上圖 羊形馬勒環在永凍層被發現時的模樣。

209底圖 這塊西元前6世紀的小飾板，刻畫的是獅身鷹首獸和草食動物互相纏鬥。飾板的希臘波斯風格，證明當時近東和中亞之間已有貿易往來。

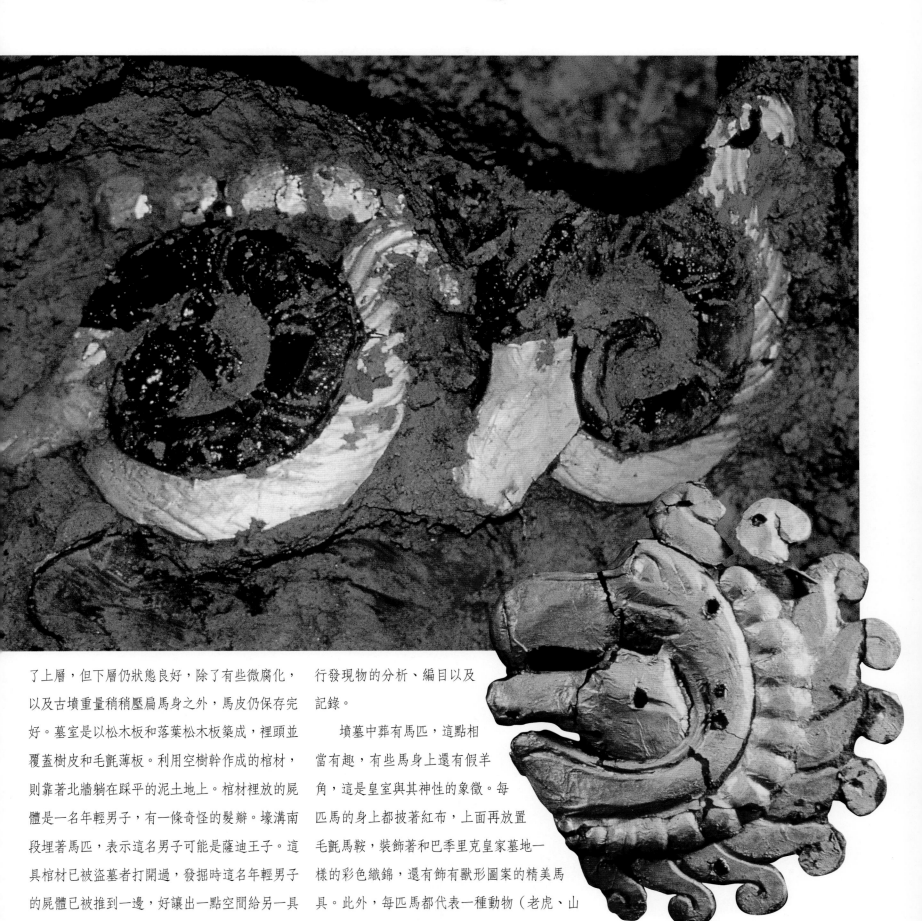

了上層，但下層仍狀態良好，除了有些微腐化，以及古墳重量稍稍壓扁馬身之外，馬皮仍保存完好。墓室是以松木板和落葉松木板築成，裡頭並覆蓋樹皮和毛氈薄板。利用空樹幹作成的棺材，則靠著北牆躺在踩平的泥土地上。棺材裡放的屍體是一名年輕男子，有一條奇怪的髮辮。壕溝南段埋著馬匹，表示這名男子可能是薩迪王子。這具棺材已被盜墓者打開過，發掘時這名年輕男子的屍體已被推到一邊，好讓出一點空間給另一具老嫗的屍體。這名老嫗的頭髮和衣物至今仍在。雖然兩具屍體都沒有木乃伊化，但因為厚實的永凍層保護了屍體，因此還能對他們進行檢測。

挖掘冰凍墳墩的困難度在於，必須讓發現物的狀態維持不變。因此必須把永凍層分割成好幾塊，然後放在冰櫃卡車裡，送到阿拉木圖，再進行發現物的分析、編目以及記錄。

墳墓中葬有馬匹，這點相當有趣，有些馬身上還有假羊角，這是皇室與其神性的象徵。每匹馬的身上都披著紅布，上面再放置毛氈馬鞍，裝飾著和巴季里克皇家墓地一樣的彩色織錦，還有飾有獸形圖案的精美馬具。此外，每匹馬都代表一種動物（老虎、山綿羊、麋鹿、獅身鷹首獸）的圖騰意義。這些馬匹都裝飾著金箔木頭飾板和馬勒環。飾板上頭雕著野生動物的頭、奔走的麋鹿以及動物打架的情景，馬勒環上則裝飾著優雅的羊形螺旋紋。這些裝飾都是草原文化典型的獸形風格。

考古學家又發現一片包以金箔的木頭，上面刻了一頭獅身鷹首獸正在獵捕一頭鹿，但只雕刻出這兩種動物的頭部。這是希臘波斯（Graeco-Persian）風格的構圖，這點可由獅身鷹首獸的長鬃毛看出來。但更重要的是它證明草原上繁榮的薩迪貿易中心，已經有了遠距離的貿易聯繫。

印度中央邦
桑奇的佛塔
The Stupa at
SANCHI IN
THE MADHYA PRADESH

210　桑奇大佛塔北面的陀蘭那（torana），是欄楯（vedika）的四個入口之一。欄楯環繞著佛塔的中央主體。陀蘭那就像華麗的大門，朝向四個方位，年代可追溯到西元1世紀。

211上圖　陀蘭那以各種象徵刻畫佛陀的生平。樹木代表祂的成佛以及圓滿無缺的精神狀態，因此也成為膜拜的聖物，就如同這塊位於西面陀蘭那的土磚一般。

211底圖　這是北面陀蘭那上第一楣樑的細部，記述佛陀離開塵世。

印度的文化世界，充滿燦爛奪目的藝術作品，而沒有太多的墓葬建築。一直要到西元12世紀，穆斯林入侵之後，才開始建造陵墓，很可能就是受到這樣的影響，一群定居在今日拉加司安（Rajasthan）的印度戰士，當時稱為拉傑普特（Rajput）的統治者，便開始在皇家火葬地點建造「寶蓋亭」（chattri），這是一種上方覆蓋圓頂的柱廊式寶亭。印度人對墓葬建築興趣缺缺，因為在印度文化中相信，人並非只有一世，而是以各種不同的身體進行無數次轉世。因此也就不必要重視亡者的遺體，因為亡者並非獨一無二，只要每次轉世，就會以不同的形體出現。

「輪迴」的理論講的就是不斷再生，根據的信念是，每個人一生中行為的總和，會造成一連串結果，其中只有一部分能於在世時享受到。這些行為的結果有很大一部分，在佛教稱之為「業」，會在某段時間內發展成熟，並且會決定每個人下個存在階段的命運；因此，每個人都可能藉著在這一世行善，為自己創造更好的來生。然而，終極目標並非改善個人的輪迴

狀況，而是藉由不再產生更多結果的個人行為，中止輪迴。從「業」以至「輪迴」的概念，是典型的印度世界，也是悉達多·喬達摩（Siddhartha Gautama）信仰的基礎。佛教的創始者悉達多·喬達摩於西元前6世紀證道成為佛陀（Buddha），亦即是「真理的證覺者」（Enlightened One）。悉達多證得深藏在每個人體內的真理，使其得到啟蒙。佛陀體認到折磨

人類與世間的痛苦，就是無止盡的無常、苦痛、虛空的現象，他發現到痛苦的根源就是人類無知的執著，他宣揚只有學習遊方苦行僧的無我才能脫苦，根據佛陀的指示，他的舍利分給當時出席佛陀葬禮中最重要的8位統治者，並且訓諭要在佛骨舍利上建造墳墓。據說就是「佛塔」（stupa）的由來，它是最重要的佛教建築；佛塔顯然是從遠古的土磚塚衍生而來，在西元前2000及西元前1000年時用來覆蓋重要人物的遺骸，不管他們是土葬或火化。即使後來火化比較盛行，佛教仍將佛塔賦予墳墓的意義，並將其轉化成佛陀以及跟隨佛陀的

（圖例）

A 一號佛塔或大佛塔　　C 三號佛塔

B 二號佛塔

212上圖左　東面陀蘭那的這幅雕板上，刻畫著皇家行列的局部，所有細節完美呈現，我們能據以推測當時的城市建築是好幾層的樓房，樓頂上還有木頭陽台。

212底圖左　雕板上大量使用動物和花卉圖案；位於西面陀蘭那雕板上的人物戴著頭巾，這是孔雀王朝時期典型的造型。

法師之具體象徵。佛塔作為聖所，具有許多象徵意義，它不僅引申為佛陀，也用來指佛陀的「達摩」（Dharma），達摩即佛陀的教義，代表宇宙及其起源。

在所有佛塔中最完整、最具代表性的例子是建於桑奇（Sanchi），距離中央邦（Madhya Pradesh）首府波帕爾（Bhopal）70公里的「大佛塔」。大佛塔由於位在兩條河流交會處的

212右圖　這塊位於東面陀蘭那的土磚，刻畫著在菩提樹旁產生第一座佛教聖地的情形。菩提樹是證道的象徵。樹的四周圍著木頭圍籬，還有一座有柱廊的寶亭，作為繞行儀式之用。

高地上，使它占有許多優勢，包括：擁有天然和孤立的隱修生活環境。大佛塔靠近一個曾經很繁榮的商隊城市毗底沙（Vidisha），即現在的貝斯納加（Besnagar），使佛寺有機會與商人交流，而商人是佛教的主要支持者。佛塔上的許多奉獻銘文，記載當地商人慷慨捐錢建造佛塔的事蹟。

桑奇從西元前3世紀興建之後，直到西元13世紀，一直是一個很重要的奉獻地點。從此之後，佛教便在印度沒落，因而在前幾個世紀所興建的許多建築物，便成為研究佛教藝術演進的珍貴檔案。桑奇的名氣與佛陀生平的任何時期都沒有關聯，它之所以有名是因為阿育王（Ashoka）的一位皇后之故。阿育王是孔雀王朝（Maurya Dynasty）最偉大的皇帝，他來自毗底沙的一個富商家庭，於西元前3世紀支持佛教教義。佛教編年史記載，在斯里蘭卡（Sri

213　在東面陀蘭那的門窗邊框和楣樑之間，我們可以看到豐滿的樹仙女，她是採集娑羅雙樹上鮮花的仙女，也是大自然繁殖的化身，代表她的則是住在樹上的樹仙女夜叉。

桑奇的佛塔

214上圖、214-215
西面陀蘭那的橫樑尾端的
螺旋紋,是非常重要的裝

飾元素;它們象徵宇宙的
縮影,同時影射個人的疏
離與回返最深的內在。

214底圖 西面陀蘭那土
磚上所刻畫的陽傘,不只
是功能性的物品,同時也
象徵皇權與精神上的最高
地位。

215上圖 沿著雙層階梯,
遊客可以爬到大寶塔的基
座,進行順時鐘的膜拜。

Lanka)傳布佛陀教義的馬亨德拉(Mahendra)
王子前去探望母親,可能就是因為這件事情,
而建造了大佛塔最古老的核心部分,建材是燒
過的磚塊和灰泥。

　　這片古蹟被遺忘了好幾個世紀,直到1818
年才機緣巧合被泰勒(Taylor)將軍發現,並且
成為業餘考古學家和尋寶者探訪的地點。其修
復工作是於1851年展開,但要再過30年,才在
柯爾(Cole)少校的帶領下,針對50多座建築
展開有系統的挖掘,並由約翰馬歇爾(John
Marshall)完成這項工作。他於1912到1919年
擔任考古部的主管。

　　桑奇的主要佛塔是「一號佛塔」,也就是前

215底圖 佛塔基座上的這尊佛陀雕像，是西元5世紀笈多王朝（Gupta Dynasty）的作品。西元2到3世紀之後，才開始以人的形象雕刻佛陀，並給予這位佛教創始人天神般的外型。

悉達多是在菩提樹下證道的。

菩提樹本身成為供品，被包圍在木欄裡，訶密迦正是象徵木欄，後來逐漸轉化成祭拜的寶亭。

軸上的三把寶傘，代表佛教的三寶：佛陀自己、僧伽（Sangha）和法，也就是佛、法、僧。雖然在軸下方的特別密室裡，並未發現聖骨匣，但軸本身仍是佛塔的核心所在，因它象徵佛陀的存在。同時，佛塔具有明顯的創世與

面所指的「大佛塔」，它的直徑達36.6公尺，包括頂端在內的高度為16.46公尺。目前的佛塔為西元前3世紀的建築，當時阿育王以當地的砂岩磚塊，再覆蓋一層厚厚灰泥，在塔身內建造一座小建築，還增建幾座新建築。佛塔矗立在稱為「欄楯」的圍牆內，它的木板條接合的原始結構還清晰可見。欄楯有四道門，或稱為「陀蘭那」，都是建於西元1世紀，門的兩根柱子上有3根彎曲的橫楣樑，由正方形的石塊以及騎乘大象和馬匹的騎士行列隔開。妖嬈多姿的樹仙女，從門窗邊框的柱頭板伸向第一根楣樑的螺旋紋，整座陀蘭那上面都裝飾著華麗的淺浮雕。

佛塔分成三部分：高高的圓形基座，或稱「基台」（medhi），代表大地；立在基座上、圓頂形狀的塔身，影射天空，由於被稱為「安達」（anda），因此也指漂浮在原生水域上的宇宙「卵」，宇宙便是從中孕育而生；正方形護牆「訶密迦」（harmika），象徵佛塔環繞的中心，上面挺立著「軸」（yasti），以同心圓磚塊和填料交疊建造而成，並「壓縮自己」成為理想的立體螺旋，最後鋪上一層石頭。軸是陰間、塵世和天界之間的聯繫，象徵「世界的軸心」（axis mundi），在印度世界中，以高山或宇宙樹代表。其實，訶密迦和軸指的既是高山也是宇宙樹，不過佛教界似乎偏好樹的形象，因為

形上意義；例如，圓形的安達代表萬物有週而復始的特性，也就是說，佛教界認為樹就是永不中斷的生命輪迴。同時，樹也以無盡的同心圓年輪，複製世界的神祕結構。同樣的，欄楯不只將聖地與塵世分開，也象徵環繞宇宙的高山。陀蘭那同時也有引領入門的象徵意義，是俗世與聖界之間的溝通境地，一進入神廟範圍，就會產生精神轉換的密碼。

決定聖界的理想十字架，十字手臂從中央伸出，落在圓盤的四個定點。四座陀蘭那從右向左分布，把十字轉換成「卍字」（svastika），象徵太陽與時間。但十字交會的中心點，就是佛陀本身，因為他是「真諦」

桑奇的佛塔

216上圖 這塊圓碑裝飾在二號佛塔的欄楯上，上面刻畫著一頭大象，充滿象徵意義：大象代表雨水、繁殖。根據傳說，佛陀的母親就是夢到白象，預示她將產子。

216底圖 二號佛塔並沒有陀蘭那。這座佛塔可能和三號佛塔一樣，建於西元前2世紀，裡頭有許多佛教法師的遺骸。佛塔的中心聖所，使佛塔成為神秘的建築。

（Absolute），是「第一因」（First Principle），也是太陽與時間的起源。卍字伸向外圍，象徵宇宙起源以及教義傳布，意指佛陀的教義（達摩）平均的傳向宇宙四方。

佛塔和欄楯之間的走廊，是為了進行繞行膜拜的儀式之用，要依循太陽路徑，以順時鐘方向繞行建築物。由於佛塔是一座封閉的建築，因此奉獻祭拜只能在外面進行。桑奇的大門上並沒有悉達多（佛陀）的圖像。

建造陀蘭那時，比較盛行的佛教思想是較古老且傳統的南傳佛教（Theravada），也稱為小乘佛教（Hinayana）。這派思想認為佛陀就是教義的化身，而較不注重佛陀身為法師的人性部分。因此，顯現在淺浮雕上的佛陀都是象徵的形象，像是腳印象徵祂的存在；樹象徵祂

的證道；陽傘象徵祂在僧團裡的無上地位；法輪象徵教義的傳布，而佛塔則是歌頌祂證得「涅槃」（nirvana，從無盡且痛苦的塵世中解脫）。然而，藝術家的創造力，還是從《本生經》（Jataka）中找到豐富的表現素材。《本生經》是描述佛陀前幾世的各種現身。

附近的「三號佛塔」，更小也更簡單。它建造的時間和較大的佛塔差不多，但和西元1世紀的其他佛塔一樣，前方有一座門。雖然藝術價值較低，但這座佛塔在宗教上的重要性卻更大，因為它含有兩座石棺，裝有舍利弗（Shariputra）和目見蓮（Maugdalyayana）的遺骸，他們是佛陀著名的弟子。

距離更遠的「二號佛塔」，矗立在320公尺高的山峰下方的人造階地上，在聖骨室內，至

少安放三代著名佛教法師的遺骸。不過聖骨室的位置卻很奇怪的偏離中央。它很像三號佛塔，建造年代可能也是西元前2世紀，不過並沒有陀蘭那，但它的欄楯上裝飾著簡單、古典的場景，還有華麗的花卉和動物圖像。

在桑奇山丘上，還有其他許多保存狀態各異的佛塔，裡頭並沒有聖骨，而是放著朝聖者的供品。這些佛塔視大小而定，以磚塊或石頭蓋成，本來還塗有粉飾灰泥並上漆，它們顯示了佛塔傳統的墓葬功能，逐漸轉變成為紀念歌頌的功能。佛塔代表佛教世界的完整，最高指導就是世尊，救贖的訊息在教義裡，虔誠的信眾就是僧侶和在家居士。

216-217上圖 三號佛塔並沒有欄楯，且只有一座陀蘭那。由於這裡安放有兩位佛陀嫡傳弟子的遺骸，因此膜拜的信眾相當的多。

216-217底圖 三號佛塔的陀蘭那，是由4尊女夜叉所支撐著；這是好兆頭的象徵，因為女夜叉乃是賜予物質和精神寶藏的仙女。

217底圖 三號佛塔的陀蘭那上的石板，雖然製作品質較粗糙，但仍然刻畫著有趣的象徵圖像，圖中是人與海蛇纏鬥。

吳哥窟
The ANGKOR WAT complex

東埔寨 Cambodia
吳哥（Angkor）

西元9到14世紀間，中南半島最偉大也最引人注意的帝國，在東埔寨繁榮壯大。這個帝國早在西元1世紀就深受由婆羅門（Brahmans）傳進來的印度文化所影響。婆羅門是印度的僧侶階級，他們以商人隨從的身分來到中南半島，並且因為豐富的祕傳知識而受邀留在當地宮廷。

高棉的統治者依據傳統的印度建築規則，以象徵手法表現深奧的宇宙和形上主題，建造自己國家的建築，如今仍保存在東埔寨的許多神廟中，尤其是在希姆雷亞布（Siemréab）地區的神廟，就是本地和外來元素豐富融合的明證。本地高棉人對祖先和聖山的祭拜是融合了印度人對宇宙統治者的理想觀和須彌山（Mount Meru）的神話，他們認為須彌山是宇宙神山，也是世界的中心和軸心。

西元11世紀時，第一次在聖山荔枝山（Phnom Kulen）舉行盛大的「提伐羅闍」（devaraja，即轉輪王）祭拜，或稱「神王」

的婆羅門儀式。儀式表現印度最偉大的神明「濕婆」（Shiva），祂現身在國王閣耶跋摩二世（Jayavarman II）面前，賦予他宇宙保護者的身分，並擔任神在塵世的代言人。為了證明自己的神力，濕婆賜予國王「林伽」（linga），也就是一個濕婆象徵，形狀像生殖器的石頭。從

218上圖 假窗的樣式，靈感可能來自竹子的外形，用來減輕門廊的水泥重量感。

218底圖 神山須彌山的象徵，於宇宙之海中升起。吳哥窟分成三層基台：第一層的十字形迴廊，通往第二層基台，上面矗立著第三層基台的5座高塔。

218 - 219 吳哥窟由蘇耶跋摩二世（Suryavarman II）建於西元12世紀前半葉，大門位於西正面。吳哥窟的方位似乎證明它具有墓葬的功能。

（圖例）
A 連接神廟和外圍牆的石板路
B 十字形的平台
C 第一道圍牆（淺浮雕門廊）
D 十字形的迴廊
E 圖書館
F 第一層基台
G 第二層基台
H 第三層基台
I 主聖殿

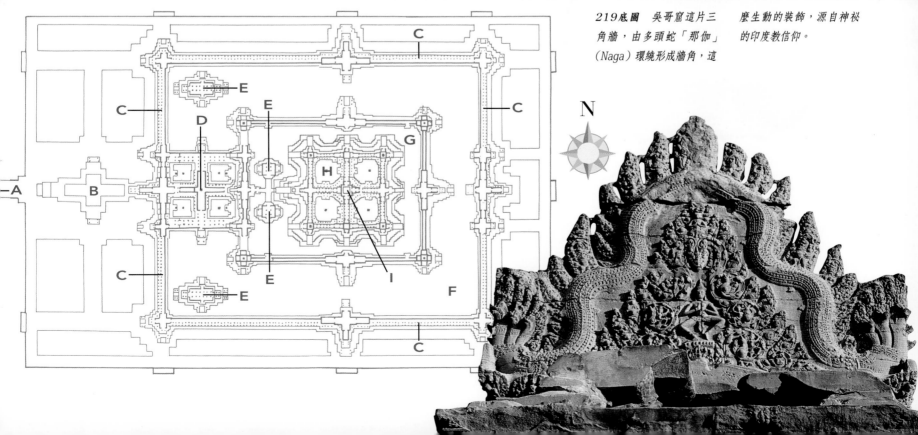

219底圖 吳哥窟這片三
角牆,由多頭蛇「那伽」
(Naga) 環繞形成牆角,這
麼生動的裝飾,源自神祕
的印度教信仰。

N

那時起，這件聖物就成為轉輪王的神力象徵。

　　於是，每位統治者在位期間都會建造自己的神廟安放林伽，當作皇權與神力的象徵，或安放他認為是自己化身的神明圖像。

　　當國王駕崩時，他的神廟又增加了一個皇家陵寢的功能。最有權勢的轉輪王也會為他的親人建造神廟，以便祭拜祖先，神聖的神廟因此成為後代子孫之間的聯繫。大部分的高棉神廟因此具有墓葬的功能，更重要的是國王已經被神化，於是國王在世時是神的代理人，死後，當然也成為神。

　　神廟統合所有象徵，是受到印度教宇宙起源神化的影響，尤其是關於「攪乳海」的這則神話。多虧諸神和惡魔利用宇宙山當攪拌棒，攪亂海水，宇宙因此得以從液態、原初的混沌

叢林裡的幻象

220-221 1866年，「湄公河探險委員會」組了一支探險隊，德拉波特（Louis Delaporte）是其中一員，當時他畫了這幅異國情調的吳哥窟繪畫。

220底圖左 這幅13世紀巴榮寺（Bayon）的畫，也是德拉波特的畫作，其他還有許多畫，都交由委員會發表。

220底圖右 通往吳哥窟的石板路和大門，是德拉波特這幅畫的主題。

中浮現生成。神廟山因此建造在象徵原初海水的池子中央，生命就蘊藏在海水裡，等待化生。同時，轉輪王也給予人類生命：他建造集水的人工湖（baray），使其成為高棉城市和宗教建築的中心，以及和這湖連接的運河網路，國王負責治水、開發水源，為人類和動物止渴，灌溉稻田和農作物，並增加貿易。如此一來，攪乳海的神話，以及世界的誕生，便能夠以實際呈現功能的方式來表現，藉此合理化轉輪王的權力了。

原本須彌山是以一種轟立在階梯金字塔基座上的正方形高塔神廟為代表，這是一種較古老的「高塔式寺廟」（prasat），但很快就演化成五塔神廟山。五座高塔代表須彌山的五座山峰；四座立於神廟的四個角落，一座位於中央，全都由列柱式長廊連接起來。正如同諸神住在聖山峰頂的仙宮一般，國王也在神廟頂端建造美輪美奐的寶亭；神廟因此成為陵寢，也成為禁絕尋常百姓參與的神祕儀式之場所。

最著名的墓葬古蹟就是轟立在吳哥（Angkor）平原上的吳哥窟（Angkor Wat）。吳哥是高棉帝國的首都，由蘇耶跋摩二世在1113年到1150年間建造。以前曾被稱為「毗濕奴的神聖居所」（Sacred abode of Vishnu）。毗濕奴是蘇耶跋摩二世的化身神，他也以這位神的名字命名。但現在這裡被稱為吳哥窟，亦即「皇家寺院城市」的意思；這是因為闍耶跋摩七世（Jayavarman VII）在13世紀發起宗教革命，當時高棉帝國篤信佛教，吳哥窟於是從毗濕奴的聖殿改成佛教寺院。

吳哥窟位處於11世紀建造的耶輸陀羅補羅（Yasodharapura）古都的東南區，神廟範圍估計有1500×1300公尺，內部空間約有2平方公里。周圍有條大約250多公尺寬的護城河，並有階地可通往。由於現在僅存的建築物僅占大約10萬平方公尺，推論以前應該有一連串木造

222-223 第一層基台
圍著開放式門廊，四個方
位的入口上裝飾著樓塔，
角落有十字形寶亭，如照
片中前景所示。

222底圖 大道兩旁的護
牆圍繞著俯瞰大門的十字
形平台。護牆上有五頭和
七頭的那伽，那伽象徵彩
虹，被認為可帶來雨水。

223上圖 兩座圖書館矗
立在外圍牆的大道兩旁，
可經由三座樓塔通抵。

223底圖 外圍牆門廊的
西北翼，角落有座十字形
寶亭。

那伽是五頭或七頭的蛇，雖然是印度教圖案，卻也融合當地的水龍造型。水龍帶來雨水，以及連接天地的彩虹，因此被選來裝飾連接俗世和聖界的大道。

外圍牆的前方有條拱頂長廊，長廊的雙重走廊圍著一道堅固的牆，牆外立著一根根的圓柱。要先穿越高起的開放式長廊，才能進入主要大門。長廊有三扇十字形大門，每扇門上還頂著樓塔（gopura），這是一種借自印度南部高聳的塔形建築。在長廊盡頭的左右兩旁，有兩條專供動物和推車通行的走道。另外還有三扇頂著樓塔的門，分屬第一層基台的每一邊。開向重疊寶亭內四個方位的門，則是歌頌皇權遍及四方。

遊客一進入這座聖城，觸目所及的是莊嚴的神廟山。另一條高起的石板大道，將近10公尺

叢林裡的幻象

和其他耗損建材的建築物，主要供祭司、神廟人員；或許也可能是供貴族和朝廷使用，因為看起來，國王似乎也住在吳哥窟。估計外牆內能夠容納2萬人左右。

吳哥窟面向西方這一點，一直引起不解和爭議，因為印度神廟建築以及從其衍生而來的高棉建築，在傳統上都是面向東方。蘇耶跋摩二世對於吳哥窟建築方向的決定，可由葬禮和相關儀式都是面向西方獲得證明，而這點也證

明了吳哥窟從一開始建造其實就是要作為陵墓之用。此外，若這座新城市和神廟面朝東建在耶輸陀羅補羅古都，那就會和既有的建築方向相反，這是很不吉祥的。

吳哥窟比例完美、四平八穩，以65公尺之姿矗立在吳哥平原上。進入吳哥窟前要先通過護城河。護城河位於250公尺長、12公尺寬的大道上，堤岸鋪著砂岩石板。大道兩旁列著華美的「那伽」矮護牆，通往第一道磚造圍牆。

寬，兩旁列著那伽，通往神廟。隔著固定間隔，每邊有六階的階梯可通往地面層，地面層曾有住屋和其他俗世建築。

走到大道的半路，就會看到兩座功能不明的建築，但被權宜的稱為「圖書館」，每座都有40公尺長。它們蓋成十字形，有三條走廊和一個拱頂天花板，四邊都有多柱式門廊，可經由階梯通抵。更遠處，在神廟大門前方有兩座長方形池子，大道開向一座十字形雙層平台，下

諸神的高山

層立在類似椿的短圓柱上，這種建築特色是柬埔寨建築的基本結構。

平台是通往長廊的主要入口，由交疊的門廊所形成，環繞吳哥窟的第一層基台。長廊蓋在有繁複腳線裝飾的高起柱基上，覆頂的柱廊環立在有假牆的拱頂走廊兩側。長廊形成187×215公尺的長方形，上面刻有綿延達500公尺的淺浮雕。在主要入口寶亭的兩側有兩階階梯，由地面通往入口，與此相同的構造，在第一層基台的後方一再有系統的重複。其他兩座十字形的寶亭和階梯，則開往兩側的圍牆。階梯也巧妙的運用在環形長廊的角落，因而阻斷與上方屋頂的直角連接。

吳哥窟整體結構中最原始的元素，就位於第一和第二層之間：亦即十字形的迴廊。三條平行走廊，從第一道長廊的三個入口通往上層三座樓塔的階梯，和有三條走廊的第四道長廊

叢林裡的幻象

226 - 227 髮式繁複華麗的女神，在最後一層基台的門廊上露出神祕的微笑，午後的微風穿過敞開著的窗戶。

226底圖 吳哥窟裡的許多佛陀雕像，證明此地從西元13世紀開始，從印度教聖殿轉變成佛教聖地。

227上圖左 女神頭頂繁複的髮型、佩戴華麗的珠寶、腰繫薄紗裙。

×115公尺，矗立在圍牆內。十二階非常陡的階梯，通往第三層基台。這層基台每邊長60公尺。基台四周環繞著有列柱式窗戶的長廊，窗戶裡外都敞開；長廊的角落處立著十字形寶亭，入口上方的樓塔面向四方。第三層基台同樣也有十字形迴廊，是以四道長廊連接中央的高塔式寺廟和樓

直角交叉，因而形成四座小內庭。庭院位於高起的柱基上，又有階梯通往地面，由此可見，這幾座庭院曾經是佛寺儀式中不可或缺的聖水池。在十字形迴廊後方，寬敞的第一層基台容納了兩間「圖書館」。

第二層基台比第一層基台高6公尺，離地10公尺高，可從前方迴廊進入，也可從其他三側以及角塔內的階梯進入。這層基台不對外開放，所以長廊的外牆上沒有開口，但卻因為增建了有竹節柱的假窗而更加迷人。遊客從十字形門廊的中央階梯走出來後，便可見到兩座相連的小「圖書館」，一座挺立在矮柱上的高起平台，把圖書館和入口連接在一起。

13公尺高的平台成梅花形狀，面積達100

塔而形成的。迴廊雖然向兩側延伸，但整體結構卻有向上挺立的高聳感，42公尺高的中央高塔被四座塔包圍在中間，看起來有如皇冠。第三層代表須彌山上諸神的宮殿，只有最高祭司和國王才能進入；他們在此與中央高塔式寺廟內的神像做近距離接觸。

這樣的裝飾使整座古蹟更加完美：多邊形的

227上圖右 十字形門廊的主長廊，一度有貼金箔的木造天花板遮蓋住拱頂。背景處可看到無數的佛像。

227底圖 第二層基台的門廊，對外築了一道假牆，讓擅自闖入的人無法看到裡面。

國王變成毗濕奴

柱子分成十或十二圈，使結構產生共鳴且更輕巧；牆上平面雕刻著植物交織圖案，製造織錦的效果，1500多個「天女」（apsaras）和髮型繁複的「女神」（devata），從每個角落凝視著來訪者；海怪和那伽框圍住山牆和三角牆上的神話場景，長廊的淺浮雕也有海怪和那伽，且綿延不絕有如畫在石頭上的手稿。

由於這些淺浮雕強調吳哥窟的墓葬功能，因此我們解讀這些淺浮雕時，不能按照慣例從右看起，而是要從左看起。刻畫的主題全都是有關於毗濕奴的神話，國王就是把自己當成毗濕奴神，而且淺浮雕同時也象徵性的指涉統治者的一生。一開始先述說「攪乳海」，接著便是取材自偉大的印度史詩《摩訶婆羅多》（Mahabharata）以及《羅摩衍那》（Ramayana）的片段。在這兩部史詩中，毗濕奴化身為閻羅王（Yama）和黑天（Krishna），大戰妖魔。最後的結尾，便是刻畫閻羅王審判亡者。閻羅王是來世之王，以國王的形象來刻畫他。

蘇耶跋摩二世的神格化，把吳哥窟從陵墓轉變成為諸神的宮殿，並使它充滿了奧妙與神奇的氣氛。

228-229和229底圖
戰士們在庫魯斯特拉的激
烈混戰，非常寫實又充滿
戲劇張力的呈現。精確的
細節提供珍貴的資料來
源，讓我們得以了解當時
的戰爭配備。史詩《摩訶
婆羅多》歌頌印度神祇毗
濕奴的化身黑天，而蘇耶
跋摩二世認為自己是毗濕
奴的化身。

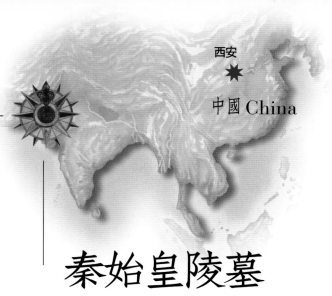

西安
中國 China

秦始皇陵墓
The mausoleum of the First Emperor of the QIN DYNASTY

（圖例）
A 外城
B 內城
C 銅車馬坑
D 封土原
E 一號坑
F 二號坑

230上圖 兵馬俑原本的武器被盜墓的義軍偷走了，他們損毀始皇陵，另立新王，建立了漢朝。

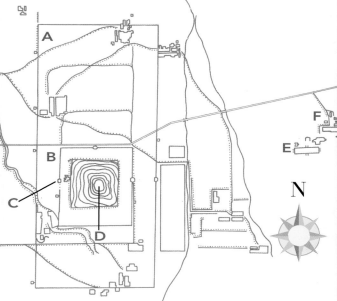

A

B

C

D

F

E

N

我們現今對中國古代生活、藝術、宗教和文化的了解，多半來自於對墳墓，以及墳墓裡陪伴亡者安息的華麗墓葬品的研究。若非整個中國文明自始至今皆很注重來世，否則，中國古代歷史將有許多篇章是空白的。

中國人耗費大量人力、物力和金錢，大舉興建紀念碑和陵墓，保留下各個不同時期最優秀的藝術傳統；這些建築的目的在於永久紀念統治者、帝王和皇室成員以及貴族，彷彿只要興建了恆久的建築，便能抵擋稍縱即逝的肉身存在。中國的墳墓斥巨資、耗人力興建，絕對

有資格稱為「永恆」，因為這些墳墓在建造時，便希望長久保存，永垂不朽，以致好幾個世紀過去了，這些雄偉的陵墓仍令我們震驚。由於這些陵墓的規模，足以讓它所歌頌的死者，持續存活在今人的腦海中；而且墓中死者的社會地位越高，墳墓規模越大，墓葬品也越華麗，如此方能反映出他或她在社會頂端中所占有的地位。

除了以所有能「誇耀」的手段及墳墓的規模，來凸顯亡者的社會地位外，中國人對死者，以及我們可以說是自身「福祉」的關懷，

230底圖 始皇陵中的銅車馬。寬敞呈傘狀的馬車頂象徵著天，事實上，中國歷代皇帝向來以「天子」自居。

230-231 一號坑挖掘於1974年，內有數千尊真人大小的秦始皇軍隊兵馬俑，呈戰鬥隊形。

造就了一種宗教模式，形成中國文化的基石之一：祭拜祖先。

祭拜祖先不只是一種對先人的簡單、行禮如儀的尊崇，也是活者生存的理由之一：亡者代表後代子孫之間的聯繫，強化個人在家庭與家族裡的認同感。成為家族系譜的一分子，有如打破了時間加諸在凡人肉體上的無常法則。中國社會各個階層普遍都會祭拜祖先，而一個人的社會階層越高，祭祖也就越重要、越要人盡皆知。這也是貴族和帝王的陵墓必須華麗氣派的原因。他們墳墓的四周常圍繞著家族成

員、效忠者或奴隸的墳墓，以代表來世和現世有著相同的社會階層，同時展現活者與亡者世界依舊強烈的延續著。這個延續同時也藉由墓葬品加以強調，讓墓主在來世能和在此生一樣，繼續使用相同物品。

從遠古時代起，「祭拜先人」便在中國扮演重要角色：在新石器文化晚期（約西元前3500年到西元前2000年）便有很多的證據，證明當時已開始形成層級分明的基本社會結構，這個層級結構反映在菁英分子的墳墓和墓葬服裝中。例如，在西元前3300到西元前2200年間，繁榮於華東太湖地區的良渚文化，其社會最高階層人士的墳墓，都裝飾著大量玉製的飾品和儀式物品。玉具有強烈的象徵意義，在中

國後來朝代的葬禮中，也扮演重要角色。在銅器時代的商朝（西元前16世紀到西元前11世紀），也是中國古代出現第一個國家形式的時代，帝王和貴族的墳墓都呈現紀念碑的形式，如在河南安陽附近所發現的皇家墓園，在這地區也發現商朝最後的首都。

十字形或深入地底的倒立金字塔形狀的廣大墳墓，顯示商朝的統治者已有能力管理廣大人力，並能取得銅這種原料，製造大量儀式用的鼎，以便準備並食用食物和飲料。這些儀式用的銅製物品，不僅是商朝主要的珍貴墓葬品，生者同時也用這些器皿來準備要獻給祖先的祭品。

雖然中國貴族的不朽故居，反映了葬禮和

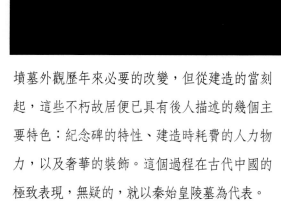

墳墓外觀歷年來必要的改變，但從建造的當刻起，這些不朽故居便已具有後人描述的幾個主要特色：紀念碑的特性、建造時耗費的人力物力，以及奢華的裝飾。這個過程在古代中國的極致表現，無疑的，就以秦始皇陵墓為代表。

西元前221年，在中國歷史中是非常重要的年代。周朝滅亡後，中國歷經戰國時代長時期的分裂和爭戰，終於在這一年，秦國在一個人的指揮下，征服殘存的敵國，統一天下。

秦始皇很清楚自己一統天下的重要性，以及這項工程的浩大，因此揚棄了中國統治者一

秦始皇陵墓

232上圖 兵馬俑的臉部，都是由技巧純熟的工匠手工模製，忠實複製軍隊中每個士兵的五官特徵。

232底圖 這是銅車馬坑當時出土的模樣，而銅車馬的修復是項耗時又精巧的工程。

232-233 秦始皇的大軍也包括騎兵，戰車對軍官十分重要。這張照片呈現挖掘過程中的馬俑。

233底圖 挖掘兵馬俑是項精細的工作，必須小心翼翼，因為經過這麼多個世紀，兵馬俑已經和四周的土壤混在一起。

直以來「王」的稱號，封自己為「始皇帝」。中國帝國由此展開，直到1912年2月，清朝（西元1644年到1911年）末代皇帝溥儀才告終。

秦始皇要永久安息的陵墓，從西元前246年，也就是他即位的那一年開始興建，而且直到西元前210年，秦始皇去世時還在施工。這座廣大的陵墓並未完全完工，它的目的是要象徵秦始皇的偉大與不凡，並記錄他的其他豐功偉業：統一天下以及修築萬里長城、各項工程與水利施工，統一書寫文字、度量衡和車軌等，以便更有效的管理新成立的廣大帝國。雖

秦始皇陵墓

然秦始皇希望秦朝「享國萬年」,但秦朝的歷史卻很短。

不過,秦朝在西元前221到西元前206年之間,經歷深遠、激烈、又持久的轉變。在這幾年間,秦朝變得茁壯強大。臨潼平原被選為興建陵墓的地點。此地離現代的西安不遠,就在新帝國首都附近,占地遼闊的陵寢,襯托著驪山,十分醒目。雖然陵墓經過多年風化已縮小很多,但仍能清楚標記秦始皇埋葬的地點。

始皇陵和中國主要朝代的皇家陵墓一樣,皇帝本身的墳墓尚未被挖掘,我們對葬禮、宗教儀式,以及中國社會最高階層墓葬品的了解,都是來自貴族或皇室成員墳墓的挖掘,以及經典的描述。始皇陵也是如此,漢朝(西元前206年到西元220年)史學家司馬遷對於陵墓內部的構造和內容都已做了描述。因此他的記載成為等待挖掘始皇陵、現代考古學家進行研究前,我們了解這座重要陵墓的基礎。

整片始皇陵可形容為秦始皇巨大疆域的「縮尺模型」。埋葬秦始皇的封土原,位於兩座長方形城牆的偏中間位置,城牆內還發現建築物遺跡,很可能是祭拜祖先的寺廟。封土原四周有坑道,在城牆附近則挖掘到下列物品:宮廷僕役和馬夫的陶土俑;兩輛類似秦始皇使用過的銅車馬的縮尺模型;殉葬者和溝道中的動物遺骸,可能象徵秦始皇的獵場;皇家馬廄以及嬪妃和皇室成員的墳墓。

根據司馬遷的描述,秦始皇的遺體躺在封土原內的一具華麗石棺裡,石棺安置在他所征服土地的模型中央,並以繁複的機械裝置控制水銀流動,象徵百川江河大海。拱頂以銅製成,鑲嵌寶石代表星空。這是一個迷你宇宙,而始皇帝就在中央,隨時能收放宇宙力量,並且受到一連串致命安全機關的保護,免遭褻瀆者的破壞。

這些全都顯示出當時的宗教信仰,以及秦始皇對長生不老的執著。秦始皇並未成功找到

234 這尊戰車手,伸出雙手握住韁繩,於一號坑內一輛雙輪輕型戰車殘骸的後方被發現。左上這尊兵俑的外層,還套著一件強化皮革方塊所縫製而成的外袍加以保護。

235 這尊栩栩如生的步兵兵俑,臉部充分展現出驕傲與無懼的表情。他的長髮挽成圓形髻,立在頭的一側。

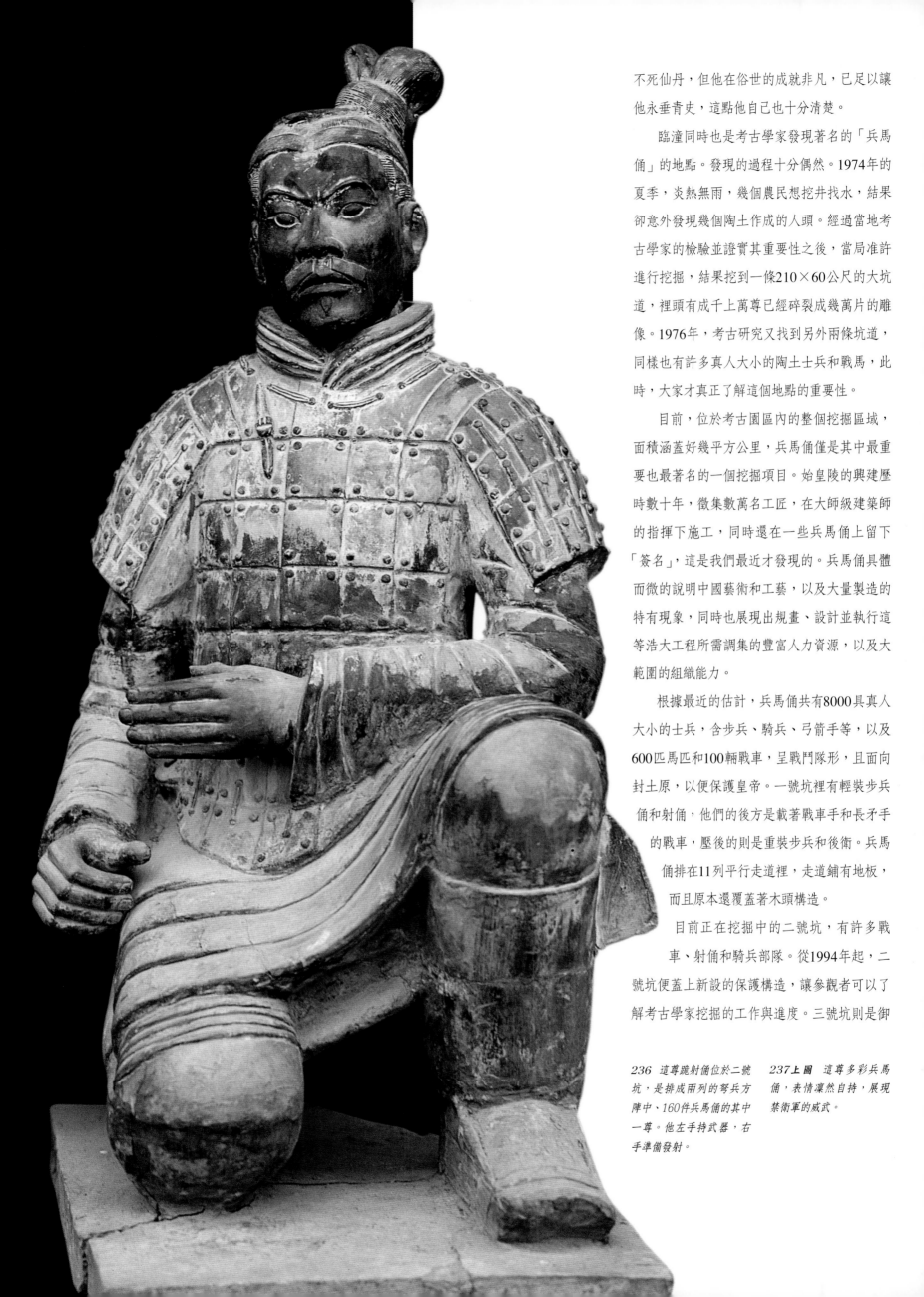

不死仙丹，但他在俗世的成就非凡，已足以讓他永垂青史，這點他自己也十分清楚。

臨潼同時也是考古學家發現著名的「兵馬俑」的地點。發現的過程十分偶然。1974年的夏季，炎熱無雨，幾個農民想挖井找水，結果卻意外發現幾個陶土作成的人頭。經過當地考古學家的檢驗並證實其重要性之後，當局准許進行挖掘，結果挖到一條210×60公尺的大坑道，裡頭有成千上萬尊已經碎裂成幾萬片的雕像。1976年，考古研究又找到另外兩條坑道，同樣也有許多真人大小的陶土士兵和戰馬，此時，大家才真正了解這個地點的重要性。

目前，位於考古園區內的整個挖掘區域，面積涵蓋好幾平方公里，兵馬俑僅是其中最重要也最著名的一個挖掘項目。始皇陵的興建歷時數十年，微集數萬名工匠，在大師級建築師的指揮下施工，同時還在一些兵馬俑上留下「簽名」，這是我們最近才發現的。兵馬俑具體而微的說明中國藝術和工藝，以及大量製造的特有現象，同時也展現出規畫、設計並執行這等浩大工程所需調集的豐富人力資源，以及大範圍的組織能力。

根據最近的估計，兵馬俑共有8000具真人大小的士兵，含步兵、騎兵、弓箭手等，以及600匹馬匹和100輛戰車，呈戰鬥隊形，且面向封土原，以便保護皇帝。一號坑裡有輕裝步兵俑和射俑，他們的後方是載著戰車手和長矛手的戰車，壓後的則是重裝步兵和後衛。兵馬俑排在11列平行走道裡，走道鋪有地板，而且原本還覆蓋著木頭構造。

目前正在挖掘中的二號坑，有許多戰車、射俑和騎兵部隊。從1994年起，二號坑便蓋上新設的保護構造，讓參觀者可以了解考古學家挖掘的工作與進度。三號坑則是御

236 這尊跪射俑位於二號坑，是排成兩列的弩兵方陣中，160件兵馬俑的其中一尊。他左手持武器，右手準備發射。

237上圖 這尊多彩兵馬俑，表情凜然自持，展現禁衛軍的威武。

林軍的總部，兵俑圍著一輛戰車排列，戰車上有一人物，可能代表整個軍隊的統帥。兵俑的製作分成兩個明顯的階段：在第一個標準化階段，是從附近的驪山挖掘取出黏土原料，經過準備，然後製成兵俑的基本軀殼，再經過層層塗抹和壓縮而形成兵俑的空軀殼。第二個階段，便會描繪上盔甲的細部，再仔細塗上鮮豔的色彩。不過，要等到獨一無二製造的頭部連上身體後，兵俑個別的五官和「個性」才鮮明的凸顯出來。每尊兵俑的獨一無二，表示每名士兵的長相都不一樣。

秦始皇陵墓

237底圖　這尊騎兵俑，牽著備好馬鞍的戰馬，於二號坑出土。他的左手原本配備著一把弩。

239上圖左　此為安平一
面墓牆的細部，牆上裝飾
著一排又一排的馬車。

239上圖右　漢朝只有在
建造墳墓時才使用磚塊和
拱頂。日常建築仍以木造
為主。

漢朝墳墓與葬禮
Tombs and funerary practices of the
HAN DYNASTY

238 - 239　漢墓中常見
一列列的馬車畫像。馬車
象徵靈魂要前去的旅程，
以及亡者的社會地位，就
如安平之墓所示。

238底圖　墓牆上有亡者
的畫像，他是漢朝的官員，
穿著紅色大禮袍，頭戴黑
色頂戴。

始皇陵從漢朝（西元前206年到西元220年）
開始就成為後世的典範，之後的朝代都
紛紛仿效建造華麗的皇陵。漢朝由劉邦創立，
他是反抗秦朝義軍的領袖。漢墓的特色是造型
多變且建造技巧多樣。這反映出時代更替以及
區域性傳統所產生的變化，當然也反映亡者的
社會地位。在漢朝墳墓裡常常可以看見亡者的
畫像，再加上其他圖像，形成牆面壁畫，尤其
是在洛陽附近發現的墳墓，最為明顯。

洛陽是漢朝的第二個首都。其中一座裝飾著壁畫的墳墓，於西元1971年在魯家莊被挖掘出來。這是河北省安平地區的一座小村莊。從墳墓裡的銘文可知，墳墓年代為西元176年的漢朝晚期。墳墓完全以磚塊建造而成，磚塊在當時是專門用來建造墳墓，其他形式的建築多採用木頭為建材。安平墳墓分成10個廳，主廳就是墓室。我們在墓室裡發現亡者的壁畫像，他是漢朝的朝廷命官，穿著正式的紅袍，正襟

危坐。他身旁有幾乎無止盡、一排排由馬匹拉著的車，墓室的牆上畫滿了交互相疊的馬車：馬車象徵亡者的崇高地位，以及靈魂前往來生的旅程。

漢墓除了以磚塊建造而成，在四川所發現的墳墓，則是挖鑿山壁而建，而在山東發現的墳墓，也是挖山而建，規模則更大。漢墓內部通常分成好幾個墓室，就算不是蓋成宮殿，也會蓋成地底房屋的模樣，就像在徐州地區發現

的一座大型墳墓一樣。這座墳墓年代為漢朝最初的幾十年，從墳墓裡裝飾的圖案和圖像來看，漢人顯然偏好與來生有關的主題。漢人認為來生有神明和長生不死的仙人。仙人是一種擬人的生物，祂有人的形體，但身上長著羽毛，卻沒有真正的翅膀。

早在西元前5世紀，中國人就相信東海外的神祕島嶼上住著仙人，這些島嶼是世外桃源的仙島，住著神祕的生物，仙人守護著島上的

器」，明器是這些墓葬物品的傳統名稱，它們具有很強的法術和象徵力量，因為要代替真正的物品和人物，陪伴亡者長眠於地下。

漢墓的許多特色，逐漸成為後續朝代的葬儀傳統，例如在墓葬區興建「神道」。這是一條通往墳墓的大道，兩旁排列著石像。神道的起源仍不清楚，但有文獻提及，在春秋時代（西元前770年到西元前476年），有些諸侯會在墳墓上樹立巨大石板，上面雕刻著保護的圖像、家徽或來生的景象。

然而，最早文字記載，在墳墓建築使用石雕的年代，是在漢朝初期的霍去病之墓，霍去病於西元前117年去世，他是數度征討匈奴獲勝的大將軍。匈奴是中亞的一支遊牧民族，時常侵擾漢帝國的北方疆界。霍去病成功討伐匈奴，具有非常重要的意義，因此漢武帝(在位期間為西元前140年到西元前87年)為了紀念這位驍勇善戰的大將軍，特別為他在茂陵建造一座宏大墳墓予以厚葬。

茂陵是漢朝歷代帝王的陵墓所在地。霍去病之墓的形狀就像祁連山，因為霍去病曾在這裡大戰匈奴，贏得最重要的戰功。一群巨大石頭雕像立在墳墓上方及四周：上面刻有象徵神祕仙境的吉祥圖案，或是歌頌霍大將軍英雄事

「不死仙丹」，而這些不死仙丹，凡人想方設法要弄到手，包括秦始皇在內。為了追求長生不死，漢人特別研製「玉衣」來包覆亡者的遺體。這些玉衣是專為漢朝皇室和貴族而製，是以金線或銀線把成千上萬片玉片縫製成衣服。會使用玉，是因為漢朝的宗教信仰和民間法術相信，玉能保護屍體不會腐化。這種墓葬形式最著名的例子，就是中山王劉勝和妻子竇綰的金縷玉衣，他們包覆著金縷玉衣的遺體在河北省滿城陵山的墳墓被發現。這座墳墓挖鑿山壁而建，有如一座地底宮殿；裡頭有華美的墓葬品，包括鑲嵌銅製香爐、盛放供品的珍貴容器，以及許多金屬燈座。

漢墓藝術的主題，多是有關超自然的世界，這點可從在華中和華東所發現漢墓裡的壁畫和石頭淺浮雕，略窺一二。驅趕惡靈的人物、神明、神祕生物，以及描繪不死神仙和祂們的世界，遠遠超出與塵世生活相關的主題，如亡者的肖像、馬車行列，以及日常生活場景。然而，漢墓中有一個非常重要的元素，由和日常生活有關的物品具體來呈現，這就是彩繪陶俑，有人形俑（隨從、舞者、廚師、士兵）、獸俑，以及房屋和馬車模型。這些陶俑提供我們無價的資料來源，讓我們得以了解漢朝的建築、服飾以及其他許多面向。秦始皇死後，人和動物的殉葬逐漸減少，開始使用「明

蹟的圖像。其中最重要的是「馬踏匈奴」的石刻，比喻漢人戰勝蠻族。在20世紀初，法國探險家兼考古學家塞嘉倫（Victor Segalen，西元1878年到1919年）就是憑著這石刻，證實這座墳墓是霍去病之墓。

到了漢朝末年，神道已成為重要墓園的主要元素之一。墓園的布局包括一對標記墳墓範圍的石柱，以及神道兩旁的石像，而在神道盡頭則是墳墓本身，通常是座古墳，前方樹立一座墓碑，和一座安放供品的小神壇。

240上圖 霍去病將軍之墓附近的這尊石像上，刻有條紋，表示這很有可能是頭老虎。

240-241 劉勝之妻竇綰的這件墓葬外衣，精美絕倫，是由成千上萬的玉片縫製而成，每個細節都非常講究。

241上圖 這座鍍金銅燈，以跪坐的年輕隨從像呈現，是滿城墳墓裡的墓葬品之一。

241中圖 從這幅滿城墳墓的重建圖中，可以看見墓室，它的前方有間放滿供品的房間，和一條布滿馬車和馬匹的橫向通道。

242-243和242底圖左
陝西的乾陵是唐高宗和武
則天的陵墓。通往乾陵的

司馬道兩旁，林立著十對
的石翁仲。

242底圖右 同樣也在乾
陵，這些幾乎全都無頭的
雕像，是各國派遣前來高

宗葬禮憑弔的使節和代
表。他們的雙手交握在胸
前，代表尊敬和祝禱。

唐朝帝王陵墓

乾陵
昭陵

中國 China

The imperial mausoleums of the TANG DYNASTY

漢朝滅亡後，中國進入長達3個世紀的政治分裂，許多朝代同時興起。這些朝代由諸侯以及盤據北方的外族貴族所創立。在這麼長的時間裡，不同文化並存所產生的這個綜合體，為日後唐朝（西元618年到907年）偉大的藝術、文化、政治和經濟發展鋪路。這段時期被認為是中國歷史的「盛世」，且無疑的，也是四海一家最偉大的時期之一，並開啟了遠東國家接受外來影響與文化元素的時代。這個兼容並蓄的過程，在唐朝墳墓中顯而易見。唐墓的外觀、格局、內部裝潢和墓葬裝飾的形式，都和北齊（西元550年到577年）皇家陵墓的模式很類似。

這些地下墓室的構造，以深埋在地底的墓室為中心，整座墳墓的外觀像座人造古墳，由一條往下的長走道通抵。墓室的牆壁和走廊裝飾著華麗的壁畫，歌頌亡者以及他的社會地位。當然，壁畫也有宗教主題，入口並畫有門神以保護墳墓。延續漢朝傳統，墓裡也有小型雕像，複製一個縮小版的世界，裡頭住著婦女、馬夫、隨從和士兵，而陪葬品的形式和裝飾，則是表現中國人與外族以及遙遠外國的接觸和文化關係，展現出唐朝藝術特有的異國品味。

243中圖 這只銀製梳妝盒，以花卉圖案為底，裝飾著鳳凰，主人是一名唐朝貴族婦女。它被發現的時候，裡頭還有一把小剪刀和胭脂；現存於科隆的東方藝術博物館。

243底圖 這尊翼馬雕像（唐朝藝術常見的神獸）挺立在司馬道起點。

243上圖左 眾多的雕像和石頭浮雕，如這尊異國風情的鴕鳥像，仍安然地置於這座巨大複合的墳墓中，獨特的是，內部也有一系列建築和護牆，使墳墓轉變為護衛亡者的安全堡壘。

這些特色都可以在乾陵明顯看到。乾陵距離現代西安約85公里，西安也就是古長安，是唐朝首都。乾陵規模十分驚人，因為它是唐朝最大的皇陵。這座巨大的陵墓是建來安葬唐朝第三位皇帝高宗（在位期間為西元649年到683年），以及他的皇后武則天。在安葬這對皇室夫妻的古墳附近，有其他較小、已被挖掘的墳墓，是安葬懿德太子、章懷太子和永泰公主的地方。

唐高宗和武則天合葬在同一座墓，但陵墓尚未被挖掘。他們的墓是挖鑿一處天然高地而建成，並以人工方式加以擴大。安葬兩人遺體的古墳，從遠處就看得見，有一條長達3公里的司馬道通往陵墓，司馬道起點的兩旁列著華表一對，鴕鳥、翼馬各一對，石馬5對，翁仲10對。在司馬道盡頭，轟立兩座紀念石碑：左邊的「述聖記碑」上刻有唐高宗的功績，右邊的石碑則被稱為「無字碑」，按理說這座石碑應是獻給武則天的，但卻未完成。司馬道的右邊還有一群無頭雕像，代表前來參加高宗葬禮的外國貴賓和使節。雖然雕像的頭部都不見了，但雕像背後的銘文卻記載著使節所來自的國家，也因此證明了唐帝國幅員的廣大，以及唐朝與其他國家的關係，還有當時中國對亞洲其他民族深遠的政治與文化影響力。

雖然我們都知道這座廣大陵墓的外觀模樣，但其內部格局究竟如何，以及裡頭到底有些什麼物品，則要等到考古學家挖掘之後才能知曉。藉由挖掘其他唐朝貴族的墳墓，已得到

244 - 245　在陵墓入口樹立巨大石獅像以守衛保護的做法，就是從乾陵開始實施的。這項習俗取代了之前漢朝時期常使用的神獸。

246左圖　唐三彩雕像
中，最常見的主題之一就
是駱駝，且通常都是裝備
齊全。駱駝象徵絲路貿

易，是商人最喜愛的馱
獸，因為牠能抵擋中亞酷
熱的氣候。

許多重要發現，例如整組描繪唐朝宮廷豪奢、華麗生活的壁畫。壁畫上畫有女僕、隨從、侍女、樂師、舞者、閱兵行列、儀仗隊、珍奇異獸、外國人、狩獵景象和馬球比賽（源自中亞，深受唐朝貴族所喜愛）等。

唐朝墓葬藝術沒有太多超自然和魔法元素，而是詳實重現亡者所生活的世界與社會的真實樣貌。這種現實觀體現在許多以著名的「三種顏色」方法著色上釉的陶土墓葬雕像上。這種雕像通稱為「唐三彩」，它們常見的主題有：負載商品的駱駝，代表絲路沿途興盛的貿易；或是大宛馬，大宛馬是一種源於阿富汗的特別品種駿馬，從漢朝起就極受中國皇帝的喜愛。這些塑像反映唐朝社會的富裕，以及多采多姿又國際化的世界。當時唐朝首都長安，是亞洲最大、最繁榮、人口最多的城市，聚集著來自世界各地的人。唐朝社會文化的開放性，展現在藝術和圖像上，尤其是專門為貴族而製造的精緻物品，在陪葬品中也常常被發現，如裝飾著典型中國圖像和象徵的黃金或純銀罐子。

246-247中圖　放置在
墓室裡的可怕怪獸像，以
保護亡者免受惡靈侵擾。

247右圖　這尊唐三彩，
騎在馬上的男子穿著中亞
服飾。唐朝皇帝引進特殊
品種的駿馬，稱為「天
馬」，來自遙遠的大宛國，
亦即現在的阿富汗北部。

247底圖　這尊小雕像可
能是樂師或說書者的雕
像。他頭戴繁複的頭飾，
文獻記載稱之為「鸚鵡形
狀」；鸚鵡是從印度引進
的外來生物。來自中亞的
舞者和樂師，以及特技表
演者和藝人，都深受宮廷
喜愛，也是唐朝墓葬品最
常見的主題之一。

唐朝的墓葬品

新城公主墓

The Tomb of Princess Xincheng

248上圖　新城公主墓的墓室通道入口，隱約可分辨畫在入口兩側的侍從圖像。

對現代世界而言，唐朝皇陵內部牆壁上所裝飾的豐富連篇壁畫，形同一扇了解古代中國的窗，多虧壁畫的栩栩如生、人物生動的表情，以及服飾和物品的細節描繪，每當有新墳挖掘出來時，唐朝才能重新在我們眼前活了過來。

這些壁畫以及所有其他墓葬裝飾相關物品的真正功能，就是要反映真實世界：它們的目

的是忠實複製亡者生存的世界，以便亡者離開塵世後能使用。唐朝的墳墓就是亡者的「房子」，把亡者的家轉移到死後的世界。因此，進入唐朝墳墓，便意味著侵入亡者的「私密」空間。唐朝許多貴族的墳墓都已被考古學家研究過，而每一次挖掘都像是進入一個私密空間。其中一座最近才剛開挖的就是新城公主墓，於1994到1995年進行挖掘。

新城公主墓是昭陵的許多衛星墳墓之一，昭陵位於乾陵西邊，在現今的禮泉。昭陵以安葬唐朝開國皇帝唐太宗李世民的廣大陵墓為主，太宗在位其間為西元627年到649年。新城公主墓的構造和圖像，與7世紀後半葉和8世紀初的墳墓一模一樣。墳墓由一條往下的走廊進入，牆壁兩邊每隔固定間隔就有壁龕，裡頭有小小的墓葬雕像。

興建墳墓的時候，需要垂直的管道通風，但這些通風管道也成為盜墓者劫掠珍貴寶藏的通道。這條長走廊的牆壁是以乾稻草混合泥漿砌成，再塗上灰泥。就和其他墳墓一樣，牆上畫滿一長列的隨從、僕役、士兵、牛車、馬夫、馬匹和一群人，這很容易讓人想像到新城公主是被抬著的。

這壁畫幾乎可確定是送葬行列，也是公主

248中圖左　建造墳墓時用來通風的通風口。

248右圖　中國考古學家正在長長的斜坡道工作，這條通道是墳墓的入口。

248底圖左　雖然新城公主墓曾被盜墓者劫掠過，但裡頭仍有完整的連篇壁畫，提供珍貴的唐朝相關資料。工作人員先將壁畫拍照存檔再重畫，以作為挖掘報告。

249　墳墓牆上有許多乾畫人物，這是其中之一的臉部細部。由於這是公主的墓室，因此壁畫中繪有許多女僕、侍女和婢女的圖像。

250-251 一位考古學家正在分析放在壁龕裡的小雕像。這些小雕像也稱為明器,從漢朝起,就是不可或缺的陪葬品。

新城公主墓

251上圖右 這刻著長銘文的石板，讓我們得以確認埋在這座墳墓裡的公主的身分。

251左圖和251底圖 放置在墓室裡的人像。有僕從、朝廷命官、商人、士兵、駱駝和騎士，都忠實地仔細複製，而這些也是唐朝墓葬藝術重複出現的主題。

250底圖 這是新城公主墓墓室內一幅壁畫的細部，描繪一群穿著當代服飾的婦女，衣服有長袖子，可遮住雙手；繁複的髮型是獨特的唐朝髮式。

前往另一個世界的最後一段旅程；壁畫的描繪手法生動、活潑，象徵生死兩個世界的延續。這個延續性，在安放新城公主遺骸的墓室裡更加明顯：在墓室牆壁上，被簡單的建築構造框圍住的人物，表現出宮裡的愉悅和活力，畢竟，墓室代表的是公主的「私人寢宮」。在這公主的不朽故居裡，穿著高雅服飾、梳著繁複髮型的仕女，和樂地交談；女僕們拿著鮮花、樂器、燈具、容器和胭脂盒，向生命以及新城公主做最後、永恆的致敬。

美洲
AMERICAS

北美
North America

新世界的神祕寶藏
The mysterious treasures of the New World

特奧蒂瓦坎（Teotihuacán）

帕倫克（Palenque）

蒙特阿爾班（Monte Albán）

西潘（Sipán）

南美
South America

252-253　這幅精細的帕倫克遺跡畫作，是由瓦爾德克（Jean Fréderick Waldeck）伯爵所繪。他是位了不起的探險家、藝術家兼冒險家。在畫的中央，瓦爾德克伯爵把銘文神廟（Temple of the Inscriptions）畫得相當華美。1952年，國王帕卡爾（Pacal）的墓就在神廟中被發現。

死亡是所有生物無法避免、難以逃避的最終命運。然而，人類還是會藉由預知死後會造訪的地方，並創造天堂與地獄、陰間和最後終點等地方，想盡辦法要逃避死亡帶來的不安全感。根據個人生存的社會形態以及信仰而定，每一個人的來生也會依循某一特定的形式。例如，基督教社會認為個人死後的存在，全由道德價值的天平來衡量：若亡者在世時行善，就能享受天堂的喜悅；若行惡，就必須遭受地獄無間火焰的痛苦。而在西班牙人入侵之前的墨西哥，個人死後要往哪裡去，決定的因素就是他死亡的方式。因此，戰死沙場的戰士，就一定能從黎明到中午享受到陽光；而死於難產的婦女，也能享有相同的特權（因為生產也被視為是場戰鬥），不過她享受的是從中午到黃昏的陽光。至於因水而死的人（溺斃、水腫等），則會聚集在特拉洛肯（Tlalocan），這裡是特拉洛克神（Tláloc）掌管的地方，四季如夏。至於其他形式的死亡，亡者都必須到米克特蘭（Mictlan）進行一趟危險之旅，米克特蘭由米克特蘭提古特立（Mictlantecuhtli）和米克提卡希華特（Mictecacíhuatl）夫婦掌管，他們代表死亡的二元體。

一個清楚簡單的事實是，地球上所有的民族都有葬禮儀式，依據各自的信仰而有不同。考古學讓我們得以發現並研究，美洲大陸許許多多不同民族的葬禮習俗，這些習俗各有不同的發展層次。然而，我們必須指出一般葬禮和特定儀式之間的明顯差別。在前者，亦即死者是自然或意外死亡時，葬禮不會有特殊儀式；至於第二種情況，個人是為了確切的目的被殺，其葬禮也就有特定的儀式功能，這些人可能是殉葬以陪伴一個剛剛亡故的較高社會階層人士；或者，他們是在撫慰性質的儀式中被殺，亦或要獻祭給神明、神廟等。

在已知的美洲葬禮儀式中，我們選出一些

例子來說明專屬地位崇高人士的土葬儀式，另外再選出一個例子則是關於撫慰功能的葬禮。我們所檢視的這四種文化，全都是建立在一個階級嚴明的社會，其最上層是菁英階層，他們管理投身各種生產活動的大眾，像是製陶業、雕刻、建築和農業。這四種同時代的文明，興盛於現今的墨西哥和祕魯：其中三個位於墨西哥、一個位於祕魯。它們如此集中，並不令人意外，因為中美洲和安地斯山（Andes）地區，正是較先進文明的搖籃，這些文明在歐洲征服者來臨前就已經興盛茁壯；但是在其他地區並未有類似的發展。

三個選自中美洲的城市，在它們的那個時代全都扮演了重要的角色：特奧蒂瓦坎（Teotihuacán）、帕倫克（Palenque）和蒙特阿爾班（Monte Albán）。第一座城市特奧蒂瓦坎，位於墨西哥中央，在墨西哥市北邊35公里，權勢極高且發展成熟，影響力遍及中美洲其他地區。特奧蒂瓦坎的建設始於西元前幾年，考古資料告訴我們，該城最古老的建築是太陽金字塔（Pyramid of the Sun）和月亮金字塔（Pyramid of the Moon）。從那時起，特奧蒂瓦坎便不斷擴大，成為面積22平方公里、人口125,000人的大城市。特奧蒂瓦坎由兩條垂直的大道分成四個大區，這兩條大道為南北向的黃泉大道（Avenue of the Dead），以及與它交叉的東西向大道。兩條大道的交會處稱為「碉堡」（Ciudadela），從西元250年起便成為市中心。

特奧蒂瓦坎的重要性，不僅可在城市的黃金年代感受出來，即便在該城毀滅後才來此的民族也感受得到。我們可以堅定的說，特奧蒂瓦坎深深影響這些民族的習俗、儀式、經濟型態，甚至鄉鎮的格局。

帕倫克興起並發展於恰帕斯（Chiapas）的森林，天然環境與特奧蒂瓦坎並不相同。這個馬雅（Maya）文化於西元300年到600年臻至高峰。其建築與灰泥裝飾的華麗，相當獨特且重要，因而有所謂的「帕倫克風格」。西元1952年此地進行挖掘時，在銘文神廟裡發現一座奇特的墳墓，讓我們更能廣泛認識馬雅社會重要人士的土葬儀式。這座墳墓屬於一位統治者——帕卡爾，他死時約50歲，臉上罩著一個玉製面具。許多年後，又有另一重大發現，這次是在帕卡爾之墓旁邊的13號建築（Building 13）：這是一座上層社會婦女的墳墓，根據還在進行的研究顯示，她可能是帕卡爾的親戚。

蒙特阿爾班挺立在瓦哈卡（Oaxaca）的中央山谷，位於特奧蒂瓦坎所在的高原，以及馬雅人居住區之間的區域。這座城市最早是在西元前數世紀前，在一座山丘上建立。主要廣場很寬闊，四周林立各式建築物。卡索（Alfonso Caso）和小組成員於1930和1940年代，在許多墳墓所進行的研究，提供了許多資料如建築、雕刻、陶器、象形文字的年代和起源，以及土葬儀式。關於蒙特阿爾班墳墓的重要事實是，該城曾有兩個文化族群居住：薩波特克人（Zapotecs）和米克特（Mixtec）人。薩波特克人建立蒙特阿爾班，而晚幾個世紀、於西元1000年來到蒙特阿爾班的米克特人，則占領該城並使用薩波特克人的墳墓。這種占用墳墓的重要例子，就是著名的七號墓（Tomb 7），這座墓提供考古學家有關葬禮和陪葬供品等大量的珍貴資料。

這三座前西班牙時期的城市，都因為其重要性和不尋常的特色，被聯合國教科文組織列為世界文明遺產。

至於祕魯，則擁有近年最令人驚奇的前西班牙時期考古發現：西潘（Sipán）的皇家陵墓。它位於祕魯北邊、靠近蘭巴葉克（Lambayeque）河。此地是莫切人（Moche）世居之地，莫切文化一直都讓安地斯文明的研究人員驚奇不已。這個農業和軍事文化發展於西元1世紀到西元7世紀，其陶藝品素以質優量多，聞名於考古界。研究人員在頻遭掠奪的建築物裡所進行的一連串墳墓挖掘，獲得許多相關資料，加強我們對這項珍貴遺產的了解。當地常見的盜墓活動，主要是為了盜取黃金物品，以便轉手賣給不計後果的人士，結果對西潘這類考古遺址造成難以言喻的損害。還好科學家很幸運，搶救回西潘的部分遺產，得以研究莫切高官的葬禮，以及刻畫在金銀銅和其他材質飾品上的許多儀式。

以上這些例子都是人類不願面對死亡的明證。人類想盡辦法延長壽命、超越時間。這樣的行為在一首《那華》（Nahua）古詩中有清楚的總結：

「我們真的活在地面上嗎？
不要永遠在地上，
只要待一點點時間就好！
即使玉碎了，
黃金裂了，
大麗鵑的羽毛也斷了，
也不要永遠在地上，
只要待一點點時間就好！」

255　這副美麗的綠岩墓葬面具，屬於特奧蒂瓦坎文明。面具放置在亡者的臉上，另外還有其他珍貴的飾品，陪伴亡者前往死後的世界。

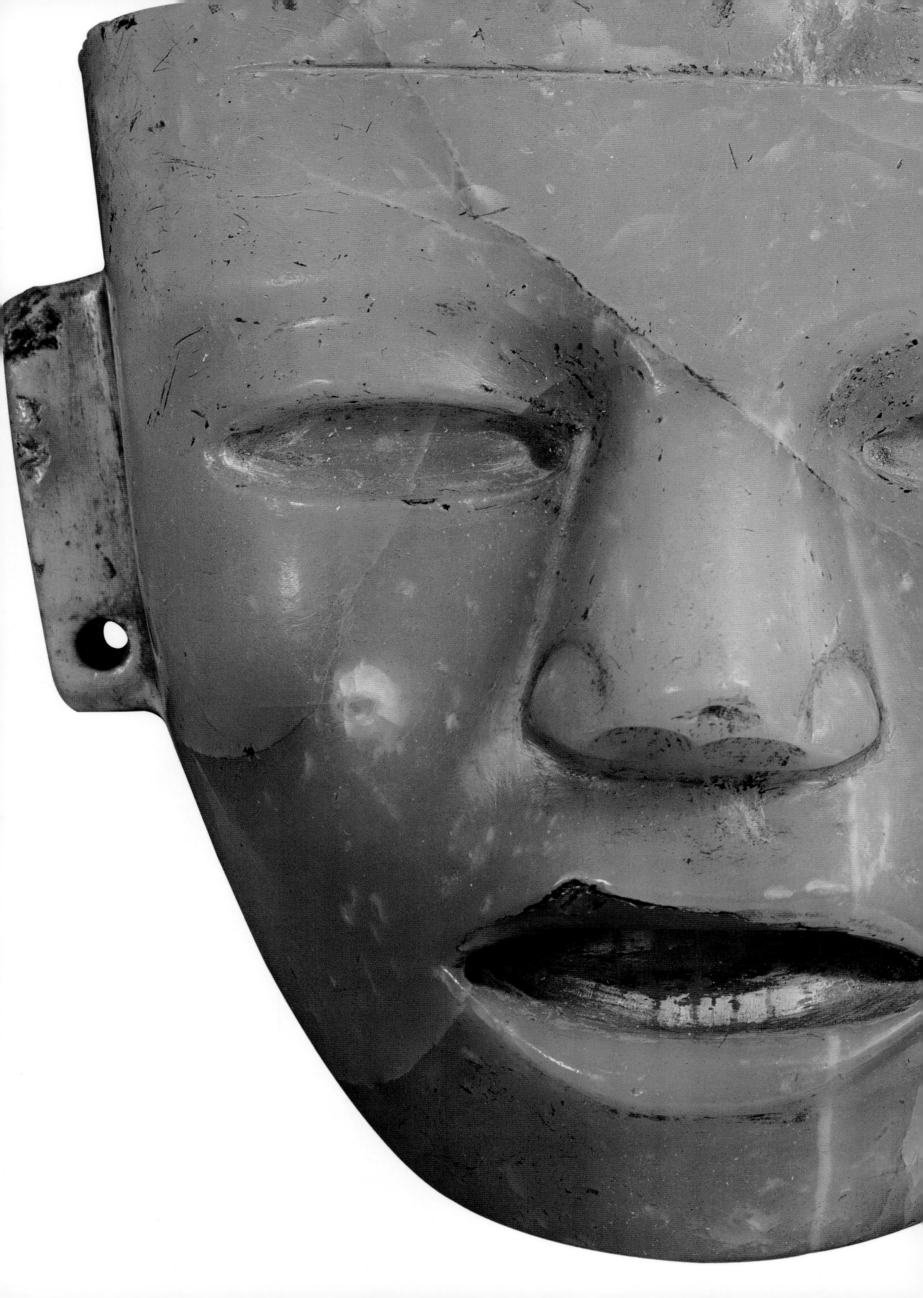

墨西哥
Mexico

特奧蒂瓦坎
（Teotihuacán）

256上圖 這副面具是以 綠岩製成，再鑲以貝殼、 綠松石和黑曜石，是最美 麗的墓葬面具之一。

諸神之城：特奧蒂瓦坎
The city of the gods:
TEOTIHUACÁN

256底圖 一個裝飾著生 命和死亡象徵圖案的洞 穴，在太陽金字塔 （Pyramid of the Sun）下 方被發現。照片所示就是 太陽金字塔的主正面。

256 - 257 照片中就是 黃泉大道（Avenue of the Dead），大道盡頭矗立著 月亮金字塔（Pyramid of the Moon）。

特奧蒂瓦坎文化興盛於西元1世紀和8世紀之間，在這段期間，城市人口達12萬人，面積廣達20平方公里。和特奧蒂瓦坎同時期的城市包括蒙特阿爾班（Monte Albán）、丘魯拉（Cholula），以及其他距離較遠的城市，例如宏都拉斯的科潘（Copán）和瓜地馬拉的卡米納柳尤（Kaminaljuyú），因此，特奧蒂瓦坎的影響力也就相當重要。從近期在科潘的發掘中發現，有一位可能來自特奧蒂瓦坎的統治者，曾經治理過這座城市一段時間，死後也安葬在這地方。特奧蒂瓦坎的聲望在墨西哥中部非常崇高，因此在城市被燒毀後，才來這個地區定居的民族，包括阿茲特克人（Aztecs），也仍然認可它的重要性。

西元1325年，阿茲特克人建立台諾切提特蘭（Tenochtitlan）時，特奧蒂瓦坎早已毀滅好幾個世紀。但仍可輕易猜出，在層層瓦礫堆和蔓生的雜草底下，躺著一座偉大城市的遺跡：阿茲特克人不知道是誰建立這座城市，因此認為可能是諸神的傑作。在「那華」（Nahua）

（圖例）
A 月亮金字塔
B 黃泉大道
C 太陽金字塔
D 碉堡
E 羽蛇神廟

F 前往特潘蒂特拉
的方向

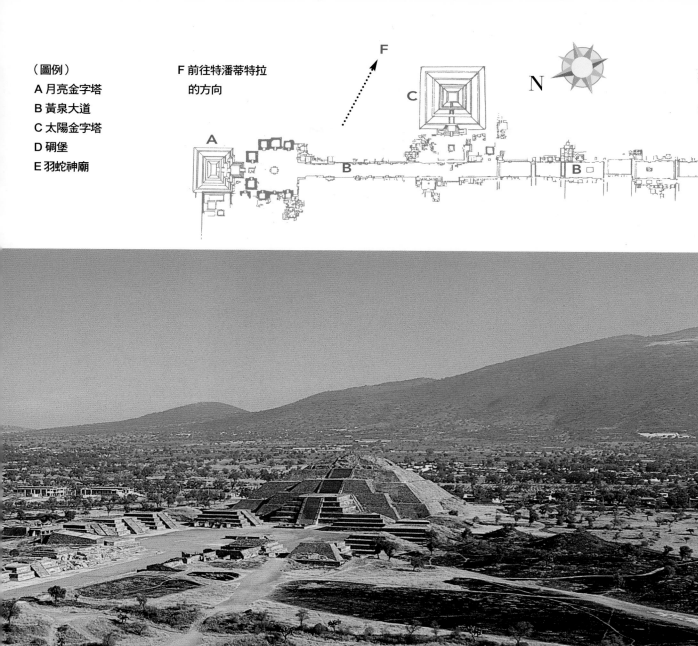

257右圖 這張照片是特奧蒂瓦坎的羽蛇神廟的主正面。羽蛇神像和頭飾雕刻交替裝飾，使得這座神廟在中美洲建築中獨具一格。

語中，特奧蒂瓦坎就是「由凡轉聖之地」的意思，而阿茲特克人所屬的那華族，也認為諸神在這座城市集會，一起創造太陽，照亮全人類，開創了宇宙的第5世紀。我們知道阿茲特克人曾在特奧蒂瓦坎挖掘瓦礫，想找尋諸神創造了什麼。這點也解釋了，當我們發掘位於現今墨西哥市的台諾切提特蘭的大神廟時，會在供品中發現40多件包括陶瓷和石頭面具等特奧蒂瓦坎文物。

特奧蒂瓦坎距離墨西哥首都很近，也很靠近藏有神廟和宮殿的大土墩，這點激發研究人員無限想像力。第一次挖掘是在西元17世紀，

從那時起，這裡就成為學者和旅人經常造訪的地點。經過將近3個世紀的研究，特奧蒂瓦坎可能是被書寫最多的中美洲城市。經過多年來，這裡已經發現了無數墳墓，但有一點很重要的是，必須從這些墳墓中，將一般的土葬儀式和具有典禮和儀式性質的葬禮分別開來。我們對這兩種葬禮的知識，近年來已增加許多。

在一般葬禮中，亡者和供品一起放在房屋地板下面，這點在最近挖掘黃泉大道西南邊的維提拉（Ventilla）地區時已清楚看見。大約發現300座成人和小孩的墳墓；屍體直接放在地裡，通常會有陪葬供品，像是陶製容器、石

頭，尤其是黑曜石製品、貝殼，偶爾亡者臉上會覆蓋面具。許多供品都和亡者在世時從事的活動有關。一般認為，維提拉的居民大多是工匠，在以石雕為主的雕刻工人墳墓中，就發現一些石頭供品。大部分的屍體都是弓著身子，經過化驗顯示，他們都以材料包裹或覆蓋，形成所謂的墓葬「娃娃」（bulto），有些還會在臉上覆蓋石頭面具。小孩的葬禮則有所不同，特別是嬰兒或幼兒，他們會被放在一片陶瓷

上，然後再覆蓋另一片陶瓷。

　　儀式葬禮則依情況而有所不同，有些必須加以描述。第一個例子是在太陽金字塔所發現的小孩骨骸。巴特斯（Batres）記載說，在西元1905年到1908年之間發掘這座龐大建築時，他在金字塔四個區域的四個角落，發現小孩的骨骸。這些小孩骨骸具有重要的象徵意義，因為小孩通常會獻祭給水神特拉洛克。這一點，再加上考古學家阿科斯塔（Jorge Acosta）於1970年代在金字塔下方的洞穴裡，發現挖有一條水道，這讓我們得以假設金字塔事實上是獻給水神的；的確，我們現今所知的

太陽金字塔的名稱，其實是在殖民時期取的。另外值得注意的一點是，洞穴在前西班牙時期具有雙重性質：它們代表所有民族的起源，同時也是通往陰間的通道。

　　類似的論點也可用在黃泉大道。黃泉大道在那華語稱為「米考特里」（Miccaotli），這條大道是把特奧蒂瓦坎分隔成四個區的兩條交叉道路之一。大家一度認為黃泉大道兩旁排列著墳墓，不過考古學研究已經推翻這個假設，認為大道兩旁的建築大部分為神廟，以及特奧蒂

258上圖 位於特奧蒂瓦坎附近的特潘蒂特拉（Tepantitla）有一幅壁畫，細部如圖所示，可看到兩個人在泉水中游泳。

258底圖 特潘蒂特拉壁畫中的這個人，拿著樹枝，站在溪流上哭泣，嘴裡還吐出文字的象徵。

258 - 259 特潘蒂特拉的這段壁畫，描繪正在玩耍的人和蝴蝶，他們穿著該民族典型的簡單服飾。

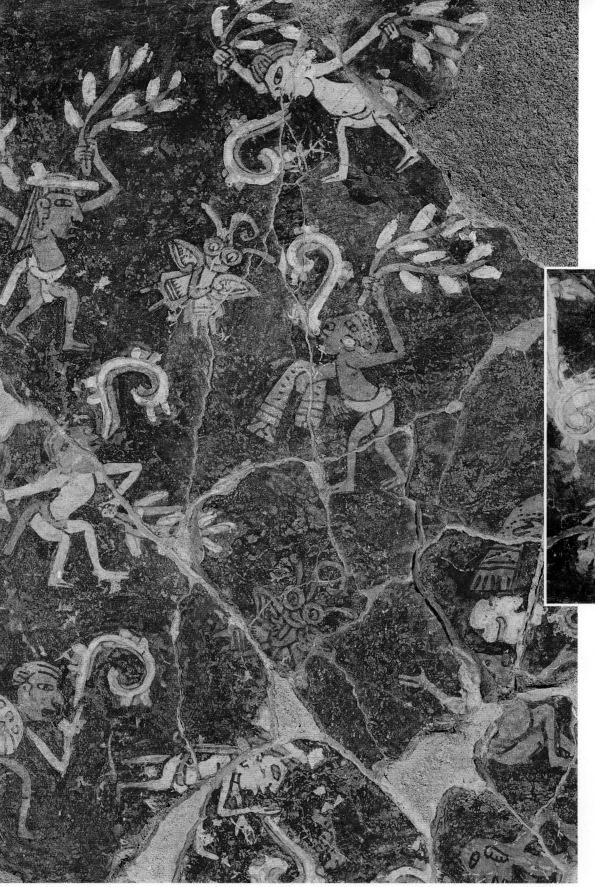

賦予最高度的神聖性。

　　這些發現讓我們注意到，特奧蒂瓦坎其實是戰士文化，而非一直被認為的神權文化。若非存在一支強大軍隊，將很難解釋特奧蒂瓦坎的擴張與權勢，尤其該城市的影響力遍及中美洲遙遠的區域。仔細檢查骸骨便可知這個人是否為特奧蒂瓦坎人。如果他們來自另一個中美洲文化的這項假設是真的，那麼毫無疑問，他們都是被獻祭的敵軍；我們因此也能知道特奧蒂瓦坎是以征戰討伐擴張勢力，並強迫被征服的民族必須獻祭，就如同托爾特克人（Toltecs）、馬雅人（Maya）和阿茲特克人等其他中美洲的民族一樣。

　　在羽蛇神廟中央則發現一座古墳，裡頭以儀式葬禮的方式埋葬了20具屍體。在這麼重要的神廟內有如此發現，證明了一個假說，亦即和建築物的象徵有關的人類遺骸，可能在類似的建築物內被發現。最近在月亮金字塔內挖了一條地道，發現一座墳墓，裡頭有動物遺骸和

瓦坎貴族所居住宮殿的入口。

　　另一個具撫慰目的儀式葬禮的例子發現於羽蛇神廟（Temple of Quetzalcoatl）內。在西元1980年代以及西元1992年到1994年之間，在我主持下的「特奧蒂瓦坎特別計畫」挖掘工作，考古學家卡布雷塔（Rubén Cabreta）發現分別放置有2、4、8、9和18具遺體的墳墓，且屍體的排放對準四個方位。他們似乎是活人獻祭，因為手被綁在背後，且都弓著身體彼此互靠。有人戴著下巴形狀的項圈，有些人的頭

部附近有黑曜石箭矢。還有其他物品放在屍體旁邊，其中包括耳環（orejeras）和鼻環（narigueras）飾品。我們還發現，頁岩圓盤和屍體的脊椎成一直線，形成服飾的一部分。研究顯示，這群人可能全是女性或男性，年紀在16到45歲之間，有些人的頭骨因外力而畸形。這些埋葬的奇特性質，讓專家相信這是儀式土葬，且與星象、曆法和繁殖有密切關係。發現這些屍體的金字塔，正好矗立在被視為「世界的軸心」（axis mundi）的市中心，因此也就被

游泳，而水神兼繁殖之神特拉洛克，則觀看整個場景。

由於特拉洛克的在場，讓學者據以推論，認為壁畫所描繪的這個地方，應該是「特拉洛肯」（Tlalocan），也就是水神天堂，在這裡四季如夏，植物長年盛開，生活在這裡的人，死因全都和水有關，例如溺斃、水腫等等。

就死亡主題而言，特奧蒂瓦坎還發現有頭骨的石雕，象徵死神和陰間。其中最有趣的，可能是於西元1964年在太陽金字塔前面發現的一座雕像。這個雕像的頭部面向前方，而且還有一圈仍看得出是紅色的光芒，這圈光芒被詮釋為照耀亡者世界的落日。

事實上，某些中美洲文化相信，太陽下山後便被地球吞噬，照亮後面的世界，隔天又從

260上圖 照片中的這個儀式陶寶，是所謂的「劇場香爐」。上半部可抬起來放置柯巴脂，一種前哥倫布時期的香。寶的各個部分都是事先模製好，分別代表蝴蝶、鳥類和花卉。

260底圖 在太陽金字塔廣場所發現的骷髏太陽石雕。上面還留有紅色顏料，前後兩面圖案相同。一般認為黃昏時，太陽便會照耀亡者的世界。

石頭及陶器碎片等供品。

月亮金字塔和羽蛇神廟所在的廣場都是特奧蒂瓦坎重要的中心。這點十分重要，因為這些建築物被視為「宇宙中心」的一部分，是升天或進入陰間的工具。學者們還特別感興趣的蒐集了「陰間之旅」的相關資料。其中一個例子是西元1940年代，在特奧蒂瓦坎東北區的特潘蒂特拉（Tepantitla）住宅區發現了一幅壁畫。牆壁裝飾華麗，其中一個場景描繪一個裸體人物在哭泣，他一手拿著綠色樹枝，並吐出語言象徵。這個人物位於牆壁的右下區，立在一處泉水上方，泉水則穿越整個場景的下半部。整個場景的其餘部分，則畫著人們快樂地忙於各種活動：他們唱歌、玩樂、追趕蝴蝶、

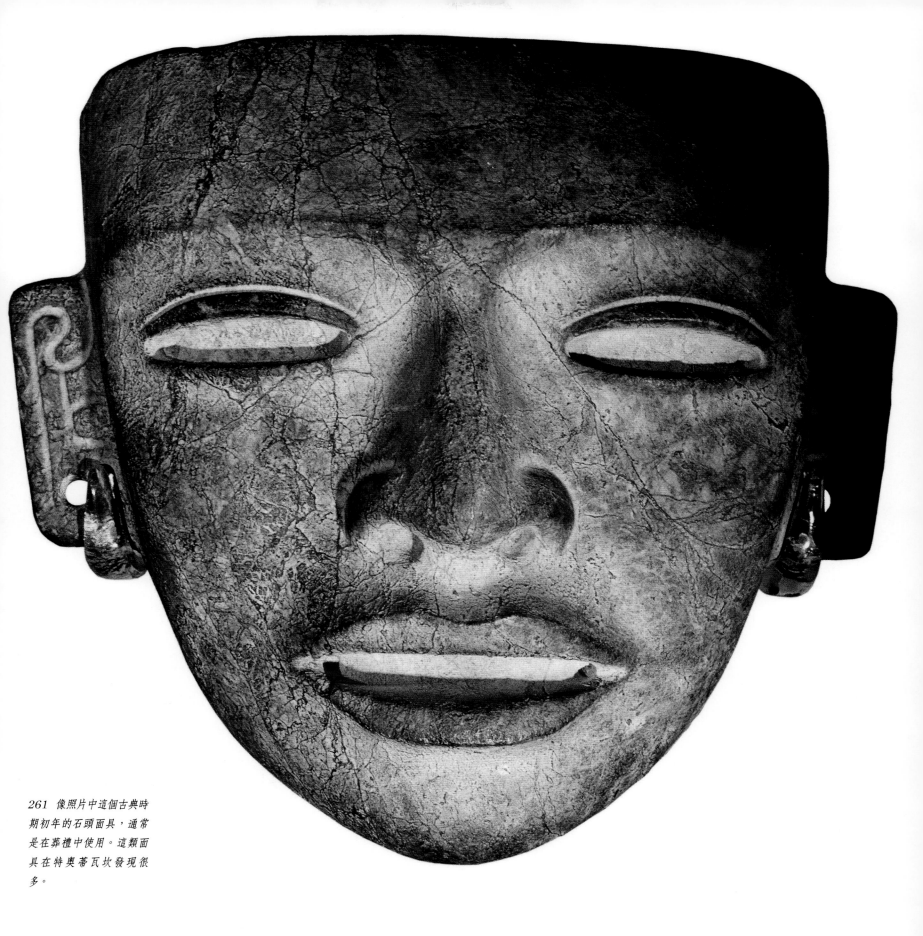

261　像照片中這個古典時期初年的石頭面具，通常是在葬禮中使用。這類面具在特奧蒂瓦坎發現很多。

東方升起。這個循環象徵日與夜兩股力量不斷的衝突，這樣的想法和前西班牙時期中墨西哥的許多神話和哲學相同。這種想法的典型例子，可見於球類比賽，球賽就是模擬日夜兩股力量的每日纏鬥。

特奧蒂瓦坎在西元700年左右毀滅，城市裡許多地區的房屋地底，發現焚燒和挖洞的痕跡，都是打劫者所留下來的，他們想挖墳墓盜取供品。這座城市毀滅的原因，我們仍不清楚：有些學者相信是工人起義反抗菁英統治階級；有些人則主張是因為與其他民族的貿易中斷了，導致城市逐漸失去生命力。還有些人認為是因為濫墾森林導致氣候變化，引發飢民的激烈造反。不過，所有這些假設都沒有足夠證據，能被毫無疑慮的接受。

至於我，我相信關鍵原因在於特奧蒂瓦坎的社經體系，這個體系需要這個廣大帝國的臣民，奉獻各種不同產品給征服者；但就像其他文明一樣，征服者最後都會被反抗的臣民所推翻。這個社經體系在特奧蒂瓦坎滅亡後，又盛行於墨西哥中部各社會，但也遭遇相同的結局。不管真正的原因為何，在某個時間，特奧蒂瓦坎的偉大消失了，但即使如此，它的影響力仍綿延到在墨西哥中部興起的後續文化。

如今，考古研究讓我們得以探究這座偉大城市保留了數世紀的祕密，即使至今所發現的已讓遊客目眩神馳。研究工作仍不斷在繼續。

262上圖 這張照片顯示位於帕倫克的銘文神廟，面向北方的主正面。我們可看到寬闊的階梯通往神廟高處的廣場。這座建築由9個區段構成，層層相疊，頂端是一座聖殿，沿階梯行來，還可發現裡頭有一間墓室。

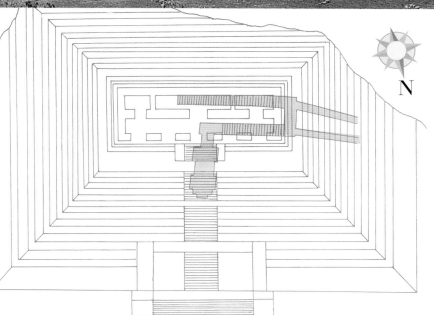

262底圖右 這幅畫呈現銘文神廟的平面圖，顯示內部的階梯和墓室。

帕倫克與帕卡爾的隱藏墳墓
PALENQUE and Pacal's hidden tomb

馬雅城市帕倫克（Palenque）位於恰帕斯（Chiapas）北部，此地高山森林內有遼闊的平原，一路綿延到墨西哥灣。這座大城的發展時代，和其他同樣重要的馬雅城市如蒂卡爾（Tikal）、烏亞克薩克屯（Uaxactún）、科潘（Copán）、奎臨瓜（Quiringuá）、亞克斯切蘭（Yaxchilán），以及波納姆帕克（Bonampak）同時代，全都是興起於古典時期，亦即西元250年到950年之間。這是一個燦爛光華的時期，這些大城市繁榮發達，藝術也很興盛。要在這麼嚴厲的環境中生存並不容易，雖然馬雅的經濟基礎是農業，但當地居民所使用的耕作方法，對土壤的肥沃並沒有什麼幫助。

我們現在已知，各民族之間為了爭奪廣大的可耕地而常有爭鬥。流傳至今的石碑、雕刻銘文和圖像，描繪刻畫被繩子綁著的戰敗者，向勝利者求饒。

身處這樣的時空，帕倫克扮演聯繫其他馬雅城市的重要角色。這個地點從19世紀就被深入研究：沒有人想像得到，在西元1952年，銘文神廟（Temple of the Inscriptions）經過多次挖掘，終於發現一座皇陵，而且所有墓葬品完好如初，就跟西元750年埋葬時一樣。這些墳墓的發現過程，今日讀來仍令人振奮：「聖殿裡最後一塊穿孔石板被移開。之前的調查已披露，這塊石板的功能是封閉內部的階梯。堵住樓梯井的大石頭已被拿走，因此現在可以確定，第一段階梯有45階。」考古學家盧茲

（Alberto Ruz）寫下這些文字，描述探勘通往銘文神廟上段墓室階梯的過程。第二段階梯的存在，則是從看得見往下階梯的一個轉彎處推斷出來。考古學家很快發現它共有27階。調查這段階梯後，發現有許多供品和5具合葬的遺骸，其中一具是女性。骨頭上留有紅漆，保存

狀態很差，因為上頭覆蓋石灰。這些遺骸位於一顆三角形石頭旁邊。石頭底部寬162公分、高236公分，是通往墓室的入口。

西元1952年6月13日，盧茲寫道：「封住大門的岩石和瓦礫被移走，藉著手電筒的光，我能從三角石板後方的裂縫看到裡面。一間牆上裝飾著灰泥浮雕的大房間，幾乎被一具龐大的雕刻石棺占滿。」兩天後，便能進入房間了。

走過四階小石階通往一間墓室，墓室裡大部分的空間都被石灰岩石棺填滿，石棺蓋也是相同材質，並裝飾著許多圖像淺浮雕。房間南

264-265 馬雅城市帕
倫克，在18世紀就已被西
方所知。李歐 (Antonio
Del Rio) 上尉是第一個挖

掘此地的人。這幅石印畫
描繪了宮殿(左邊)和銘文神
廟(右邊)。

264底圖右　卡瑟伍德
（Frederick Catherwood）
描繪了帕倫克建築物的相
關位置圖，包括宮殿和銘
文神廟。

————

265左圖　這幅卡瑟伍德
的粉飾灰泥畫，畫一個人
抱著小孩，發現於銘文神
廟聖殿的主正面上。

北長7公尺，東西寬3.75公尺。天花板是典型的馬雅假拱頂。石棺長3公尺、寬2.10公尺、高1.10公尺。石棺的內部挖成子宮的形狀，四邊漆成紅色。一塊相同形狀、完全吻合的石板，封住缺口。這塊封閉石棺的巨大石板，長380公分、寬220公分、厚25公分。裝飾上半部

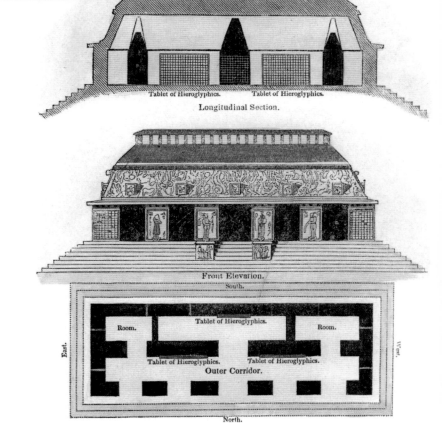

265底圖右　卡瑟伍德這些19世紀的畫作，描繪銘文神廟的立面圖，以及神廟頂端聖殿的平面圖。包括5個入口和房間內部的格局。

265上圖右　宮殿的這幅橢圓形浮雕，刻畫帕卡爾國王於西元625年，從母親薩克・庫克（Sak Kuk）手中，接受國王頭飾。

浮雕的中央，刻著一個斜躺、頭往後仰的年輕人。他穿著有華麗裝飾的短腰布，繫著一條有剝皮頭部圖案的腰帶，並且帶著項圈和臂環。一棵十字形的樹裝飾著繁殖的象徵（水、雨等等），樹身環繞一條雙頭蛇。這棵樹立在男子上方。樹的頂端有隻長羽毛的大麗鵑，還有兩面盾牌，上頭描繪有太陽。三個與繁殖有關的圖案出現在年輕人下方：一朵花、一個貝殼和玉米。在更下面的地方，地球之王的骷體臉再度出現。一條浮雕框住整個場景還有部分的天空，包括浮雕圖像太陽、月亮和維納斯，以及人頭和象形文字。這可以視為最令人讚嘆的馬雅藝術之一，它的複雜性呈現了生與死的許多

符號。

　　但是，這麼一座壯麗的墳墓，是為誰準備
的呢？第一次的體質人類學研究顯示，這是一
名男子，頭部朝北躺著。雖然骨頭保存狀態很
差，但可以確定此男子死時大約50歲，身高
173公分。後來發現此人為帕卡爾，是帕倫克
的統治者。

　　他的臉部覆蓋著一張由綠岩所作成的面
具，眼睛以貝殼製成，虹膜用黑曜石做成，瞳
孔則是用黑色顏料描繪。這副面具直接放置在
亡者臉部上，先以一層薄灰泥覆蓋（灰泥是混
合石灰和細沙製成）皮膚，然後再黏上玉片。
死亡面具在前西班牙時期的墨西哥相當普遍，
近年來已發現許多類似面具。男子的耳朵裝飾
著相同材質做成的大耳環；同時還發現鼻環。
前額上有一頂冠冕，是以41塊穿孔的圓玉片

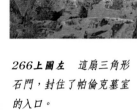

266上圖左　這扇三角形
石門，封住了帕倫克墓室
的入口。

266上圖右　這張照片顯
示通往墓室的內部階梯。
注意左邊連接墓室與神廟
的「靈魂通道」。

串起做成。一般認為冠冕的中央是一塊深綠色的玉牌，上面刻畫著蝙蝠神佐茲（Zotz）。這個說法似乎合理，因為吸血蝙蝠通常讓人聯想到死亡或陰間。

除了覆蓋帕卡爾頭部和臉部的珠寶，他的身體各部分還發現其他飾品。有個項圈是用118個玉珠製成，還有每串由21個管形玉珠、共9串同心圓玉珠做成的大胸牌。他的手臂和腳上還戴著玉製首飾：200個玉珠製成的臂環，兩手前臂各戴一只，且雙手各有五個戒指，一指戴一個。

墳墓裡還有貝殼，其中有些放在石棺蓋上。有些珍珠放在冠冕的玉珠和耳朵的珠寶旁邊。其他材質包括骨頭、燧石、黑曜石、石頭、黃鐵礦和灰泥等做成的物品，也放在屍體旁邊。其中有兩個灰泥製成的擬人頭顱尤其突出，在石棺兩旁各有一個。這兩個頭顱雕刻的品質值得離題稍微談一下。比較大的頭顱，高

266底圖 這幅畫是帕倫克銘文神廟的重建模型圖，在神廟裡發現了帕卡爾國王之墓。

267左圖 墓室是以馬雅圓拱建造而成，內部幾乎被覆蓋國王石棺的巨大石板所填滿。

267右圖 這幅畫是石棺石板上的淺浮雕裝飾。主要人物位於中間，在繁殖象徵的上方；下方則是地球之王的骷髏臉，上方則有玉米，以及一隻鳥和太陽的象徵。

43公分，有精緻的五官，小巧的嘴巴和細薄的嘴唇。鷹勾鼻刻意延伸到前額中央，是當時馬雅貴族流行的做法。魯茲表示，這張臉的表情平靜又鮮明。頭髮退到太陽穴的位置，在後面繫成馬尾，再往前綁；耳垂穿了洞以便戴上首飾。另一個頭顱雕刻高29公分；臉部比第一個寬，嘴巴較不細緻，鼻子則一樣伸展到前額部位。耳朵同樣有穿洞。這兩件頭顱雕刻都非常精美，完成它們的這位藝術家想必是一位真正的大師。

銘文神廟內含有帕卡爾之墓，其中有趣的特色是，建築方法是9個區塊層層相疊而成。因為越往上層就越小，所以整座建築呈金字塔形狀。最頂端的區塊就是神廟，正面裝飾著做工繁複的粉飾灰泥人形圖像。盧茲就是在這裡發現堵住墳墓階梯的石板。9層連續不斷的建築區塊，可能象徵中美洲神話裡描述的，通往亡者世界的9層階梯。另一個讓我們對馬雅葬禮習俗更加了解的趣味點，就是發現一條狹窄通道，連接階梯旁邊的墓室，直通頂端的神

268左圖 這顆粉飾灰泥頭顱，具有典型的馬雅臉部五官，頭顱高28公分，目前存放在墨西哥市的國立人類學博物館（National Anthropological Museum in Mexico City）。馬雅藝術家的石雕和粉飾灰泥技術，非常先進。

268 - 269 這些綠石項鍊發現於帕卡爾之墓，裝飾著帕卡爾國王的前胸。國王的墓葬品還包括戒指、耳環和其他飾品。

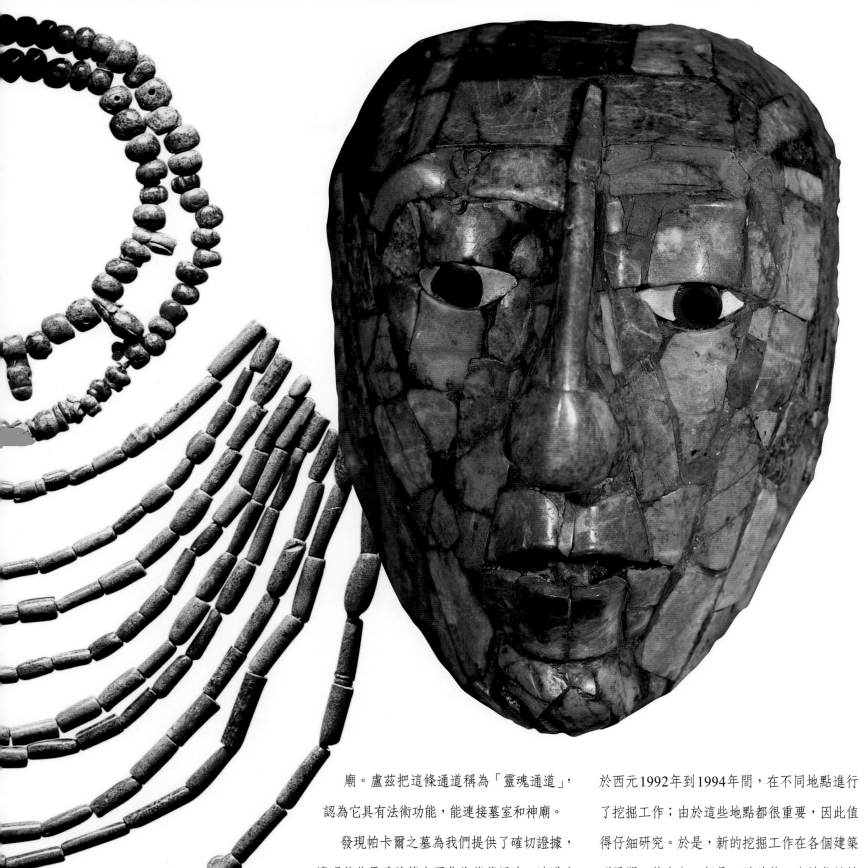

269右圖　著名的帕卡爾
國王面具，在下葬時覆蓋
在他的臉部。面具以各式
不同的類似翠玉的綠岩做
成，並以貝殼和黑曜石柱
點眼睛。

廟。盧茲把這條通道稱為「靈魂通道」，認為它具有法術功能，能連接墓室和神廟。

發現帕卡爾之墓為我們提供了確切證據，證明某些馬雅建築主要作為墓葬用途。這點在發現帕卡爾之墓前，讓人一直存疑，因為中美洲金字塔通常只是作為頂端神廟的高聳基地。發現了帕卡爾之墓，盧茲便確定的指出：「我們相信，只有銘文神廟是真正的金字塔陵墓：墓葬功能是神廟主要的功能，因為整座建築的設計都是以這個功能為主軸，要把神廟與金字塔整合為一體，同時也把金字塔的建材與象徵關聯以及神廟整合起來，而且特別注重整體建築能堅固、穩定、持久的永遠長存。」

若以這點來考量，一座新墓的發現便特別引人矚目。在盧茲打開帕卡爾之墓40多年後，

於西元1992年到1994年間，在不同地點進行了挖掘工作；由於這些地點都很重要，因此值得仔細研究。於是，新的挖掘工作在各個建築群展開，其中之一便是13號建築，它就位於銘文神廟的西側。它比神廟略小一點，但卻更重要，因它矗立在帕倫克典禮廣場上。這項研究最令人驚奇的結果之一，就是發現一座墳墓，裡頭葬了當地王朝的另一名女性。西元1994年，發現一間3.80×2.50公尺的墓室，裡頭有一具漆成紅色的長方形石棺。石棺覆蓋一塊2.40×1.18公尺的石板。和帕卡爾的石棺蓋不同的是，這塊石板並沒有裝飾。穿過一扇門、走過五階階梯後，就進入這間墓室，墓室內兩邊各躺著一具屍體，無疑的都是殉葬的人，以陪伴亡者前往來世。一具女性成人的屍體面朝

下躺在石棺東邊，另一具小男孩的屍體則仰臥躺在另一邊。

　　一具香爐放在石板上，三個黏土製口哨放在東面牆上的壁龕裡。階梯上有個巨大瓷盤、兩個橙色罐子和一具骸骨，骸骨的骨頭並未相連。當考古學家小心翼翼取出全部物品後，他們接著移動石板想知道誰埋在石棺內。

　　以下是其中一位考古學家的描述：「這次考古發現最感人的時刻，也許就是當石棺蓋移開的時候。經過14個小時的努力(因為空間很小)，把石棺蓋往南邊移開後，我們面對面看到一具高大、壯碩的女性屍體，頭部朝西躺在石棺內。一些翠玉、珍珠、黑曜石小刀、骨針和貝殼，覆蓋在骸骨上也散置在骸骨四周。此外，大約200片綠岩製成的面具、項圈、耳環、頭飾、臂環和護踝（tobilleras），則裝飾著骸骨。」研究還在繼續進行，但重要的是，我們對馬雅墓葬習俗的了解又更進了一步。

270　這張照片是在帕卡爾之墓內所發現的兩個灰泥頭顱之一。頭顱上的裝飾表示，此人位居馬雅社會階層的高階地位。帕倫克的粉飾灰泥裝飾水準相當高。

271　這個華美的灰泥頭顱，來自於帕卡爾之墓。它具有繁複的髮型，以及典型的馬雅五官，嘴唇很薄，鼻子則刻意拉長。

神聖的薩波特克市：
蒙特阿爾班
The sacred Zapotec
city: MONTE ALBÁN

272左圖 這只陶甕的形狀是一個老耄、端坐的神祇。在薩波特克墳墓內，發現許多這類的陶甕。

272上圖右 這顆飾有綠松石的人頭骨，發現於蒙特阿爾班的七號墳墓。這座墳墓被米克特人重複使用，墓內華麗的裝飾，說明墓葬品的高水準製作。

272 - 273 這張鳥瞰照片，顯示位居山丘高處的蒙特阿爾班的主廣場，多數的墳墓便是在山丘附近挖掘到的。

蒙特阿爾班（Monte Albán）是前西班牙時期的城市，它轟立在一座山丘山頂，俯瞰著現代城市瓦哈卡（Oaxaca）。在瓦哈卡省的中央山谷，也就是墨西哥中央和馬雅地區之間的多山區域，發現了許多考古遺址，證明這地區的重要性，也解釋這地區和鄰近地區相互影響的關係。在瓦哈卡曾經有各種文化發展，包括薩波特克人（Zapotec）和米克特人（Mixtec）的文化，這兩種文化因為考古遺址的關係，最為人所熟知，也都非常古老，有很深的根源。經研究蒙特阿爾班等各處遺址後，我們知道，率先占領這片山谷的就是薩波特克人，一直要到西元1000年左右，米克特人才抵達鄰近地區，定居在薩波特克人的城市。蒙特阿爾班就是這麼一個典型的例子，它建立的時代大約與特奧蒂瓦坎（Teotihuacán）和帕倫克

273底圖 七號墳墓不顯眼的入口，讓人想不到裡頭含有最豐富的米克特墓葬品。這些墓葬品包括大量高品質的珠寶飾品，都是黃金、水晶、翠玉和骨頭做成的。

（圖例）
A 南平台
B 觀測台
C 舞者平台
D 大廣場
E 北平台
F 七號墳墓的位置

（Palenque）同時期。

蒙特阿爾班的建設從西元前500年開始，也是它最古老的古蹟之一「舞者之屋」（Building of the Dancers）建造的時代。在西元500年到600年左右，蒙特阿爾班達到全盛的高峰，居民人口發展到30,000人左右。西元800年之後，蒙特阿爾班開始逐漸沒落，在西班牙人征服之後，蒙特阿爾班便遭人遺忘，直到20世紀才重見光明。西元1930年代，卡索（Alfonso Caso）在這處遺址主持多次挖掘工作，除了研究這座城市的大廣場和許多建築外，他還發現許多墳墓，其中有些裝飾著精緻的壁畫。這些研究披露出一項重要事實，那就是許多薩波特克墳墓在米克特人占領期間曾被重複使用。

值得一提的是，米克特人創造了現今在歐洲各大博物館展出的教堂、宗教和歷史手抄本。只有一份文件留在墨西哥，即「哥倫布手抄本」（Codex Colombino）。米克特工匠製造出中美洲精美的黃金和純銀藝品，以及美麗的陶藝品，其特色是無與倫比的多彩套色。不過，最高等級的陶藝品，卻是在被米克特人重複使用的薩波特克墳墓中發現。其中最重要的發現是蒙特阿爾班的七號墳墓，它值得好好地

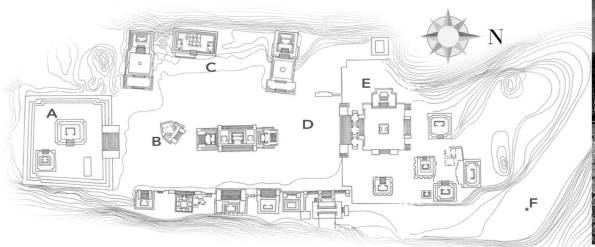

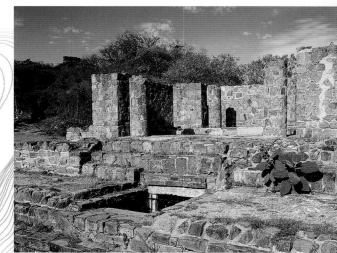

273

具放在墳墓盡頭，3具放在主墓室的牆邊，另1具在北牆附近，4具在入口和前廳之間。考古學家據此判定，這座墳墓曾用來作為藏骸所，不過這個理論我們並不支持，因為這許多的骨頭必定隸屬葬在這裡的第一具屍體和他的隨從。看來位於墳墓盡頭的屍體似乎就是主要米克特墓主的屍體，也就是埋在墓裡、地位第二高的屍體。經過對骨頭進行骨骼檢驗後顯示，這名男子大約60歲，頭骨進行過變形儀式，也就是左顱頂骨有結節狀擦傷。他畸形的外觀可能具有重大意義，因為在前西班牙時期，某些疾病被認為具有神性。此外，某些墨西哥中部地區的神話還認為，一位生病的神明將轉化成為太陽。除了骸骨，墳墓裡還有其他人類遺骨，是墓葬品的一部分：其中包括一顆鑲嵌著綠松石馬

仔細描述，因為，其中的墓葬品和墓裡裝飾的水準與華麗，足以媲美中美洲其他各地偉大君主的陵墓。

七號墳墓的發現過程如以下記錄：「西元1932年1月9日，我們在瓦哈卡的蒙特阿爾班發現一座墳墓，取名七號墳墓，因為它是第七座被登錄的墳墓。墳墓裡有許多以珍貴材料製成的珠寶。」這是卡索所描述墳墓發現的過程。墳墓位於大廣場外圍的東北邊，發現時間是一個星期六的下午。初步判定這是一項重大發現後，大家都振奮不已，決定繼續挖掘到深夜。薩波特克墳墓建造有真正的房間，石牆上鋪著灰泥，並繪上許多圖畫，牆上也會有壁龕以放置墓葬品。天花板以巨大石板建成，有的是平的、有的則是中間隆起的斜面。在蒙特阿爾班所挖掘出的許多墳墓，幫助我們重建薩波特克墳墓設計的演進過程。

七號墳墓有間前廳通往主墓室。前廳長1.85公尺、寬1.40公尺，屋頂是平的；主墓室則長3.60公尺、寬1.25公尺、高2公尺。儘管

壁畫保存狀態不佳，但還是有跡可尋。墳墓與建築物下方的東西向軸線成一直線，入口位於東側。雖然七號墳墓不是最壯麗的一座，但米克特人在占領蒙特阿爾班期間，還是決定重複使用這座世紀前所建造的墳墓。前廳內有前一次葬禮留下的三個陶甕，其中兩個有柯希喬（Cocijo）神的雕像，祂是薩波特克人的水神。研究這些陶甕後發現，它們隸屬於蒙特阿爾班的第三時期（西元500年到600年），這是蒙特阿爾班的全盛時期，墳墓便是在此期間建造。卡索認為，米克特人重複使用這座墳墓，是在西元15世紀期間，或西元16世紀初。

最初發現的時候，主墓室的入口被堵住了，因此必須移走大量泥土。考古學家發現，薩波特克人用來封住墳墓的石板，被米克特人拿去封閉屋頂的大洞，這個大洞是米克特人挖開的，以便在埋葬9名亡者後離開墳墓。

考古學家成功進入墳墓後，便開始取出發現的物品，包括散置各處的骨頭，並且標明確切的位置。之後才能記錄屍體排放的位置：1

274上圖 這副黃金面具代表希佩托特克（Xipe Totec），他是金匠神，這是七號墳墓中所發現最有趣的物品之一。

274底圖 這件黃金胸牌也是發現於七號墳墓。上面的圖像分別代表球賽、太陽圓盤，以及下方的祭品刀和地球之王，最下方懸掛著垂飾。

275 這面黃金胸牌也是來自七號墳墓。刻畫一個半裸的人物，穿戴繁複的頭飾和數字符號。和同時期其他飾品一樣，這面胸牌展現瓦哈卡的米克特文化已達到金匠藝術的高超水準。

和前面已經述及的許多物品，但也有許多神話動物，如雉雞和老鷹。而老鷹的嘴上則掛著更多響鈴和垂飾。此外還有星辰圖案：其中兩個特別有趣的，是太陽的黃金圖像和月亮的純銀圖像，分別象徵日與夜。大體而言，這些珠寶都是以「脫蠟法」製成，不過這裡提到的珠寶都是刻著浮雕圖案，而且值得一提的是，不同的金屬之間並未焊接。

在墳墓中還發現11個戒指也值得一提：這些戒指大部分以不同的圖像加以華麗的裝飾。戒指的上半部作成指甲的形狀，用意是要蓋住指甲，被稱為「假指甲」。其他發現還包括：一把扇子的握把、耳環、臂環、響鈴，和有羽毛的冠冕，所有這些物品都令人大為讚歎。

除了上述的物品，還發現24件純銀物品，包括戒指、響鈴、一只小容器，和銀製與銅製的假指甲。墳墓內發現唯一的一件武器，是一把銅製的短柄小斧。卡索認為，由於供品裡缺乏戰爭物品，表示葬在七號墳墓的這位高階男子，是一名祭司而非戰士。

陪葬品所使用的材質之一為翠玉。在前西班牙時期，此地相當注重玉，當地人用玉來製造戒指、耳環和其他物品。他們也使用水晶，

賽克石磚的頭骨、3根刻滿人像雕刻的髖骨，和5個漆成紅色的下巴骨。黃金飾品中有真正的藝術品，尤其是10面黃金胸牌，卡索認為，「從科學觀點來說，是最珍貴的。」其中一面胸牌刻畫著一個戴著貓或蛇頭形狀頭盔的人，他的嘴巴套著無肉下巴形狀的面具，胸前則有許多和日期有關的雕紋。

其他5面胸牌刻畫特拉洛克神、美洲豹或負鼠等動物。第十面胸牌絕美異常，是由許多部分連接而成：最上方的一塊金牌代表球賽；其下方的一塊則是太陽圓盤，圓盤中央有頭骨；第三個部分刻畫著一把燧石刀，還有動物

下巴往下張開，是月亮的象徵；第四個部分代表吞噬屍體的地球之王特拉爾泰庫特利（Tlaltecuhtli）。懸掛在這面胸牌上的最後一部分是四個垂飾，每個都掛著一個響鈴。整體而言，這件飾品令人大開眼界的就是高水準的製作，以及所有裝飾都象徵著米克特的天堂和陰間信仰。

另一件也很特別的黃金飾品，是希佩托特克神的小頭，他是金匠之神，被刻畫成眼睛半開，戴著耳環飾品。其他特別有趣的物品，多是人或神的臉孔，懸掛著許多垂飾。其中許多都是以黃金製成的，例如羽蛇神（Quetzalcoatl）

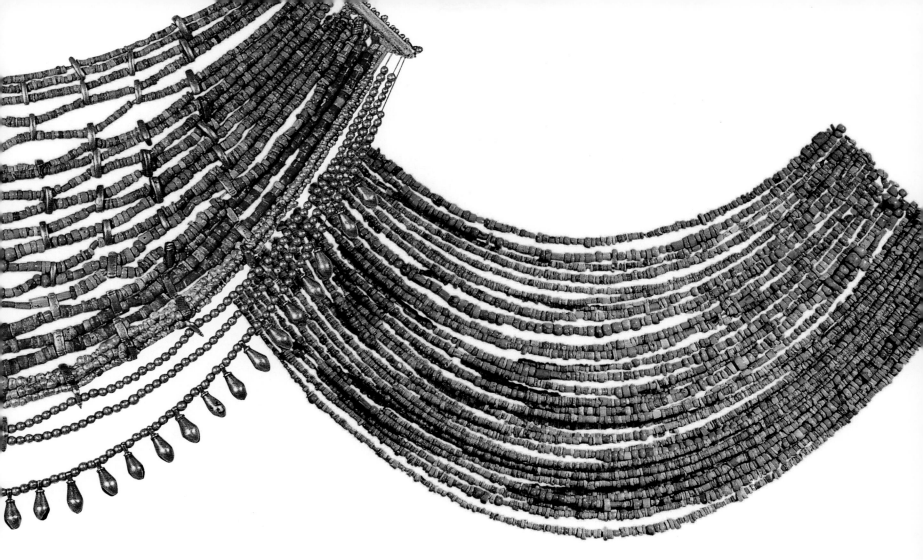

儘管水晶很堅硬、製造難度很高。所發現的水晶物品包括一個杯子、一只耳環和許多珠子，因為水晶的透明度，使得這些物品呈現高度的精緻感。雪花石由於呈乳白色，因此也是極受歡迎的材質，主要用來製造容器，以及底座刻有獸頭的杯子。至於古代墨西哥廣泛使用的黑曜石，則製成耳環、「小刀」（navajas）和小鼻環。此外，也發現6個紡紗軸。其他物品，例如項圈和耳環，則是以黑琥珀和黃琥珀製成。珍珠也用來作成項鍊，貝殼則常用來製成手環、臂環、耳環及項鍊，其中項鍊常是以不同類型的貝殼所製成，也有混合不同材質製成的項鍊和其他飾品。

米克特藝術家的巧手也把動物骨頭轉變成兩種產品：一種是作成首飾或飾品，另一種則是刻上圖案展現神話或歷史場景。飾品則包括項鍊和耳環，大骨頭上則雕刻著各種人物和場景。不容忽視的是，動物總是被賦予特殊的象徵意義：老鷹被比喻成太陽，並當成太陽的標記；美洲豹代表夜晚；蛇的象徵意義比較廣泛，被當成繁殖的象徵，也跟土地有關；蝸牛與貝殼則和雨水以及繁殖有關；某些神祇也會和特定的動物有關，或由特定動物來代表。

一般而言，所有物品都被放置在墓室或前廳，而且置於地上，或與泥土和人骨混在一起。其中有些顯然是和遺骸有關，例如6只黃

276 這副胸牌是以美麗的黃金垂飾作成，發現於七號墳墓。七號墳墓內的墓葬品，是目前所發現最豐富的其中之一。

276 - 277 這條項鍊上，紅色和綠色石頭以及黃金珠子和垂飾，形成強烈的對比，多少說明了七號墳墓內發現的飾品，是多麼的璀璨華麗。

277上圖右 這副胸牌是以好幾串的綠松石珠子所作成，是七號墳墓華美墓葬品的另一個絕佳範例。

277底圖 這三件骨雕，雕刻著鳥類、蛇和人形圖像。瓦哈卡的米克特工匠展現出高超的骨雕技術。

278上圖　這些小階梯通往胡伊賈如（Huijazoo）的一座薩波特克墳墓的墓室，墓室裡裝飾著保存完好的多彩壁畫。

278右圖　這幅石頭浮雕裝飾著胡伊賈如的一座薩波特克墳墓，刻畫著一名戴著華美頭飾、打扮華麗的祭司。

金和4只純銀手環，就放在其中一名亡者的前臂骨頭之間。

　　卡索得到的結論之一是，除了一開始提到的3個薩波特克陶甕之外，所有物品都是來自米克特文化。他接著提到米克特人的手抄本，其上的圖像與蒙特阿爾班發現的物品之間的相似處。兩者的相似程度非常明顯。

　　金屬工藝是另一個不可被忽略的東西。大致而言，對於珍貴金屬的使用，不管是黃金或純銀，在中美洲古典時期並不普遍，至於談到

使用並加工這些金屬，則是更晚以後的事。專家相信，米克特人所使用的技術可能是南美洲民族傳進來的，因為南美洲的金屬工藝在更早時期已開始發展，例如哥倫比亞、祕魯和巴拿馬都是如此。

　　毫無疑問的，蒙特阿爾班墳墓裡的發現，讓我們對薩波特克人和米克特人的墓葬習俗有新的了解。這些發現同時也提供許多關於陪葬物品的資訊，讓專家得以深入了解他們是如何使用金屬，以及許多不同種類的石頭、貝殼、

珊瑚和骨頭。之後的研究也增加了這方面的知識，例如，距離蒙特阿爾班不遠的薩奇拉（Zaachila）的墳墓，在西元1960年代進行挖掘時，就發現許多黃金、尤其是陶瓷物品。

距離現在更近的發現，是位於胡伊賈如（Huijazoo）的一座墳墓，胡伊賈如是一處薩波特克遺址，位於通往瓦哈卡中央山谷的戰略位置。這座墳墓發現於西元1985年，此墳由兩間前廳和一間主墓室形成，裡頭有保存最完好的壁畫。壁畫清楚顯示打扮華麗的人物以行列前進，有時是9個人一組。9是一個非常重要的數字，因為它代表亡者必須穿越的階層或陰間的數目，路途中甚至會面臨一連串陷阱和危險，之後才能抵達最深的一層，也就是亡者最終停留之地。因此這裡面甚至還有9階階梯往下通往厚重的石門，這道石門封住了墳墓入口。

關於米克特和薩波特克民族，其實還有許

279底圖　胡伊賈如墳墓裡的這幅壁畫，描繪一名拿著袋子的年老女祭司。從她嘴裡吐出文字象徵，代表她正在說話。

279上圖左　貓頭鷹和夜晚及死亡有關；這幅位於瓦哈卡的薩奇拉墳墓裡的浮雕，就刻畫著貓頭鷹。

279上圖右　薩奇拉墳墓牆上的浮雕，刻畫一具戴著項鍊的骸骨。

多疑問有待研究。在西元16世紀，由僧侶和編年史家撰寫的各式文件，具有難以估計的價值；再加上經由發掘工作所披露的數據，便提供了許多重要的歷史資料。此外還可加上米克特手抄本，這些手抄本源源不絕的提供這些民族的歷史、神話、宗教信仰，以及生活習俗等的相關資訊。再配合其他資料，我們便能了解他們到底是個怎麼樣的民族。

當西班牙人抵達瓦哈卡地區後，古老的埋葬儀式便逐漸消失。這個地區對歐洲人顯然非常重要，因為西班牙君主賦予墨西哥的征服者柯提斯（Hernán Cortés）「瓦哈卡山谷侯爵」的封號。這個區域蘊藏黃金和半珍貴寶石等天然資源，對野心勃勃的征服者有莫大吸引力。

考古學研究將會繼續發現更多新的墳墓，這將增加我們對過往社群的認識與了解。完全了解過往的社群，才能幫我們更加了解現在，並且也會體認到，人類自存在於世以來，就不斷想要欺瞞死亡。從關於生存的不同神話，以及人類自己所創造關於神明、生命和死亡的各種觀念，在在顯示，人類一直想超脫並逃避他所拒絕接受的命運。

西潘：莫切皇陵的壯麗與神祕
SIPÁN: Magnificence and mystery of the Moche royal tombs

祕魯 Peru

西潘（Sipán）

當歐洲人於西元16世紀抵達南美洲大陸時，他們發現自己所面對的是不同種的民族，而這些民族都被古代最偉大的帝國——印加（Inca）帝國所同化。與這些由西班牙王室贊助的征服者同行的編年史家，對此留下豐富的紀錄，記載他們對許多事物的驚奇，包括印加帝國進步的社會和政治組織、先進的土地開發技術，以及嘗試對抗基督教傳入的複雜宗教巫術思想等。

這些民族與自然界有著緊密的關係，他們崇拜太陽、河流、高山、潟湖和海洋。他們討論神祕神祇，並對亡者進行特別祭拜，因為他們相信亡者會繼續對活著的人產生決定性的影響力。最特別的是，印加百姓對印加皇帝的屍體非常重視，他們會為已故的統治者維護土地和宮殿、貢獻祭品進行崇拜，並且每年都舉行膜拜遊行，以表達崇高敬意。有如皇帝的權力在死後還是繼續運作一般；許多資源，包括人力在內，都奉獻給祭拜祖先的儀式。不幸的是，印加或其他更早民族和文化的所有重要墳墓和神殿，全都被征服者掠奪破壞，更有甚者，西元20世紀時，有很多盜墓者帶來更大的破壞，他們挖掘古物以滿足非法交易。

西元1987年，我們的一小組考古隊獲得難得機會，得以挖掘前印加的莫切（Moche）文化的一位總督的墳墓。莫切王國於西元1世紀到西元7世紀，興盛於安地斯山（Andes）的背風處，大約是在印加帝國併吞祕魯這個地區之前1000年左右。他們以風乾土坯，即未燒製的磚塊建造龐大的金字塔，並發展出複雜的金屬工匠技術，製造武器、工具和首飾。莫切陶器非常的實用，是遠古美洲文明中最複雜精密的技術之一。

這位大人物我們稱為「西潘王」（Lord of Sipán），他的墳墓位於一座12公尺高的階梯平台的中段。平台以風乾土坯建造而成，挺立在兩座約40公尺高的巨大金字塔前方。金字塔基地面積超過100平方公尺。這裡也許曾是蘭巴

280上圖 從這張空中鳥瞰照片，可清楚看到西潘聖殿的建築物。幾世紀來，這些建築物已遭到風吹雨淋的嚴重侵蝕。

280底圖 這幅重建圖顯示，西潘聖殿在極盛時期的模樣。聖殿有兩座截面金字塔和一座墓葬平台。

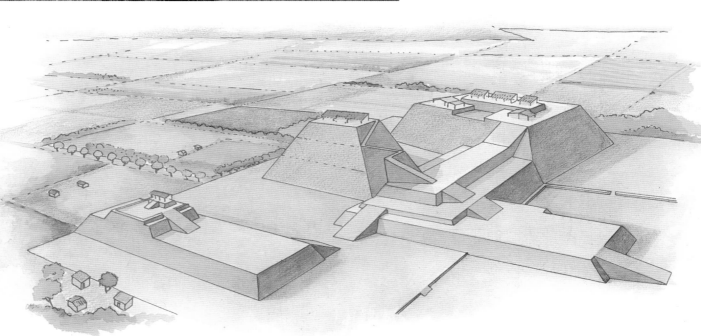

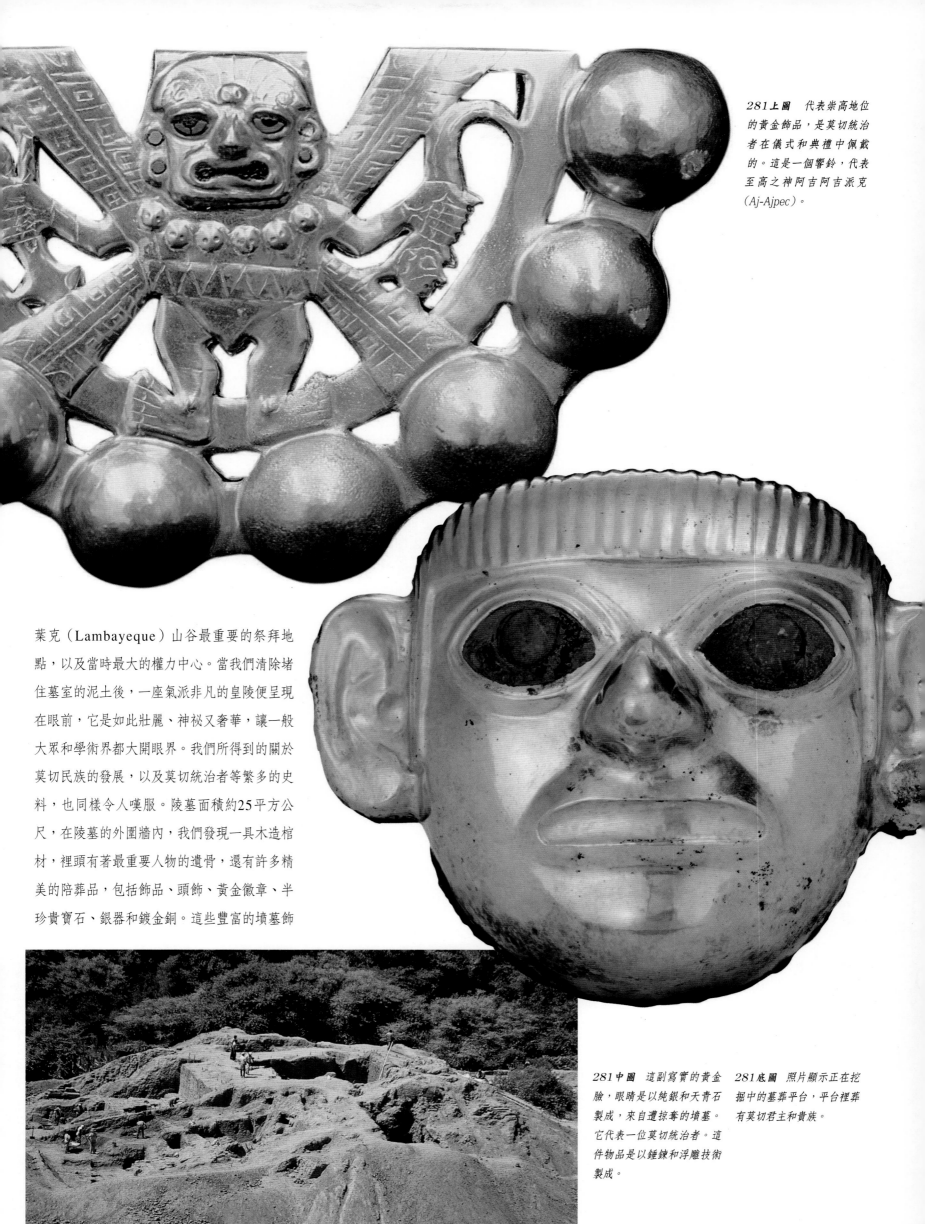

葉克（Lambayeque）山谷最重要的祭拜地點，以及當時最大的權力中心。當我們清除堵住墓室的泥土後，一座氣派非凡的皇陵便呈現在眼前，它是如此壯麗、神祕又奢華，讓一般大眾和學術界都大開眼界。我們所得到的關於莫切民族的發展，以及莫切統治者等繁多的史料，也同樣令人嘆服。陵墓面積約25平方公尺，在陵墓的外圍牆內，我們發現一具木造棺材，裡頭有著最重要人物的遺骨，還有許多精美的陪葬品，包括飾品、頭飾、黃金徽章、半珍貴寶石、銀器和鍍金銅。這些豐富的墳墓飾

281中圖　這副寫實的黃金臉，眼睛是以純銀和天青石製成，來自遭掠奪的墳墓。它代表一位莫切統治者。這件物品是以錘鍊和浮雕技術製成。

281底圖　照片顯示正在挖掘中的墓葬平台，平台裡葬有莫切君主和貴族。

282上圖 在這些幾乎已遭壓毀的供品和西潘王遺骨中,可看到重要的象徵物品,像是黃金和綠松石的耳環和鼻環。

282中圖 這幅畫是重建後的墓室,顯示西潘王的石棺被6個同伴、兩頭駱馬和一條狗環繞。一名衛兵躺在天花板處,第二名衛兵則坐在南牆邊上。

品,包括以先進黃金工藝技術製成的絕美藝術品,形成西潘王權力的象徵。在主棺材四周,我們發現了8具最親近的皇室隨從的骸骨,以及供獻祭的動物遺骸和精心準備的許多供品,以陪伴亡者前往永恆之旅。

這次所發現的墳墓,無疑是新世界最豪奢的一座墳墓,它似乎也為前哥倫布時期美洲文化的研究翻開了新的一頁。根據先前的史料,我們必須解釋這位大人物和他的隨從是誰,以及他的無數陪葬品有何意義,同時也要重建在我們侵入前,保存了這整座墳墓的墓葬儀式。在研究這座皇陵之前,必須記錄側牆上半段的小開間內塞滿的供品。我們共發現1137件還有殘餘食物的陶器、銅冠、獻祭駱馬遺骨,以及一名男子的骸骨;他也是主墳墓關閉後留下來的一項儀式供品。墓室屋頂原本是以巨大木樑建成,但現已崩解成塵土。我們在進入墓室前,發現一名士兵的骸骨,他拿著一頂銅製頭盔,左前臂佩戴盾牌。士兵的腳遭截肢,這明確的象徵著他無法再行動,將永遠留在崗位上,守護國王的神聖陵墓。比西潘王略高、在牆上的壁龕裡,有另一具男子的坐姿遺骸,彷彿在護衛著一切。在墓室的中央,有具2.20×1.25公尺的木頭棺材,以木板製成再由鐵線固定,裡頭放置著墓葬包裹,內含西潘王遺骨以及各式服飾、衣物、飾品和他生前主持各項儀式所使用的各種徽章。

專家學者為這些現象做了一個假設:莫切人認為有另一個世界的存在,只要提供足夠的墓葬裝飾,以及最重要的地位和權勢象徵,他們的統治者就能在這個世界持續行使權力。權力的象徵一向都會和統治者一起陪葬,絕對不會傳給後代,因此每個統治者都會有自己專屬的飾品和徽章。

在我們發現這座陵墓之前,研究這個前印加文明的學者,便從已發掘的陶器、紡織品和壁畫等藝術品中,指認出許多場景,以及在這些場景裡出現的神話人物或高官權貴。在這些場景中的主角,亦即接受供品的人,有的在接受崇拜,有的在主持儀式,這些主角所穿戴的飾品或徽章,就跟我們在墓中發現的陪葬品一樣。因此,在前述藝術品中呈現的主角人物並非只是神話中的人物,而我們正在注視的這個

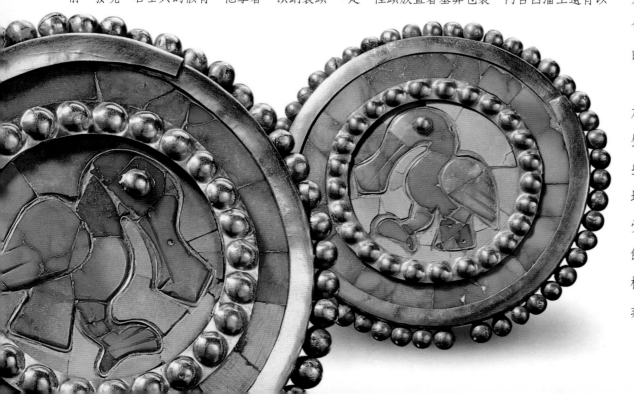

282底圖　這對以黃金和綠
松石馬賽克所製成的耳環上
有幼鵝圖案，這和繁殖崇拜
有關。

283　這是西潘王最重要的
一對耳環，裝飾在耳環上的
精美雕像，就是西潘王自
己，他身著華美的服飾，打
扮得有如戰士酋長。

284 - 285 這只精美的新　284底圖　這只新月形皇
月形冠冕，是由一整片金箔　冠寬62.7公分，半掩在已
製成，是西潘王至高無上的　經分解的羽毛飾品中。
權力象徵。

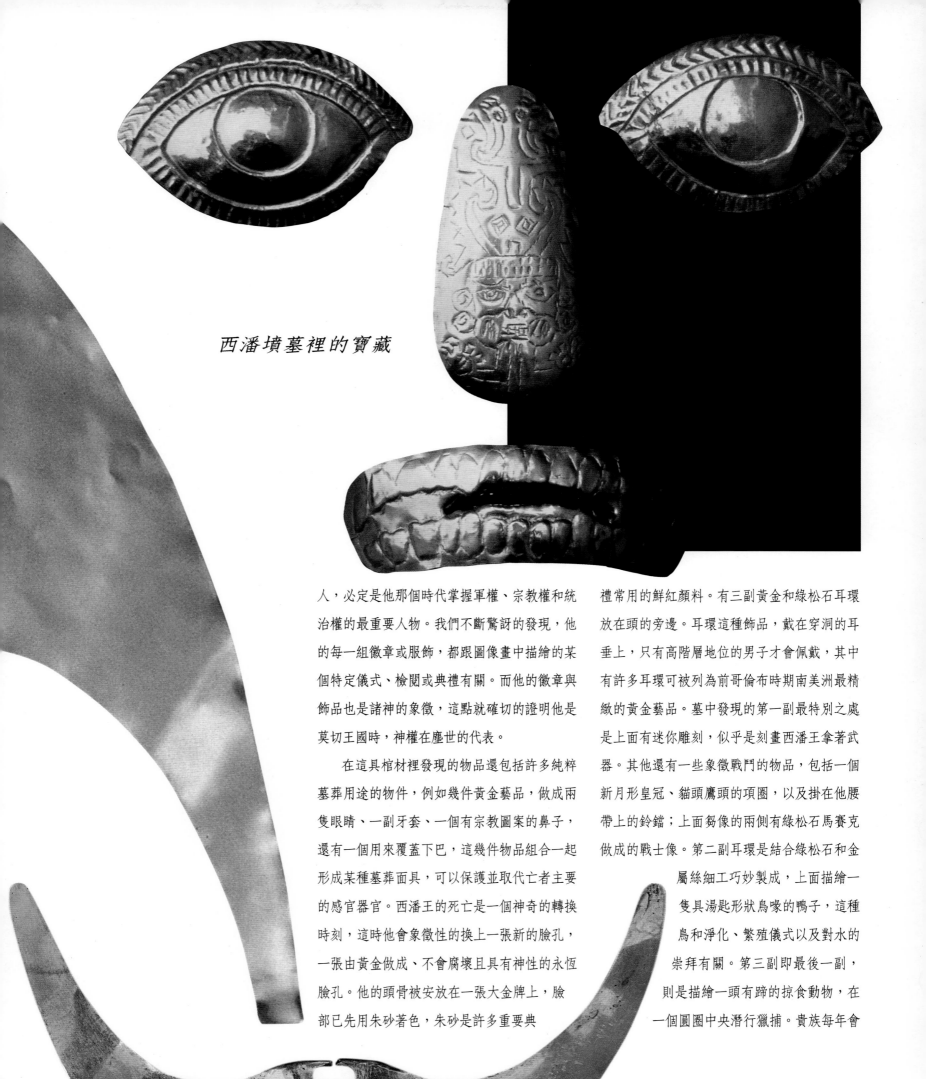

西潘墳墓裡的寶藏

人，必定是他那個時代掌握軍權、宗教權和統治權的最重要人物。我們不斷驚訝的發現，他的每一組徽章或服飾，都跟圖像畫中描繪的某個特定儀式、檢閱或典禮有關。而他的徽章與飾品也是諸神的象徵，這點就確切的證明他是莫切王國時，神權在塵世的代表。

在這具棺材裡發現的物品還包括許多純粹墓葬用途的物件，例如幾件黃金藝品，做成兩隻眼睛、一副牙套、一個有宗教圖案的鼻子，還有一個用來覆蓋下巴，這幾件物品組合一起形成某種墓葬面具，可以保護並取代亡者主要的感官器官。西潘王的死亡是一個神奇的轉換時刻，這時他會象徵性的換上一張新的臉孔，一張由黃金做成、不會腐壞且具有神性的永恆臉孔。他的頭骨被安放在一張大金牌上，臉部已先用朱砂著色，朱砂是許多重要典禮常用的鮮紅顏料。有三副黃金和綠松石耳環放在頭的旁邊。耳環這種飾品，戴在穿洞的耳垂上，只有高階層地位的男子才會佩戴，其中有許多耳環可被列為前哥倫布時期南美洲最精緻的黃金藝品。墓中發現的第一副最特別之處是上面有迷你雕刻，似乎是刻畫西潘王拿著武器。其他還有一些象徵戰鬥的物品，包括一個新月形皇冠、貓頭鷹頭的項圈，以及掛在他腰帶上的鈴鐺；上面芻像的兩側有綠松石馬賽克做成的戰士像。第二副耳環是結合綠松石和金屬絲細工巧妙製成，上面描繪一隻具湯匙形狀鳥喙的鴨子，這種鳥和淨化、繁殖儀式以及對水的崇拜有關。第三副即最後一副，則是描繪一頭有蹄的掠食動物，在一個圓圈中央潛行獵捕。貴族每年會

285上圖　這副黃金墓葬面具，有眼睛、鼻子和牙套，在西潘王下葬時，放置在他臉上。

285底圖　這只新月形的鼻環，是莫切高階層男子典型的飾品。

285

舉行一次盛大的儀式狩獵，這也是祭拜亡者與祖先的儀式之一。這三副耳環有三件搭配的頭飾和三條項鍊，代表三個特殊事件或儀式，很可能都是由西潘王主持。其餘的衣物或儀式服飾，被認為和其他場合有關。最令人讚嘆的頭飾，是一頂新月形的黃金冠冕，寬62.7公分，這是受人崇拜或接受供品的人物之典型象徵物。另一件頭飾，以鍍金銅製成，做成無頭人形，舉起手臂、張開雙手，上面刻有圖像，圖

像的人物握拳、頭戴帽子並佩戴許多裝飾。整個圖案象徵著亡者處於顫動狀態，而且似乎也有雙層的複雜寓意，如生與死、身體與靈魂、地與天。它也意味著薩滿人物，或也許是神話二元體的象徵性分裂。第三件頭飾也是新月形皇冠，比第一件略小，可能用在臨時的場合。

最值得注意的項鍊，是由20個配件做成核果的形狀，其中一半是黃金，安排在右邊，另一半為純銀，放在左邊，以代表儀式物品所展現的二元對立。核果是首度被用在飾品裡，必定和生死主題的再生神話有關。這是因為這種植物的果實在地上開花，卻在地底成熟。另兩條項鍊之一，是由16個黃金圓盤組成，另一條則是由71個金屬珠子製成，且珠子從中往外逐漸變小。

有一件由某種金銀製成的權杖兼佩刀，置於西潘王的右手，這顯然是他最重要的權勢象徵。這件物品包含一個銀製刀鋒以及金字塔形狀的黃金把手。金字塔上裝飾華麗的浮雕，浮雕上刻著一名打扮高貴的戰士酋長，正毫不留情的對付戰俘。這是重現莫切菁英戰士擒獲、刑求，並擊殺戰俘的過程。銀製

把手也裝飾著武器和軍事象徵的圖案。銳利的刀尖，顯示這是一把獻祭用的刀；獻祭儀式可能是西潘王最重要的任務之一。他的左手握著另一把權杖，雖然比第一把小也沒那麼華麗，但刻畫相同主題，有戰士酋長和戰俘。

二元對立的象徵安排，也再度由兩塊鑄塊凸顯出來，一塊為黃金、一塊為純銀，分別放在右手和左手，而在亡者胸前，同樣也左右放置兩把相同材質的刀。顯然的，這個文化的世界觀，是根據兩個對立但又互補的一半：日與夜、生與死、日與月、黎明與黃昏、正與反。世界的前進仰賴這些相反力量的平衡。西潘王的儀式飾品顯示，身為神權在塵世的代表，他的責任就是維持金銀二元所象徵的平衡。

在西潘王墓中發現的另一個更精美的徽章，就是他的護髖，這是一件黃金飾品，高45公分、重約1公斤。做成新月形斧頭形狀，上半部裝飾著阿吉阿吉派克「砍頭者」的圖像。這是那個時代最重要的神祇，祂一手拿著人頭、另一手拿刀，象徵主宰凡人的生殺大權。這件飾品首度在墳墓中被發現，可能是佩掛在腰帶上，也許是要代表聖鳥的尾巴。一般相

286 這件鍍金銅製飾品，造型特殊，是個無頭的人形，上面有個神祇圖像。

287上圖 西潘王陪葬品中的這面胸牌，是以成千上萬的彩色貝殼碎片製成，圖案象徵與統治者有關的太陽。

287底圖左 挖掘時要小心翼翼的清理陪葬品，包括輕柔的噴氣，讓金銀飾品回復原有的光華。

287底圖右 這只精美的徽章上刻畫著阿吉阿吉派克「砍頭者」，是由一整片金箔打造而成。

信，古代祕魯國王就是聖鳥的後代。第二件「髖飾品」，外觀相同，但以純銀製成，仍是強調二元對立的主題。兩只刻畫相同神祇的黃金鈴鐺，也是這個徽章的一部分。一塊小金塊放在西潘王嘴裡，還有一些海菊蛤（spondylus）貝殼，這種來自現今厄瓜多爾（Ecuador）海域的貝類，是當時很受重視的供品，放置在木乃伊包裹四周。

墓葬品包括10面以一列列小貝殼片做成的胸牌。有些是白的，有些是紅的，有些則是兩種顏色的珠子做成的，全部組合成複雜的圖案。其中一面胸牌有三角形圖案，三角尖頂朝下，代表閃亮的太陽，而西潘王的神話化身之一就是太陽神。此外還有軍事標誌的服飾，例如銅製胸牌上有狐狸頭圖像，還有矛頭、箭矢和短刀。

聖服中被保存下來的最主要部分，是一件上面覆蓋有小鍍金銅片的棉袍。其他由棉布所製成的衣袍，則已分解成灰。至於旗幟形狀的金屬徽章，或適合運送的金屬硬幣也是首度被發現，上面不斷出現宗教，或是徽章圖像，上頭有一位雙臂高舉的神明。這些徽章可能是在行列前進和典禮時用來膜拜的。可能還有其他飾品是以有機材質製成，不過現已分解，像是

288－289　在這張金箔銅片製成的旗幟中央，可以看到一位神明。旗幟原本是縫在一塊棉布上。邊緣裝飾著一種神祕果實的圖案。

289右圖　這件統治者的主要權杖兼佩刀，是真正的莫切藝術品。權杖上頂著黃金金字塔，上頭刻的圖像有軍事象徵，以及一名戰士酋長刑求戰俘的場景。

西潘墳墓裡的寶藏

披風、布料或羽毛頭飾。這些羽毛頭飾可由殘留的金屬支架證明它們曾經存在。這些飾品、徽章、服飾和衣物，也證明當時工匠和金匠技術的進步，以及他們有能力取得遙遠國度的外來材料。西潘王是一位祭司、戰士，兼統治者，是整個社會金字塔的領袖，因此必須以最隆重的儀式安葬。

西潘王四周隨從的遺骸，安放在蘆葦棺材裡。右邊為一名軍事將領，遺骨上覆蓋武器、頭飾和銅製胸牌；左邊的另一成年男子，則面向另一方，他的職務是掌旗官或儀典長。在後者被截肢的腳邊，我們發現一隻狗的遺骨，應該是西潘王在儀式狩獵時的忠實夥伴；根據古老神話，狗會帶領主人前往亡者的世界。

有三名殉葬時年紀不到20歲的婦女，躺在西潘王的腳邊和頭邊；角落還有一名小孩，獻祭小孩可能是和再生循環的信仰有關。此外還有兩頭駱馬的遺骨，是首度見到這種葬禮獻祭。墓室三面牆上的5個壁龕，放置212個小人形陶罐，分別做成戰俘、戰士和祈禱者的形狀。這些舀像經過仔細排列，營造一種氛圍，顯示要象徵性地把真實的人轉移到陶罐上的人（陶罐裡也有食物供品）。由於這是要持續到永遠的居所，因此世界的所有秩序和象徵，以及西潘王的行為和偉大，全都要在這個墓葬區域內複製。

289左圖　在西潘王之墓發現的這把銀製權杖的末端，刻畫一名戰俘跪在一名打扮華麗的戰士酋長面前。

第三座墳墓位於平台最古老區城的底層，只是一條3×2公尺的簡單溝渠，內含原本包在棉布裡的木乃伊包裹。和西潘王一樣，死者的屍體四周也圍繞著私人物品、飾品、徽章和服飾。從這些物品的多樣和豐富來判斷，他是一位地位很高的人士，而且他的地位和之後三、四代的子孫一樣的崇高。從許多飾品和象徵都類似的情況來看，死者和西潘王具有相同的社會角色；其他物品則顯示當時曾發生重要的文化變革。還有三件黃金和三件純銀項圈；最顯眼的是放在包裹屍體第一層材料的胸前，也是真正的藝術品，是由10件黃金配件組成的一隻蜘蛛，每個配件本身都是更小的零件。蜘蛛的身體上有個人頭，坐在蛛網的中央。這些配件的背面裝飾有三條蛇和鳥頭，和三條順時鐘旋轉的橫線相互交疊。這可能是代表生命的要素——風神和水神正在運轉。

另外兩條項鍊，也都是由10個配件所組成，放置在屍體附近。其中一條寫實的呈現一頭兇猛的美洲虎或美洲豹的頭部和胸部，尖牙則是以貝殼製成。背面裝飾的螺旋圖案比之前提到的項鍊小，但分成兩部分而非三部分。奇怪的是，這兩條項鍊的寫實設計部分，即使是旁觀者也可以看得很清楚，但象徵裝飾則只有使用者才能明瞭。

第三條項鍊自然呈現老人乾瘦的臉。還有三條以人形頭製成的純銀項鍊：第一條是個年輕人、第二條是個牙齒很大的人、第三條是個人形神，有著尖牙和貓眼。

西潘墳墓裡的寶藏

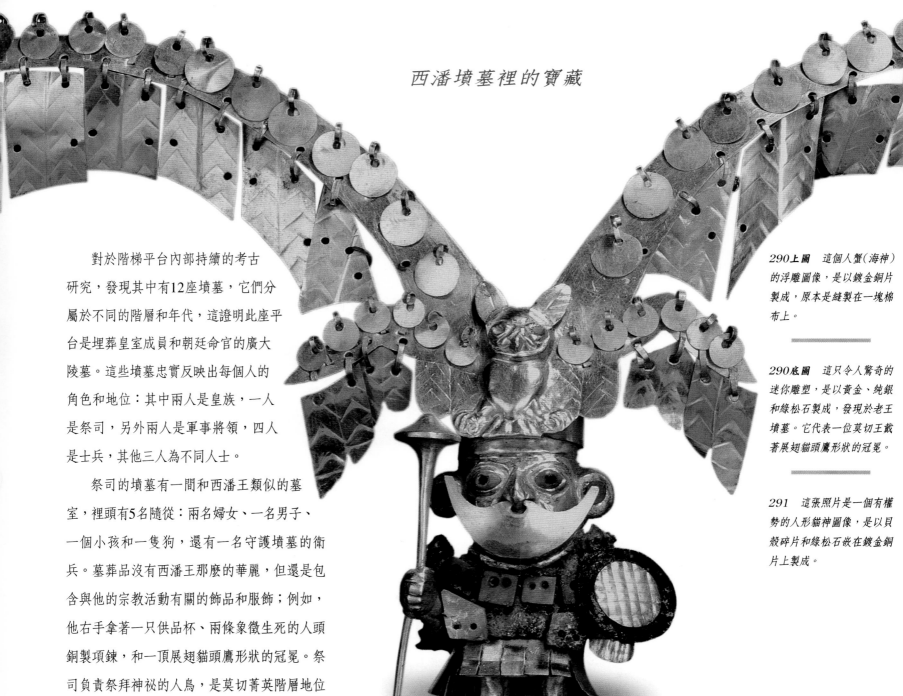

對於階梯平台內部持續的考古研究，發現其中有12座墳墓，它們分屬於不同的階層和年代，這證明此座平台是埋葬皇室成員和朝廷命官的廣大陵墓。這些墳墓忠實反映出每個人的角色和地位：其中兩人是皇族，一人是祭司，另外兩人是軍事將領，四人是士兵，其他三人為不同人士。

祭司的墳墓有一間和西潘王類似的墓室，裡頭有5名隨從：兩名婦女、一名男子、一個小孩和一隻狗，還有一名守護墳墓的衛兵。墓葬品沒有西潘王那麼的華麗，但還是包含與他的宗教活動有關的飾品和服飾；例如，他右手拿著一只供品杯、兩條象徵生死的人頭銅製項鍊，和一頂展翅貓頭鷹形狀的冠冕。祭司負責祭拜神祕的人鳥，是莫切菁英階層地位第二高的人物。

290上圖　這個人蟹（海神）的浮雕圖像，是以鍍金銅片製成，原本是縫製在一塊棉布上。

290底圖　這只令人驚奇的迷你雕塑，是以黃金、純銀和綠松石製成，發現於老王墳墓。它代表一位莫切王戴著展翅貓頭鷹形狀的冠冕。

291　這張照片是一個有權勢的人形貓神圖像，是以貝殼碎片和綠松石嵌在鍍金銅片上製成。

老王的臉上原本覆蓋缺了一隻眼睛的鍍金銅製墓葬面具，還有5片貓頭鷹頭形和胸形的金牌，懸掛在面具下方。鍍金銅片組成的胸牌共有8塊薄片，安置在老王胸前，每一塊都是觸鬚的形狀，形成一隻大章魚；章魚可能與靈魂前往海底的旅程有關。

這些墓葬品最有趣的象徵之一，就是在一片鍍金銅片上，刻畫著一個人臉、貓尖牙的神祕生物，可能是代表一位最重要的神。這張凶惡的臉孔，尖牙是以貝殼做成，在祂的前額和

頭上，有三條雙頭蛇。第一條蛇有魚頭，第二條蛇有鳥頭，而第三條是與銀河和天空有關的偉大貓蛇，則有野貓的頭和胸。整件飾品代表海洋、陸地和天空，也就是這位神祇所統轄的三個地區。

另一個權力和重要性相當的神，就是人蟹神，也就是海神，祂常被刻畫成和貓神打鬥。其他被發現的徽章還包括描繪手臂張開的神明旗幟，它們和第一座墳墓所發現的很類似。在這位早期君王的墳墓裡，還有10個黃金和10個

純銀鈴鐺，上頭有阿吉阿吉派克的圖像，以及其他較簡單的鍍銀銅製鈴鐺，一只黃金護髖，許多小純銀髖飾品，和10個用純銀和黃金配上象徵圖案精緻打造的鼻環。其中一件，毋庸置疑是這位君王最美麗的飾品：這是一件以金銀打造成的迷你雕塑，呈現一名統治者拿著武器，穿著綠松石碎片製成的袍衣，戴著展翅貓頭鷹形狀的超大頭冠，頭冠上有人造羽毛，移動時還會顫動。這件精采的飾品可能是在特殊場合如葬禮時，覆蓋著君王的部分臉孔。

292上圖　兩面胸牌：一面有些配件做成章魚的觸鬚狀，另一面的配件則呈現蛇頭，框飾著老王的墓葬面具。

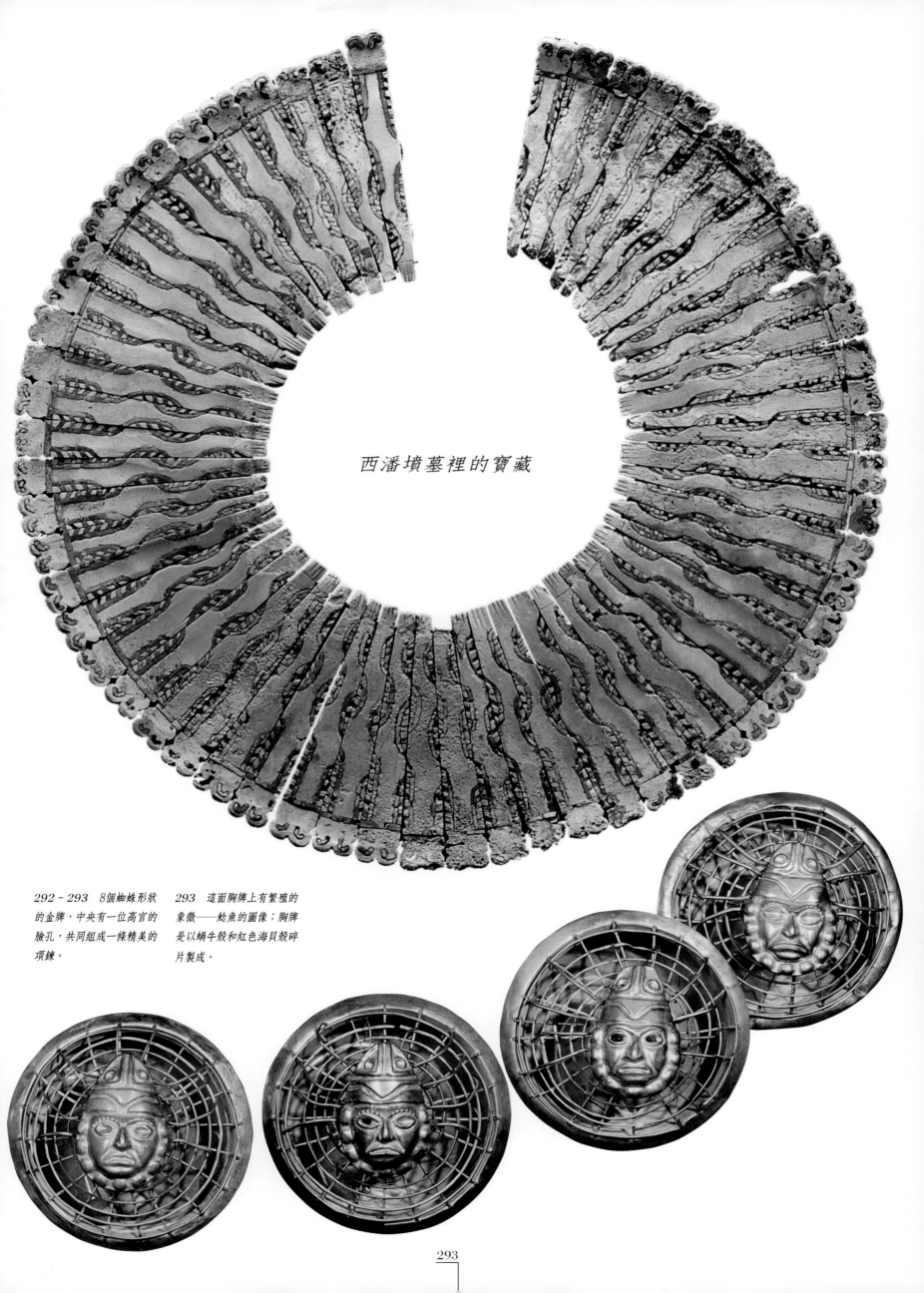

西潘墳墓裡的寶藏

292-293 8個蜘蛛形狀
的金牌，中央有一位高官的
臉孔，共同組成一條精美的
項鍊。

293 這面胸牌上有繁殖的
象徵──鯰魚的圖像；胸牌
是以蝸牛殼和紅色海貝殼碎
片製成。

294上圖　一個雙手舉起的
人物，形成這面鍍金銅旗幟
的主要圖案；這可能是西潘
統治者的徽章。

294底圖　這個權杖兼佩刀
應是用在獻祭儀式上，末端
有個果實形狀的響鈴。

295上圖右　老王的耳垂
飾品，當他走動時，這些小
圓盤就會顫動。

295中圖　這件鍍金銅製
飾品上刻有戰士酋長，是
權位的象徵。

295底圖　這條有老人臉孔
圖像的項鍊，是老王所有，
具有象徵意義。

老王的墓葬飾品中有兩副圓耳環，一副是黃金，另一副是純銀，它們是由許多小圓盤懸掛在主圓盤表面形成整套裝飾。在葬禮期間，四面由蝸牛殼和海貝殼做成的胸牌，放在他的胸前和手臂；胸牌裝飾著三角形和圓圈圖案，形成光線照射的圖像，還有魚類的幾何圖案。最美麗的是一件有一連串鯰魚的藝術品，這種魚和繁殖有關，能把安地斯河流的水帶到沙漠中。此外，還有一把黃金製，及另一把純銀的權杖兼佩刀，是兩個以軍裝和武器形式展現權勢的象徵。木乃伊包裹的右邊，有10個金屬矛頭，其他故意壓毀的武器，也許是放在墓中象徵戰利品。食物和飲水被放在26個小容器內，並安置在木乃伊包裹四周。這些供品容器上描繪人、狗和貓頭鷹，可能是代表那些與夜晚以及前往亡者世界有關的主題和動物。這位老王唯一的隨從，是一名16歲的女孩和一頭駱馬，他們殉葬後被放在亡者頭上稍高的位置。

　　西潘的皇陵，建造成統治者的不朽故居，他們統理一個複雜且層級分明的社會。這些皇陵向現代世界揭露前哥倫布的古代文化的神祕、壯闊以及宗教觀和知識。

A

Abydos 阿比多斯
15,86,86c,132,139

Achaean 阿該亞人70

Achelous 阿克洛奧斯38c

Achilles 阿奇里斯 47,47c,79

Acosta, Jorge 阿科斯塔 258

Ade 艾德 36

Adige River 阿迪傑河74

Aegistus 埃癸斯托斯74

Aeschylus 艾斯奇勒斯70c, 74

Agamemnon 亞格曼儂 70, 74

Ahmosis 阿赫莫西斯98

Aigaì 埃蓋19, 76, 79

Ainsley, Samuel James 安斯利34c

Aita 艾塔 36

Aj-Ajpec 阿吉阿吉派克281, 286,
287c ,292

Ak-Alakha 阿克阿拉卡207

Akalamdug 阿卡拉姆杜格188

Akkad 阿卡德183

al-Dair 阿爾德爾修道院
157c,159c,166,168c,169,169c

Alexander IV 亞歷山大四世80

Alexander the Great 亞歷山大大帝
77, 79, 80, 140c,145, 151, 154

Alexandria 亞歷山卓 160

Al-Mamun, Caliph 馬蒙94c

Al-Massudi 馬蘇迪94c

Almaty 阿拉木圖203, 207c, 209

Altai 阿爾泰194, 197, 206

Amarna 阿馬納104,106

Amasi 阿馬希142

Amenemhet 阿門內姆哈特 98c

Amenhotep-Huy 阿孟霍特普輝伊
142

Amenhotep II 阿孟霍特普二世
98c,100c,126c, 136, 136c

Amenhotep III 阿孟霍特普三世
106, 126c

Amenhotep IV Akhenaton 阿孟霍
特普四世阿克奈頓104, 126c

Amon 阿蒙 104, 134c, 135

Amu Daria 阿姆河203

Amyntas III 阿敏塔斯三世19, 77

Anatolia 安那托利亞15,69,151,188

Andes 安地斯山 254,280

Andronìkos, Manòlis 安德洛尼可
斯，馬諾利斯76, 77, 79, 80

Angkor 吳哥 192c, 194, 218c, 221,
223

Ankar Daglari 安卡山脈152

Ankhsenamon 安克桑娜夢104,
112, 112c

Anmut 安穆特113, 114c, 115, 115c

Antiochus I 安提克一世 6c, 85,
151, 151c, 152, 153c, 154, 154c

Anubis 阿努比斯12c, 98, 99c,
102c, 120, 122, 125, 132c, 149c

Apollon Mithra Helios Hermes
阿波羅密斯拉赫利俄斯漢密斯
151c, 152, 154, 154c

Appian Way 阿庇亞大道 182

Arabian Gulf 阿拉伯灣170

Aral Sea 鹹海194, 198, 202, 203

Aranth Spurianas
阿藍斯史普力亞納斯 47

Aretas IV 阿列塔斯四世164

Argead dynasty 阿吉德王朝79

Argolis 阿爾戈利斯66, 70

Argos 亞各斯66

Aristonophos 阿利斯托諾佛斯53c

Arnobius 阿諾比烏斯33

Asclepius 阿斯克勒庇俄斯87

Ashoka 阿育王212, 215

Assyria 亞述 163,203

Aswan 亞斯旺 94c

Aton 阿頓104, 113

Augustus 奧古斯都163

Avebury 埃夫伯里19, 23

Avenue of the Dead 黃泉大道254,
256c, 257, 257c, 258

Ay 艾伊104, 107c, 108, 122

Aztecs 阿茲特克人256, 259

B

Ba 巴142c,149c

Baalshamin 巴爾夏明 174

Bab el-Siq Triclinium
巴布希克躺椅墓158, 158c, 159c

Bahariya Oasis 巴哈利亞綠洲
82c,85, 140-149

Banditaccia necropolis
班迪塔西亞墓地34c, 52c, 53,
53c, 54c, 56c, 57, 59c

Bannentiu 班尼條145, 149c

Barinova, E. 班妮諾娃，E. 208

Barnenez 班尼內茲17,20c,24, 24c

Barshadar necropolis
巴夏達墓地206

Bassatyr necropolis
巴沙提爾墓地200

Batres 巴特斯258

Bawiti 巴維提142, 144c

Bayon 巴榮寺193c, 221c

Behistun 貝希斯頓202

Belzoni, Giovanni Battista 貝佐尼
101c, 106

Benu 貝努132c

Berel necropolis 貝瑞爾墓地192c,
196c, 207, 207c

Bernardini 貝納迪尼36c

Besnagar 貝斯納加212

Bey, Hamdi 伊貝，哈姆迪152

Bhopal 波帕爾194, 212

Bisenzio 畢桑奇歐36c

Bolaya 波拉亞177c

Bolha 波爾哈178

Bonampak 波納姆帕克263

Borrofa 波洛發178

Boyne 博因河28

Brittany 不列塔尼 17, 20, 21, 23,
24, 24c, 26, 26c

Brochtorff Circle
布羅契托夫墓葬圈60c, 61, 64-65

Brochtorff, C.H. 布羅契托夫 64c

Buchtarma 布克塔瑪206, 207

Building of the Dancers
舞者之屋273

Burckhardt, J.L.
布爾克哈特，J.L. 157

C

Cabreta, Rubén
卡布雷塔，魯班259

Caere 凱爾 56c

Caerean 凱利安 56c

Callender, Arthur
卡倫德，亞瑟108c

Camp of Diocletian
戴克里先營壘177c

Campana Mound 坎帕納土丘58c

Capanna Tomb 卡帕納墳墓53, 53c,
56c

Capua 卡普亞35c

Carnac 卡納克 17c,20c, 21, 21c,
22c

Carnarvon, Lord 卡納爾馮爵士103,
108c

Carter, Howard 卡特，霍華 104,
106, 108, 108c,111c, 115, 116c,
118, 120, 124

Caso, Alfonso 卡索，阿方索 254,
273, 274, 278

Cassander 卡珊德79, 80

Castor 卡斯特160

Catherwood, Frederick 卡瑟伍德，
菲德瑞克 264c, 265c

Caucasus 高加索 15, 197, 198, 200

Cerberus 賽博羅斯 58

Cerveteri 塞維特里17c,19, 32c,
34c, 41, 52-59

Chaeronea 喀羅尼亞79

Chalcidice 哈爾基季基53c,79

Charon 卡倫38

Charum 卡倫38

Chàvos 查佛斯66

Cheops 古夫 83, 86-97

Chiapas 恰帕斯254, 263

Childe, V. Gordon
柴爾德，V. 戈登20

Chimera 蓋美拉36

Choga Mish 丘加美斯15

Cholula 丘魯拉256

Chorasmia 花剌子模198

Civitucola 希維圖可拉41

Cleopatra 克麗奧佩托拉 76c, 79,

80c

Clytemnestra 克呂泰涅斯特拉74

Cocijo 柯希喬274

Cole 柯爾214

Commagene 科馬基尼 6c, 85, 151,
151c, 152, 153c, 154, 154c

Commana 柯瑪納22c

Copán 科潘256, 263

Corinthian Tomb 科林多斯墓157c,
164, 165c, 166

Cortés, Hernán 柯提斯，赫南279

Crete 克里特島66

Cro-Magnon 克羅馬農人 12

Cuma 庫瑪50

Cyclades 基克拉澤斯73c

Cyprus 塞普路斯 72

Cyrenaica 昔蘭尼加142

D

Dahshur 代赫舒爾87

Damascus 大馬士革 156

Damascus Museum
大馬士革博物館175c, 176

Dardanelles Strait 達達尼爾海峽70

Darius I 大流士一世202, 203

Darius the Great 大流士大帝154

Deir el-Bahari 戴爾巴哈利
99c,103,126c,136

Deir el-Medina 戴爾美迪納
12c,82c, 101, 126c, 127c,128,136

Delaporte, Louis
德拉波特，路易斯193c, 221c

Demargne 戴瑪基尼69

Dionysus 戴奧尼索斯38

Djedhorefankh 迪傑霍瑞方克102c

Djinn Blocks 神怪石158c

Djoser, Neterikhet 左塞83, 86

Dowth 道斯28

Duamutef 杜亞姆德夫102, 125

E

Ecuador 厄瓜多爾 288

Effendi, Osgan
艾芬迪，歐斯根152

el-Assasif 艾賽阿薩西夫 126c

el-Khazneh el-Faroun 卡茲尼寶藏洞
159c,160, 160c, 164, 166

el-Qasr 卡瑟141

Elahbel, tomb of
伊勒貝爾之墓172, 173, 173c

Elam埃蘭203

Elizavetinskaya, tomb of
伊萊沙維廷斯卡亞之墓199

Enlil 恩尼爾10

Epirus 伊庇魯斯77

Essé 艾塞17c, 20c, 24, 24c

Etruscan 伊特拉斯坎人 11c,17,19,
23, 32-38, 41, 45, 50, 53, 53c

Euphrates 幼發拉底河 85, 151
Eurydice 尤麗迪絲79

F

Faiyum 法尤姆141
Finistére 菲尼斯代爾22c, 24
Florentinus, T. Anius Sextus 佛羅倫
　提努斯，T.安尼努斯塞瑟斯166c
Fowling and Fishing Tomb 獵鳥與
　捕魚墓 46c, 47, 47c
Francfort, H.P. 法蘭克福，H.P. 208

G

Galassi, Vincenzo
　加拉希，文森佐53
Galatian 加拉太77
Galleria 加勒里亞 22c
Ganymede甘尼美175c
Gavrinis 加夫里尼斯17c, 20c, 26,
　26c
Geb 傑布10
Gedamonefankh 傑達蒙尼方克145
Gerasa 傑拉薩 160
Giamblico, tomb of
　吉安布里柯之墓 171c, 172, 173
Gigantija 吉甘提加62,64, 65c
Giza 吉薩 17, 82c, 83c, 86c, 88,
　92c, 93c
Goell, Theresa B. 戈爾，泰瑞莎B.
　152
Gozo 戈左 19, 60c, 61, 64, 65
Gulf of Náfplion 納夫普利翁灣66
Gupta Dynasty 笈多王朝215c

H

Hades 黑地斯(冥王) 19, 33c, 44,
　44c
Haghios Elias Hill
　哈吉歐艾里亞斯山 66
Hal Saflieni 哈爾薩夫列尼地宮
　17c, 19, 60c, 61-63, 64, 65
Hamdi Bey 哈姆迪貝伊 152
Hapi 哈碧102, 125
Hathor 赫特124, 160
Hathor-Imentet 赫特伊曼特 122
Hatshepsut 哈特謝普蘇特 98c,126c
Haumavarga Saka 霍馬瓦加薩迪人
　197, 203
Hawass, Zahi 霍阿斯，札希 96,
　140c, 145
Heb 赫布111
Henutsen 赫努森 96
Herakles Artagnes Ares 赫拉克力
　士阿爾塔尼斯阿瑞斯152, 154
Herbert, Algernon 赫柏特 20
Hercules 海克力斯 80c, 154
Herodotus 希羅多德 85, 88, 91,
　91c, 92, 197
Hetepheres 海特菲莉斯96, 96c
Homer 荷馬 19,33c,70,75c

Horemheb 霍倫希布
　98c,100c,104,106, 124
Horus 賀魯斯102, 121c, 132, 147c
House of Columns 圓柱之屋75
House of the Oil Merchant
　油商之屋75
House of Warriors 戰士之屋75
Huijazoo 胡伊賈如278c, 279
Humann, Karl 胡曼，卡爾152
Hyksos 許克所斯人98, 116

I

Iaru 伊亞努 19,128
Iberia 伊比利70
Iliad 伊利亞德70
Imhotep 印和闐83, 87
Imset 艾姆謝特102, 125
Inca 印加 280
Inerkhaou 印涅卡伍134c
Inyferti 茵妮菲提128c, 132c
Irtys 伊爾提斯206
Isis 愛西斯 100c,102, 120, 125,
　128c,132,138, 160
Isis-Mehet 愛西斯麥希特
　113, 114c,115
Issedonian 伊塞頓人197
Issyk, tumulus of
　伊塞克古墳192c,196c,202-205

J

Jaxarte 賈沙特河202
Jayavarman II 闍耶跋摩二世218
Jayavarman VII 闍耶跋摩七世
　193c, 221
Jebel el-Kubtha 傑貝爾庫布塔
　164, 166
Jebel Harun 傑貝哈倫山157
Jericho 耶利哥 14
Joseph 約瑟夫 86
Jordan 約旦 156c
Juno 朱諾 36
Jupiter Amon 朱比特阿蒙140c,145
Jupiter 朱比特 36

K

Kaminaljuyú 卡米納柳尤 256
Kargaly necropolis
　卡爾加利墓地 200
Karnak 卡那克 135
Katanda necropolis
　卡坦達墓地 206
Kazakhstan 哈薩克 194, 196c,198,
　200-208
Kelermes, tumulus
　柯勒姆斯之墓 196c, 198
Kerch 刻赤 200
Kermario 柯爾馬立歐 21c
Kha 客阿 129
Khafaji 卡法吉 184c
Khafra（Chefren）

卡夫拉 92c,95
Khepri 凱布利聖甲蟲神 107c, 122,
　122c,124c
Khmer 高棉194
Khonsu 孔斯135
Kish 基什 183
Kiya 姬亞 104
Knowth 諾斯28
Kokorètsa 柯柯瑞沙 66
Krishna 黑天 228, 229c
Kuban 庫班河 199
Kulazorga 庫拉佐加 206
Kurukshetra 庫魯克斯特拉 228c, 229c

L

Lambayeque 蘭巴葉克254,281
Larmor-Baden 拉莫巴登 26
Lazio 拉奇歐17c, 19, 32
Le Menée 勒曼尼 20c
Leochàres 李奧卡雷斯78c, 79
Li Muri-Arzachena
　里穆立阿薩齊那 23
Libya 利比亞 85, 88, 90, 140c,
　141, 142
Ligabue Research and Study Center
　of Venice 威尼斯利加布研究與
　學習中心208
Lion Gate 獅子門66c, 72, 74
Locmariaquer 洛克馬力亞柯
　17c, 20c, 21, 21c, 22c, 24, 24c
Lucullus 盧庫盧斯 151, 154
Luristan 洛雷斯坦15
Luxor 路克索 99c

M

Maat 瑪特 132, 135
Macedonia 馬奇頓 19, 76, 77,
　80,140c,145,154
Madhya Pradesh 中央邦 211, 212
Magnesia ad Sipylum 馬尼西亞艾
　德希菲倫151
Mahabharata 摩訶婆羅多 228,
　228c, 229c
Mahendra 馬亨德拉214
Majemir 馬吉米爾 206
Malé 馬雷 177c
Malichos 馬里丘斯 158
Malta 馬爾他 17, 19, 21, 28, 60c,
　61, 63, 64, 65
Mane Kerioned Dolmen 曼恩凱立
　歐尼克石桌墓 21c
Mané-Réthual 馬尼雷圖亞爾24c
Manganello 曼加尼洛河53
Margulan Institute 馬古藍學院 208
Mari 馬利 182c
Mark Anthony 馬克安東尼 151
Marshall, John 馬歇爾，約翰214
Maspero, Gaston
　馬斯佩洛，加斯頓 103
Massageta Saka
　馬沙蓋塔薩迪人 202

Matuna 馬圖納 56c
Maugdalyayana 目見蓮216
Maurya Dynasty 孔雀王朝212,
　212c
Maya 馬雅 104
Medain es-Saleh 麥丹艾斯沙利163
Medusa 梅杜莎180
Mehet-Ueret 麥希特烏爾特 113,
　114c
Mehrgarh 梅赫爾格爾15
Memphis 孟菲斯 88, 98, 116c, 140c
Menerva 米娜薇 36
Menkaura（Mycerinus）曼卡拉
　92c,95
Menna, tomb of 梅納之墓 126c,
　136c
Mentuhotep 曼圖霍特普 126c
Merchants' Table Tomb
　商人桌墳墓 22c
Meritetis 梅麗泰提絲 96
Merneptah 邁爾奈普塔 98c,126c
Meryt 梅麗特 138, 139, 139c
Mesannepada 梅山尼帕達 183
Meskalamdug 馬舒基南德格 85,
　182c, 183, 186
Mesopotamia 美索不達米亞85,
　170, 182, 183, 184
Messenia 麥西尼亞 73c
Methòne 米多尼 79
Mictecacíhuatl 米克提卡希華特
　253
Mictlan 米克特蘭 253
Mictlantecuhtli
　米克特蘭提古特立253
Milku 密爾古 176c
Minerva 米娜薇36
Minoan 邁諾安 66c
Minos 邁諾斯 70,73c,74c
Mithras 密特拉 203c
Mixtec 米克特 14c, 254, 272, 272c,
　273, 274, 274c, 278, 279
Moche 莫切6c, 254, 280, 281, 282,
　285
Moira 莫依拉 38
Mola 莫拉河 53
Monte Abatone 阿貝通山 53, 59c
Monte Albán 蒙特阿爾班14c, 252c,
　254, 256, 272-279
Monterozzi 曼特羅契 41
Montu 蒙特135
Montu-Her-Kepeshef
　蒙特赫凱佩雪夫 98c
Morbihan 莫比杭 21
Mougau-Bihan 穆勾比杭 22c
Mound of the Painted Animals彩繪
　動物墳墩 52c
Mount Kalbin 卡本山 206
Mount Meru 須彌山218, 221, 227
Mount Sàra 沙拉山 66
Museum of Oriental Art in Colonia
　科隆的東方藝術博物館 243c
Musgrave 穆斯葛拉夫 79
Mut 穆特135

Mut-tuy 穆特圖依 138
Mycenae 邁錫尼 17c,19, 66-75

N

Nabataean 納巴坦人 85, 156, 158,
160, 163, 168c, 169
Nakh, tomb of 納克之墓 126c,
134c, 136c
Nanna 南那 191
National Anthropological Museum
in Mexico City 墨西哥市國立人
類學博物館268c
National Archaeological Museum in
Athens 雅典國立考古博物館
69, 70c
National Museum of Tarquinia
國立塔爾奎尼亞博物館 35c
National Scientific Research Center
of Paris 巴黎國立科學研究中心
208
Natufian culture 納圖夫文化 14
Nazlet Khater 4th
納茲雷卡特第四 12
Neanderthal 尼安德塔人 12
Neave 尼夫 80
Nefertiti 奈芙緹蒂 104
Nefti 娜芙提 102, 120, 125
Neith 妮特 102, 118c, 120, 125
Nekhbet 奈赫貝特 117, 121, 122,
124c
Nemrud Dagh 尼姆魯德山 6c,82c,
85, 151, 152, 154
Nestor 奈斯特 75c
New Grange 紐格蘭吉 17,17c, 20c,
28-31
Nike 娜姬 160
Nikòmachos 尼可馬可斯 77
Northia 諾希亞 37
Nubians 努比亞人 118
Nut 努特 10, 100c, 101, 122, 304c

O

Oaxaca 瓦哈卡 254, 272, 274,
274c, 277c, 279, 279c
Obelisk Tomb 方尖碑墓 158, 158c,
159c, 160
Olbia 奧爾比亞 197
Olympia 奧林匹亞 78c,79
Olympias 奧琳比雅絲 19c, 79
Orcus I 歐可斯一世 32c
Orcus II 歐可斯二世33c
Ordos Desert 毛烏素沙漠 199c,
201c
Osiris 奧西里斯 98, 103, 115c,
120, 121c, 122, 128c, 132,
132c, 138, 139

P

Pacal 帕卡爾 252c, 254, 265c, 266,
267, 268, 270c

Pacal Tomb 帕卡爾墓 263-270
Padua 帕度亞 101c
Paestum 帕埃斯頓 11c
Palace Tomb
宮殿墳墓 164, 164c, 165c
Palenque 帕倫克 252c, 254, 262-
270, 272
Palestine 巴勒斯坦69,170
Palestrina 帕勒斯特里納 36c
Palmyra 帕耳美拉 82c,170-181,
182
Parthian 帕提亞人151
Pashedu 帕虛杜 12c
Pazyryk 巴季里克207, 209
Pèlla 培拉 76
Pentu 潘杜 124
Persephone 佩希鳳 37, 77
Persephone's tomb 佩希鳳之墓77
Petasthar 佩塔斯塔爾 142
Peter the Great 彼得大帝 197
Petra 佩特拉 82c, 85, 156-169
Phersipnai 佩希普奈 36
Philip II 菲利普二世 19, 19c, 76c,
77, 78c, 79, 80, 80c
Philip III Arrhidaeus 菲利普三世阿
黑大由斯 79
Philon of Byzantium 費隆 88
Phnom Kulen 荔枝山218
Phnom Penh 金邊 194
Piacenza 皮亞琴察35
Po River 波河 74
Poggio dell' Impiccato
伊姆皮卡托山 41
Poggio Gallinaro 加利納諾山 41
Poggio Quarto degli Archi
加托亞奇山 41
Poggio Selciatello
希爾奇亞泰羅山 41
Poggio Selciatello di Sopra
希爾奇亞泰羅索普拉山 41
Pollux 波勒克斯 160
Polyphemus 波利菲摩斯53c
Pompey 龐培 151, 154
Prag 普拉格 79, 80
Priam 普里姆 47
Prince of Issyk 伊塞克王子
202-205
Prince's Tomb 王子之墓 80
Ptah 卜塔116c, 128c
Ptolemies 托勒密 126c, 158
Pu-Abi 普雅碧 12c, 85, 185, 186,
186c, 187c
Puchstein, Otto 普契斯坦，奧圖
152
Puglia 普利亞74
Pylos 皮洛斯73c, 75c
Pyramid of Cheops
古夫金字塔 85, 86-97
Pyramid of Mycerinus
曼卡拉金字塔 95
Pyramid of the Moon
月亮金字塔 254,256c,257c,259
Pyramid of the Sun 太陽金字塔

254, 256c, 257c, 258, 260, 260c
Pyrrhus 皮洛士77

Q

Qarat al-Farargi
卡拉特艾爾法拉吉 145
Qasr al-Megisbah
卡瑟麥吉斯巴特 145
Qebesenhuf 凱布山納夫102, 125
Quiringuá 奎臨瓜 263

R

Ra 拉 85, 87, 97, 97c, 98, 101,
122, 122c, 124c, 149c
Ra-Harakhti 拉哈拉克提123c,132c
Rabbel II 拉貝爾二世 169
Rajasthan 拉加司安 211
Rajput 拉傑普特211
Ramayana 羅摩衍那 228
Ramose, tomb of 拉摩斯之墓
102c, 126c
Rameses I 拉姆西斯一世98c, 101
Rameses II 拉姆西斯二世
98c, 104, 134c
Rameses III 拉姆西斯三世 98c
Rameses IV 拉姆西斯四世 134c
Rameses VI 拉姆西斯六世
98c,100c, 107c, 108
Rameses IX 拉姆西斯九世 98c
Rameses X 拉姆西斯十世 98c
Rameses XI 拉姆西斯十一世 98c
Ramesseum 拉美西姆 126c
Regolini, Alessandro 雷格里尼，
亞歷山卓 53
Regolini-Galassi Tomb 雷格里尼加
拉希墳墓 38c, 39c, 53
Rekhmire 雷克麥爾 91c,126c
Rekhmire, tomb of
雷克麥爾之墓 136c
Renaissance Tomb
文藝復興墓 159c,166c
Reqem雷肯 156
Ricci, Alessandro
利奇，亞歷山卓 101c
Rio, Antonio Del 李歐 264c
Roberts, David 羅勃茲，大衛83c
Roche-aux-Fées Tomb
洛西歐菲墳墓 24
Royal Cemetery 皇家墓園184
Royal Sarmation
皇家薩爾馬提亞人 197
Royal tombs 皇家墓群159c, 163
Roxana 羅珊娜 80
Ruz, Alberto 盧茲，亞伯托
263, 268, 269

S

Sahara Desert
撒哈拉沙漠 140c, 141
Saite 塞特 142

Sak Kuk 薩克・庫克 265c
Saka 薩迪 194, 197, 205, 205c,
206
Samishev, Z. 薩米謝夫，Z. 208
San Savino 聖沙維諾 41
Sanchi 桑奇 192c,194, 210-217
Saqqarah 塞加拉 15, 83, 87, 97,
104
Sargon 薩爾貢183
Satyr 薩梯 180c
Sauromatian 索羅馬西安人 197
Schliemann, Heinrich 謝里曼66,
66c, 69, 70, 75c
Scythian 斯基泰人 194, 197, 203
Segalen, Victor
塞嘉倫，維克多241
Seleucid 塞琉西 151,170
Selkis 賽爾琪絲102, 120, 125
Semenkhkare 塞曼克卡爾 104
Semirec' e 塞米瑞克 203
Sennefer 賽內夫 85,126c,136,138,
139,139c
Sennefer, tomb of
賽內夫之墓 126-139
Sennegem, tomb of 賽內加姆之墓
126c, 128c, 129, 132c
Sester, Charles 塞斯特，查爾斯
152
Seth 賽斯 121c, 132
Sethnakht 賽特納克特 98c
Seti I 塞提一世 98c ,101, 101c,
104
Seti II 塞提二世98c
Shalmallat, tomb of 薩拉馬特之墓
176c, 177c
Shanidar沙尼達爾12
Shaqilat 莎琪拉特 163
Shariputra 舍利弗 216
Sheikh Abd el-Qurna 沙依赫阿布
杜庫爾納 82c,126c,127c, 136
Shibe necropolis 希布墓地 206
Shiva 濕婆218
Shu 蘇 10, 149c
Shubab 蘇達布 185
Shubad 蘇巴德 185
Siberia 西伯利亞 15,197
Siddhartha Gautama
悉達多・喬達摩 211, 215
Siemréab 希姆雷亞布 218
Sienese 西耶納 101c
Sipán 西潘 252c, 254, 280- 295
Siwa 西華 140c,145
Snefru 斯奈夫魯 83, 86c, 87, 96c
Sokar 索卡 95
Solokha 索洛卡 196c, 200
Sorbo 索波 53
Sptah 史普塔 98c
Sri Lanka 斯里蘭卡 214
Stamatàkis 史塔馬特基斯 69
Standard of Ur 烏爾軍旗 184, 184c
Suess, Hans E. 蘇斯 20
Sumerian 蘇美人 10, 85, 182, 183,
191

Suryavarman II 蘇耶跋摩二世194, 218c, 221, 223, 228, 228c, 229c
Syr Daria 錫爾河 202, 203
Syracusan 敘拉古人 50
Syria 敘利亞 69, 72, 156, 170

T
Tadmor 泰德穆爾 170
Tagete 塔吉特 41
Tagus 太加斯河 20
Tarconte 塔功特 41
Tarnas 塔納斯 59c
Tarquinia 塔爾奎尼亞 17c, 19, 32c, 33c, 38c, 39c, 40-51, 53, 55
Tarquinia National Museum 塔爾奎尼亞博物館 35c
Tartessian 塔提蘇人 70
Tarxien 塔西安 61, 63, 64, 65
Taurus Mountains 托魯斯山脈 85, 151
Tauseret 托賽雷特 98c
Taylor 泰勒 214
Temple of Angkor Wat 吳哥窟神廟 6c, 14c, 194, 218-229
Temple of Quetzalcoatl 羽蛇神廟257c, 259
Temple of the Inscriptions 銘文神廟 252c, 254, 262-269
Tenochtitlan 台諾切提特蘭 256, 257
Teotihuacán 特奧蒂瓦坎 252c, 254, 254c, 256-261, 272
Tepantitla 特潘蒂特拉 257c, 258c, 259c, 260
Thaty 塔替 145
Theban Peak 提本山 98, 99c, 103, 104
Thebes 底比斯 19, 85, 91c, 98, 103, 104, 126-139
Thot 托特121c, 145
Thutmosis I 杜德摩西一世 98c
Thutmosis III 杜德摩西三世 98c, 126c, 136c
Thutmosis IV 杜德摩西四世98c, 126c,134c
Tigrakauda Saka 提格拉柯達薩迪人 197, 200, 202, 203
Tigris 底格里斯河 85
Tikal 蒂卡爾 263
Tinia 提尼亞 36
Titus Livius 李維，提圖斯 33
Tiyi 緹依 116c
Tláloc 特拉洛克神253, 258, 260, 272
Tlalocan 特拉洛肯 253,260
Tlaltecuhtli 特拉爾泰庫特利276
Todi 托迪 11c
Tolfa 托爾法 55
Tolstaja Mogila 托爾斯塔亞莫吉拉 196c, 199
Toltecs 托爾特克人 259
Tomb F at Palmyra 帕耳美拉的F墓

174, 178, 178c, 179c, 180c
Tomb of Aegistus 埃癸斯托斯圓頂墓 66c, 70c, 72, 73
Tomb of Clytemnestra 克呂泰涅斯特拉圓頂墓 66c, 70c, 72
Tomb of Philip II 菲利普二世之墓 19, 19c, 76-80
Tomb of Reliefs 浮雕墓 34c, 52c, 56c, 58
Tomb of Rhomaios 羅邁奧斯之墓 77c
Tomb of Sextus Florentinus 塞瑟斯佛羅倫提努斯之墓 159c, 166
Tomb of Tai 泰墓177c
Tomb of the Alcove 凹室墓 52c, 59c
Tomb of the Augurs 占卜官墓 44, 44c, 45c, 49
Tomb of the Baron 男爵之墓 49, 49c
Tomb of the Beds and Sarcophaguses 床與石棺墓 53c
Tomb of the Broken Pediment 破裂三角牆墓 159c,166c
Tomb of the Bulls 公牛墓 42, 47, 47c
Tomb of the Capitals 柱頭墓 52c, 55, 57, 59c
Tomb of the Chariots 戰車墓 45, 49
Tomb of the Diver 潛水夫墓 11c
Tomb of the Dolii 瓶狀墓 53c
Tomb of the Five Seats 五座位墓 52c, 58c
Tomb of the Funeral Bed 葬禮床墓 49
Tomb of the Greek Vases 希臘花瓶墓 53c
Tomb of the Jugglers 雜耍人墓 42, 43c
Tomb of the Leopard 美洲豹墓49, 50, 50c, 51c
Tomb of the Lionesses 母獅墓 42, 42c, 43c
Tomb of the Lions 雄獅圓頂墓 66c, 73
Tomb of the Lord of Sipán 西潘王之墓 6c, 280-289
Tomb of the Old Lord of Sipán 老西潘王之墓 290-295
Tomb of the Olympics 奧林匹克墓 45
Tomb of the Orcus I 歐可斯一世之墓 32c
Tomb of the Orcus II 歐可斯二世之墓33c
Tomb of the Roman Soldier 羅馬士兵墓 159c, 166, 166c
Tomb of the Shields and the Seats 盾牌與座位墓 52c, 56c, 57
Tomb of the Silk 絲墓 163, 163c

Tomb of the Small House 小屋墓52c
Tomb of the Three Brothers 三兄弟之墓 174, 174c, 175c, 176
Tomb of the Triclinium 宴會廳墓 40c, 49, 52c
Tomb of the Urn 甕墓164, 165c
Tomb of the Vines 葡萄藤之墓139
Torlonia Tomb 托洛尼亞墓 59c
Trajan 圖雷真 156
Treasury of Atreus 阿特柔斯寶庫 19, 66c, 70
Troilus 特羅伊勒斯 47, 47c
Troy 特洛伊 74
Tuchulcha 圖察丘 38
Tuekta necropolis 圖艾克塔墓地 206
Tumulus of the Mouldings 腳線古墳 52c
Tumulus of the Seven Brothers 七兄弟之墓198
Tura 圖拉 92
Turkmaniya, tomb of 土克馬尼亞墳墓 159c, 163
Tuscany 托斯卡尼17c, 19
Tutankhamun 圖坦卡門 12c, 85, 85c, 99, 104-125, 304c
Tutankhamun, treasure of 圖坦卡門的寶藏 104-125
Twin Tomb 雙子墓 54c
Tyche 提克 152, 154c
Typhon 堤豐 58
Tyrrhenian Sea 第勒尼安海 50

U
Uaget 烏雅吉 121,121c, 122, 124c
Uaset 烏阿瑟 98
Uaxactún 烏亞克薩克屯 263
Uerethekau 烏蕾特考117
Ul'skj, tomb of 烏爾斯克之墓 199, 201c
Ulok 烏洛克 207
Umm Belqīs 烏姆貝爾吉斯 171c
Unaishu, tomb of 烏奈蘇之墓 159c, 162c, 163
Unas 烏納斯 100
Unfinished Tomb 未完成之墓 159c, 163, 163c
Uni 烏妮 36
University of Pennsylvania Museum 賓州大學博物館 184, 185c, 190c
Ur 烏爾 12c, 15, 82c, 85, 182-191
Ur-Nammu烏爾納姆182c, 183

V
Valletta Museum 瓦萊塔博物館 63c
Valley of the Kings 帝王谷82c, 99c, 101, 104, 106, 126c, 136

Valley of the queens 皇后谷 126c, 136
Valley of the Tombs 墳墓谷 170, 171c, 176
Vanth 范絲38
Velia Spurinna 維麗亞史普瑞納 32c
Velthur Partunus 維爾瑟帕圖納斯 40c
Veltumna 維圖姆納 37
Ventilla 維提拉 257
Vergina 維琴那16, 17c, 19, 19c, 76, 76c, 77, 79, 80
Vespasian 韋斯巴興 151
Vidisha 毗底沙 212
Villa Giulia National Museum 國立朱利亞別墅博物館 32c, 35c, 36c
Villanovan 維朗諾瓦 37
Vishnu 毗濕奴 194, 221, 228, 229c
Vulci 瓦爾奇 36c

W
Waab 瓦布 134c
Wadi Farasa 瓦迪法拉沙 166
Wadi Musa 瓦迪穆沙 157,158
Waldeck, Jean Fréderick 瓦爾德克 252c
West Kennet 西肯尼特 19
Woolley, Leonard 伍利，李奧納德 183, 184, 185, 185c, 186

X
Xaghra 沙赫拉 17c, 60c, 64, 64c
Xipe Totec 希佩托特克 274c, 276

Y
Yama 閻羅王 198, 228, 228c
Yarhai, tomb of 雅海之墓174, 174c, 175c, 176
Yasodharapura 耶輸陀羅補羅 221, 223
Yaxchilán 亞克斯切蘭263
Yima 伊瑪 198

Z
Zaachila 薩奇拉 279, 279c
Zagabria 薩加布利亞 35
Zapotec 薩波特克人254, 272, 273, 274, 278
Zebbug 賽巴格 65
Zeus Orosmades 宙斯歐洛司馬德 151c, 152, 154c
Ziggurat of Ur-Nammu 烏爾納姆塔廟182c
Ziwiyeh 奇維葉198c
Zotz 佐茲 267
Zuantobe 祖昂托比 203

作者簡介、參考書目、圖片來源

前言

撰文：Alberto Siliotti

科學記者，專長埃及學。長年研讀鑽研、參加考古旅行、策劃展覽，並發表學術專文和通俗文章。亦是埃及探險學會（Egypt Exploration Society）的會員，並負責統籌底比斯墳墓繪畫數位目錄。他為白星出版社撰寫的專書包括Egypt-Temples, Men and Gods(1994)，Guide to the Valley of the Kings, the temples and Theban necropolises(1996)，以及1997年出版的Guide to the Pyramids of Egypt。

圖片來源：
Agenzia Luisa Ricciarini：10下圖
Andrea Jemolo：13圖
Araldo De Luca/Archivio White Star：12上圖
Bildarchiv Huber/Sime：7圖
Giovanni Dagli Orti：1圖, 8-9圖, 10-11圖, 14上圖
Massimo Borchi/Archivio White Star：2-3圖
Michael Freeman：14-15圖
Museo Archeologico Lambayeque, Sipán：6圖
Photobank：15圖
Roger Viollet：16-17圖
Stefano Amantini/Atlantide：4-5圖
University of Pennsylvania Museum/Philadelphia：12底圖

歐洲

撰文：Alberto Siliotti

圖片來源：
Roger Viollet：16-17圖
Giovanni Dagli Orti：18圖

不列塔尼與愛爾蘭的巨石墓

撰文：Emiliana Petrioli

佛羅倫斯大學文學與哲學學院教授，也在宗教研究高等學會（Higher Institute of Religious Studies）授課。發表過許多專文，主題包括史前時代宗教、遠古時代的近東地區和古典世界，並在義大利許多全國性和國際性會議中發表論文。

參考書目：
Cipolloni Sampò M., *Dolmen*, De Luca Edizioni d'Arte, Rome, 1990.
Facchini F., Gimbutas M., Kozlowski J.K., Vandermeersch B., *La religiosità nella preistoria*, Jaca Book, Milan, 1991.
Guilaine J., *Sépultures d'Occident et Genéses des Mégalithismes (9.000 a.C.-3.500 a.C.)*, Editions Errance, Paris, 1998.

圖片來源：
Antonio Attini/Archivio White Star：28-29圖

Philippe Beuzen/Scope：20圖
Christophe Boisvieux：28 底圖
Hervé Champollion/Ag. Top：20-21圖, 21中圖
Giovanni Dagli Orti：26 上圖和中圖, 27 底圖, 28上圖, 30圖, 31圖
Gilles Ehrmann/Ag. Top：26-27圖.
Bernard Galeron/Scope：24上圖
Jacques Guillard/Scope：24底圖
Thomas Mayer/Das Fotoarchiv：21底圖
Morcrette/Wallis：23上圖
Photobank：23底圖
Martin Schulte：21上圖, 22-23圖, 23底圖, 24中圖, 24-25圖
Senolf/Wallis：25底圖

拉奇歐伊特拉斯坎地區的亡者祭典

撰文：Alberto Trombetta

1966年生於佩魯吉亞，在該市大學研讀伊特魯里亞學和古義大利古物學，並完成伊特魯里亞時代佩魯吉亞地形學的論文。從1990年起，便以考古學家的身分任職於烏布里亞（Umbria）的考古監管處（Archaeological Superintendency），在佩魯吉亞、歐維埃托（Orvieto）和阿西西（Assisi）等地進行挖掘。

參考書目：
Filippo Coarelli (edited by), *Le città etrusche*, Milan, 1973, Mondadori.
Jacque Heurgon, *Vita quotidiana degli etruschi*, Milan, 1992, Mondadori.
Massimo Pallottino, *Etruscologia*, Milan, 1985, Hoepli Editore.
Mario Torelli, *L'Arte degli Etruschi*, Rome-Bari, 1985, Laterza.
Mario Torelli, *Etruria, guide archeologiche* Laterza, Rome-Bari, 1993.

圖片來源：
The British Museum：34-35圖, 38上圖, 38中圖左, 38-39底圖
Stefano Cellai：40-41圖
Stefano Chieppa/Il Dagherrotipo/Realy Easy Star：54 底圖右
Giovanni Dagli Orti：32中圖, 32-33圖, 40底圖, 42圖, 43圖, 44圖, 45圖, 46-47圖, 47底圖, 50-51圖, 51圖, 54底圖左, 58圖, 59圖
G. Gasponi：34底圖, 51上圖, 55上圖, 56底圖
Andrea Getuli/Il Dagherrotipo/Realy Easy Star：52 上圖, 52-53圖
Marco Mairani：32上圖, 53上圖左, 54-55圖, 55底圖
Luciano Pedicini/Archivio dell'Arte：53底圖, 57底圖
Agenzia Luisa Ricciarini：36圖, 37圖, 39圖

Archivio Scala：33上圖, 35底圖, 38中圖右, 46底圖, 47上圖, 48圖, 49圖, 56-57圖, 57上圖
Stefania Servili/Il Dagherrotipo/Realy Easy Star：53上圖右

馬爾他群島的哈爾薩夫列尼地宮與布羅契托夫墓葬圈

撰文：Emiliana Petrioli

參考書目：
Bonanno A., *Maltese Megalithic Art. Fertility Cult or Sexual Representation?*, "Collected Papers" Published on the occasion of the Collegium Melitense, "Quatercentenary Celebrations" (1592-1992), pp.75-91.
Petrioli E., *Aspetti cultuali dell'ipogeo di Hal Saflieni nell'isola di Malta*, "Studi Sardi",vol. XXIX (1990-91), pp. 163-213.
Stoddart S., Bonanno A., Gouder T., Malone C., Trump D., *Cult in an Island Society: Prehistoric Malta in the Tarxien Period*, "Cambridge Archaeological Journal" 3:1 (1993), pp. 3-19.

圖片來源：
Daniel Cilia：60圖, 61圖, 63上圖和中圖, 64圖, 65圖
Giovanni Dagli Orti：60底圖, 62-63圖
Henri Stierlin：63底圖

邁錫尼國王的陵墓與寶藏

撰文：Furio Durando

畢業於米蘭大學古典文學系，之後到波隆那大學攻讀考古學。現為考古學家及研究所講師。他也是許多挖掘任務的成員，並已發表無數專文以及一本專書Ancient Greece, the Dawn of the West (White Star, 1997)

參考書目：
Chadwick J., *Il mondo miceneo*, Milan, 1980.
Mylonas G., *Mycenae and the Mycenaean Age*, Princeton, 1966.
Simpson R., *Mycenean Greece*, Park Ridge, 1981.
Taylour W., *I Micenei*, Florence, 1987.

圖片來源：
Giulio Veggi/Archivio White Star：66圖, 66-67圖, 70 中圖和底圖
Giovanni Dagli Orti：68圖, 69圖, 70上圖左和右, 72-73底圖, 73上圖和底圖, 74圖, 75上圖左和右, 75底圖右
Studio Kontos：74-75底圖
Agenzia Luisa Ricciarini：72-73上圖
Archivio Scala：67底圖

維琴那的馬奇頓國王菲利普二世的陵墓

撰文：Furio Durando

參考書目：
Andronicos M., *Vergina. The Royal Tombs*, Athens, 1991.
Ginouvès R. – I. Akamatis *et al.*, *Macedonia, from Philip II to the Roman Conquest*, Athens, 1993.
Touratsoglou I., *Makedonia*, Athens, 1995.
Hatzopoulos M. – Loukopoulos L. (edd.), *Philip of Macedon*, Athens, 1992.

圖片來源：
Giovanni Dagli Orti：77底圖, 78底圖, 78-79圖, 79上圖, 80上圖右, 80 bottom, 81圖
Studio Kontos：76底圖, 76-77上圖, 78上圖, 80上圖左

非洲、近東和中東

撰文：Alberto Siliotti

圖片來源：
Araldo De Luca/Archivio White Star：84圖
Library of Congress, Washington：82-83圖

古夫金字塔

撰文：Alberto Siliotti

參考書目：
Goyon G., *Le secret des bâtisseurs des grandes pyramides, Khéops*, Paris, 1990.
Lauer J.-Ph, *Histoire monumentale des pyramides d'Egypte*, Le Caire, 1962.
Lauer J.-Ph, *Me mystère des pyramides*, Paris, 1988.
Lehner M., *The Complete Pyramids*, London, 1997.
Montet P., *Géographie de l'Egypte ancienne, I-II*, Paris, 1957-61.
Porter B., Moss R.L.B, *Topographical Bibliography of Ancient Egyptian Hieroglyphic Texts, Reliefs and Paintings*, Oxford, 1960.
Posener G., Sauneron S, Yoyotte J, *Dictionnaire de la civilisation égyptienne*, Paris, 1959.
Rinaldi C., Maragioglio V., *L'architettura della piramidi Menfite*, parti II, III, IV, V, VI, VII, VIII (fino alla quinta dinastia), Rapallo, 1963-1975.
Siliotti A., *EGITTO - Uomini, templi e dei*, Vercelli, 1994.
Siliotti A., *Guida alle piramidi d'Egitto*, Vercelli, 1997.
Stadelmann R., *Die Ägyptischen Pyramiden - Von Ziegelbau zum Weltwunder*, Mainz am Rhein, 1991.
Vandier J., *Manuel d'archéologie*

égyptienne, Paris, 1952-58.

圖片來源：
Antonio Attini/Archivio White Star：93底圖左, 94-95圖
Marcello Bertinetti/Archivio White Star：92-93圖, 96上圖
Araldo De Luca/Archivio White Star：86圖, 93上圖, 96底圖, 96-97底圖, 97底圖
Giulio Veggi/Archivio White Star：86-87圖
Archivio White Star：87 上圖, 88圖, 89圖, 90-91圖, 95上圖左
National Geographic Society：96-97上圖
Alberto Siliotti/Archivio Image Service：93底圖右, 94上圖, 95圖, 97上圖右和左

帝王谷與圖坦卡門的寶藏
撰文：Alberto Siliotti

參考書目：
Belzoni G.B., *Viaggi in Egitto e in Nubia,* critical edition edited by A. Siliotti, Verona, 2000.
Carter H., Mace A.C., *The Tomb of Tut.Ankh.Amen*, London, 1922-1933
Desroches Noblecourt Ch., *Tutankhamon*, Paris, 1963.
Frankfort H., *La religione dell'Antico Egitto*, Torino 1957.
Goyon J.C., *Rituels funéraires de l'ancienne Égypte*, 1972.
Hornung E., *Tal der Könige*, Zurich / Munich 1982.
Montet P., *Géographie de l'Egypte ancienne*, I-II, Paris, 1957-61.
Porter B., Moss R.L.B, *Topographical Bibliography of Ancient Egyptian Hieroglyphic Texts, Reliefs and Paintings* , Oxford, 1960.
Posener G., Sauneron S, Yoyotte J., *Dictionnaire de la civilisation égyptienne*, Paris, 1959.
Reeves N. *The complete Tutankhamun*, London, 1990.
Reeves N., Wilkinson R. H., *The complete Valley of the Kings*, London, 1996.
Siliotti A., *EGITTO - Uomini, templi e dei*, Vercelli, 1994.
Siliotti A., *Guida alla Valle dei re, ai templi e alle necropoli tebane*, Vercelli, 1996.
Vandier J., *Manuel d'archéologie égyptienne*, Paris, 1952-58.

圖片來源：
Araldo De Luca/Archivio White Star：99底圖, 102上圖, 102底圖右, 103底圖左, 104圖, 105圖, 112圖, 113圖, 114圖, 115圖, 116圖, 117圖, 118圖, 119圖, 120圖, 121圖, 122圖, 123圖, 124圖, 125圖
Giulio Veggi/Archivio White Star：106上圖
Felipe Alcoceba：100-101圖
Giovanni Dagli Orti：106上圖, 107

底圖
Kenneth Garrett：98-99圖
Griffith Institute/Asmolean Museum：108圖, 109圖, 110圖, 111圖
Alberto Siliotti/Archivio Image Service：103上圖, 103底圖右, 106-107圖

底比斯的賽內夫之墓與貴族之墓
撰文：Alberto Siliotti

參考書目：
AA.VV., *Reconstitution du caveau de Sennefer dit "Tombe aux Vignes"*, Paris, 1985.
Bruyère B., *Rapport sur les fouilles de Deir el Médineh*, Cairo, 1924 - 1953
Cerny J., *A Community of Workmen at Thebes in the Ramesside Period*, Cairo, 1973.
Porter B., Moss R.L.B, *Topographical Bibliography of Ancient Egyptian Hieroglyphic Texts, Reliefs and Paintings*, Oxford, 1960.
Schiapparelli E., *Relazione dei lavori della Missione archeologica italiana in Egitto: I, la tomba intatta dell'architetto Kha*, Turin, 1922.
Shedid A.G., Seidel M., *Das Grab der Nacht*, Mainz am Rhein, 1991.
Siliotti A., *EGITTO - Uomini, templi e dei*, Vercelli, 1994.
Siliotti A., *Guida alla Valle dei re, ai templi e alle necropoli tebane*, Vercelli, 1996.
Vandier J., *Manuel d'archéologie égyptienne*, Paris, 1952-58.

圖片來源：
Archivio White Star：130-131圖
Araldo De Luca/Archivio White Star：128上圖
Giovanni Dagli Orti：127底圖, 128底圖, 128-129圖, 136-137圖
Damm/Bildarchiv Huber/Sime：132上圖左, 132底圖, 133圖, 134圖
Ag. Double's：136上圖, 136底圖右, 137底圖右
Charles Lenars：132上圖右, 135底圖
Alberto Siliotti/Archivio Image Service：126-127圖, 127上圖, 137底圖左

巴哈利亞綠洲的黃金木乃伊
撰文：Alberto Siliotti

參考書目：
Fakry A., *The Oasis of Egypt*, Cairo, 1974
Porter B., Moss R.L.B, *Topographical Bibliography of Ancient Egyptian Hieroglyphic Texts, Reliefs and Paintings*, Oxford, 1960.

圖片來源：
Marc Deville/Ag. Gamma：140上圖右, 140-141圖, 142圖, 143圖, 144-

145圖, 146圖, 147上圖左, 147底圖右
Plailly/Eurelios：141上圖和底圖, 144底圖, 145上圖和底圖, 147底圖右, 147中圖右, 148圖, 149上圖右, 149底圖
Alberto Siliotti/Archivio Image Service：140上圖左, 149上圖左

尼姆魯德山：靠近天神聖座
撰文：Marcello Spanu
1961年生於羅馬，是維提伯（Viterbo）圖西亞大學（Tuscia University）文化遺產學院科學系的古代世界研究員。曾參與義大利和土耳其多項考古挖掘。同時也發表過許多藝術和羅馬帝國行省建築的學術專文，其中包括專論卡里亞的陶瓷。

參考書目：
Humann K., Puchstein O., *Reisen in Kleinasien und Nordsyrien*, Berlin, 1890.
Neugebauer O., van Hoesen H.B., *Greek Horoscopes*, Philadelphia, 1959.
Nemrud Dagi. The hierothesion *of Antiochus I of Commagene*. Winona Lake Indiana, 1996.

圖片來源：
Antonio Attini/Archivio White Star：156上圖
Massimo Borchi/Archivio White Star：151圖, 152底圖, 152-153圖, 154上圖, 154底圖, 155圖
Carteret/Hoa Qui/Ag. Franca Speranza：154中圖
Robert Frerck/Odyssey/Ag. Franca Speranza：150圖, 152上圖
Alberto Siliotti/Archivio Image Service：153底圖

佩特拉的巨石墓
撰文：Marcello Spanu

參考書目：
Amadasi Guzzo M.G., Equini Schneider E., *Petra*, Milan; 1997.
Browning I., *Petra*, London, 1982.
Brünnow R., von Domaszewki A., *Die Provincia Arabia I*, Strasbourg, 1904.
MacKenzie J., *The Architecture of Petra*, Oxford, 1990.

圖片來源：
Antonio Attini/Archivio White Star: page 165底圖右
Massimo Borchi/Archivio White Star：156底圖, 156-157圖, 160上圖底圖左, 161圖, 168上圖, 169上圖和底圖
Giulio Veggi/Archivio White Star：156中圖, 158圖, 159圖, 160上圖和底圖左, 162圖, 163圖, 164圖, 164-165圖, 165底圖左, 166圖, 167圖, 168-169圖

帕耳美拉的墓地
撰文：Danila Piacentini
為閃語語言學和銘文學的專家。在古佐（Amadasi Guzzo）教授的指導下，完成有關帕耳美拉（敘利亞）口說語言的論文。她在羅馬的薩皮安薩（La Sapienza）大學教授閃語銘文學，尤其專注馬爾他塔斯斯林格（Tas Silg）的愛斯塔蒂（Astarte）神殿中所發現的腓尼基銘文。

參考書目：
Amy R. - Seyrig H., *Recherches dans la nécropole de Palmyre*, Syria 7, 1936, 228-266.
Drijvers H.J.W., *Afterlife and Funerary Symbolism in Palmyrene Religion*, in *La soteriologia dei culti orientali nell'impero romano*, Bianchi U. - Vermaseren M.J. (ed.). Atti del colloquio internazionale, Rome 24-28 September 1979, *Études préliminaires aux religions orientales dans l'empire romain 92*, Leiden, 1982, 709-733.
Gawlikowski M., *Monuments funéraires de Palmyre*, Warsaw, 1970.
Schmidt-Colinet A., *Das Tempelgrab n° 36 in Palmyra. Studien zur palmyrenischen Grabarchitektur*, Mainz am Rhein, 1992.
Seyrig H., *Le repas des morts et le "banquet funèbre" à Palmyre, Annales archéologiques* de Syrie 1, 1951, 1-11.

圖片來源：
Tristan Blaise/Ag. Visa：170-171圖
Giovanni Dagli Orti：174上圖右, 174底圖, 174-175圖, 175底圖, 176圖, 177圖
Renato Lievore/Ag. Focus Team：172-173圖
Nara International Foundation-commemorating the Silk Road Exposition (Research Center for Silk Roadology)：173圖, 178圖, 179圖, 180圖, 181圖
Henri Stierlin：170圖, 171上圖和底圖, 174上圖, 175底圖

烏爾的皇家墓園
撰文：Claudio Saporetti
之前為國立研究委員會（National Research Council）的研究主任，現於比薩大學教授亞述學。他也主持「亞述學工作坊」，並負責「埃什南納（Eshnunna）計畫」與「楔形文電子分析計畫」。

參考書目：
Frankfort H., *The Art and Architecture of the Ancient Orient*, Harmondsworth 1969; in italiano *Arte e Architettura dell'Antico Oriente*, Turin, 1970, 43 sg.
Giacardi L. - Boero S.C., *La matematica delle civiltà arcaiche*, Turin, 1979, 257 sg. (*Il mistero di un antichissimo gioco mesopotamico*).

Invernizzi A., *Dal Tigri all'Eufrate, I Sumeri e Accadi*, Florence 1992, 288 sg.
Nissen H.J., *Zur Datierung des Königsfriedhofes von Ur, unter besonderer Berücksichtigung der Stratigraphie der Privatgräber, Bonn, 1966.*
Parrot A., *Sumer*, Paris, 1960; in italiano *I Sumeri*, Milan, 1982, 175 sg.
Pinnock F., *Ur: la città del dio-luna*, Bari, 1955, 117 sg (*IV. Il Cimitero Reale*).
Pollock S., *Chronology of the Royal Cemetery of Ur*, "Iraq" 47 (1985), 129 sg.
Saporetti C., *Gilgameö e Minosse*, "Mesopotamia" 21 (1986), 243.
Woolley C.L., *Ur Excavations II. The Royal Cemetery*, London, 1934.
Woolley C.L., *Ur of the Chaldees*, London, 1930, ediz. 1942, 23 sg. (*II. The Graves of the Kings of Ur*).
Woolley C.L., *Excavations at Ur*, London 1954; in italiano *Ur dei Caldei*, Turin, 1958, 61 sg. (*III: La Necropoli Reale*).

圖片來源：
The British Museum：184圖, 184-185圖, 185上圖和中圖
Giovanni Dagli Orti：182上圖左
University of Pennsylvania Museum, Philadelphia：184上圖右, 185底圖, 186圖, 187圖, 188圖, 189圖, 190左圖, 190-191圖, 191右圖
Archivio Scala：190底圖左
Henri Stierlin：183圖
Robert Tixador/Ag. Top：182底圖

亞洲和遠東
撰文：Alberto Siliotti

圖片來源：
Archivio White Star：192-193圖
Patrick Aventurier/Ag. Gamma：195圖

草原民族的葬禮
撰文：Paola d'Amore
羅馬國立東方藝術博物館近東與中東部（Near and Middle Eastern department of the National Museum of Oriental Art）館長。曾參與數次敘利亞考古旅程。她曾策劃「高加索北部的墳墓寶藏」巡迴展義大利站的展出（羅馬1991年），以及奧克瑟斯特展（Oxus exhibition）的科學展（羅馬1992年）。發表過許多關於西元前1000年伊朗藝術的專文。

參考書目：
Artamanov M.I., *Treasure from Scythian Tombs*, London, 1969.
Briant P., *Etat et pasteurs au Moyen Orient ancien*, Paris, 1983.
D'Amore P., *Elementi scitici ed assiri nelle guaine iraniche del I millennio a.C.: Vicino Oriente 1, 1978.*

D'Amore P., Lombardo G., *Vicino Oriente e Caucaso*, Rome, 1991.
Greyson A.K., *Assyrian and Babylonian Chronicles*, New York, 1975.
Jettmar K., *Art of the Steppes*, New York, 1964.
Khazanov A.M., *Storia sociale degli Sciti*, Moscow, 1970.
Khazanov A.M., *The Dawn of Scythian History: Iranica Antiqua 17, 1982.*
Leskov A. et alii, *I tesori dei kurgani del Caucaso settentrionale*, Rome, 1991.
Marcenko K. - Vinogradov Y., *The Scythians in the Black Sea region: Antiquity 63, 1989.*
Minnns E.H., *The Art of the Northern Nomads*, Cambridge, 1942.
Erodoto, *Le storie* (edited by Annibaletto L.), Milan, 1956.
Parlato S., *La cosidetta campagna scitica di Dario: Annali dell'Istituto Orientale di Napoli 41, 1981.*
Piotrovsky B., *L'art scythe*, Leningrad, 1986.
Schiltz V., *Gli Sciti*, Milan, 1994.
Sulimirski T., *Prehistoric Russia*, London, 1970.
Talbot Rice T., *The Scythians*, London, 1957.

圖片來源：
Camera Commercio Italo-Kazaka：202-203圖, 204圖, 205圖
Centro Studi Ligabue, Venezia：198圖, 198-199上圖, 200上圖左, 202-203圖, 203上圖, 206圖, 207圖, 208圖, 209圖
Agenzia Luisa Ricciarini：200上圖

印度中央邦桑奇的佛塔
撰文：Marilia Albanese
為米蘭東方語言與文化市民學院（Civic School of Oriental Languages and Cultures）的主席，並在該學院擔任印度文化講師。同時也是米蘭非洲與東方義大利學會（Italian Institute for Africa and the Orient）隆巴底分會的主任。她已到過印度、斯里蘭卡、泰國、東埔寨和寮國約20次，以增進對印度教和佛教世界的了解。撰寫過許多專文和專書。

參考書目：
Delahoutre M.: *ARTE INDIANA*, ed. Jaca Book, Milan, 1996.
Marshall Sir J. and Foucher A.: *The Monuments of Sanchi*, Delhi, 1955.
Mitra D.: *SANCHI, Archaeological Survey of India*, New Delhi, 1978.
Pant S.: *The Origin and Development of Stupa Architecture in India*, Varanasi, 1976.
Taddei M.: *INDIA ANTICA*, ed. Mondadori, Milan, 1982.
Sivaramamurti C.: *INDIA, CEYLON, NEPAL, TIBET*, 2 vol., ed. Utet, Torin, 1988.
Tadgell C.: *The History of Architecture in India*, Viking, New

Delhi, 1990.

圖片來源：
Marcello Bertinetti/Archivio White Star：211上圖, 214上圖
Massimo Borchi/Archivio White Star：210圖, 211底圖, 212圖, 213圖, 214底圖, 214-215圖, 215圖, 216圖

吳哥窟
撰文：Marilia Albanese

參考書目：
Boissier J.: *Le Cambodge, in "Manuel d'archéologie d'Extrême Orient, Asie du sud-est, Tome I"*, Picard, Paris, 1966.
Coedès G.: *Angkor, an introduction*, Oxford University Press, London, 1963.
Dagens B.: *Angkor la foresta di pietra*, ed. Electa/Gallimard, Trieste, 1995.
Mazzeo D. e Silvi Antonini C.: *Civiltà Khmer*, in "Le grandi civiltà" ed. Arnoldo Mondadori, Milan, 1972.
Angkor et Dix Siecles d'Art Khmer, Catalogue de l'exposition à la Galerie nationale du Grand Palais, Paris January/May 1997.
Stierlin H.: *Angkor, Architecture Universelle*, Office du Livre, 1970.

圖片來源：
Archivio White Star：220圖, 221圖
Christophe Boisivieux：224底圖, 228-229圖
Marco Casiraghi：228上圖, 228底圖
Brian Harsford/Fotograff：224上圖左
Suzanne Held：222圖, 223上圖, 224底圖和上圖右, 224中圖, 225圖, 226圖, 226-227圖, 227上圖
Friedrich Stark/Das Photoarchiv：229底圖
Henri Stierlin：227中圖和底圖
Alison Wright：222-223圖, 223底圖

秦始皇陵墓
撰文：Filippo Salviati
1961年生於佛羅倫斯，擁有倫敦東方與非洲研究學院（School of Oriental and African Studies）的博士學位，現為羅馬大學的古中國藝術與建築研究博士。為多家報社和雜誌撰文，著作多本義大利文和英文專書，包括《中國：天子國度》（China: land of heavenly emperors，1997），以及《東方的回憶》（Memories of the Orient），這是1999年雷米尼博物館（Rimini Museum）特展的目錄。

參考書目：
AA.VV., *7000 anni di Cina. Arte e archeologia cinese dal neolitico alla dinastia degli Han*, Silvana Editoriale, Milan, 1983.

AA.VV., *Cina 220 a.C. I guerrieri di Xi'an*, Abitare Segesta Cataloghi, Milan, 1994.
Arthur Cotterell, *The First Emperor of China*, Penguin Books, London, 1981.
Filippo Salviati, *Cina, terra degli imperatori celesti*, Archeo-monografie, De Agostini-Rizzoli, Year VI, no. 2, April, 1997.

圖片來源：
Aschenbrenner/Bildarchiv Huber/Sime：230上圖, 230-231圖, 235圖
Bertrand Gardel/Hemispheres：237上圖左
Scholz/Bildangentur Schuster/Farabola：230底圖
Summerfield/Index, Firenze：232底圖, 234圖
Photo Corc/Ag. Gamma：232上圖, 232-233圖, 233底圖 Vogelsang/Zefa：236圖

漢朝墳墓與葬禮
撰文：Filippo Salviati

參考書目：
AA.VV, *Stories from China's Past. Han Dynasty Pictorial Tomb Reliefs and Archaeological Objects from Sichuan Province, People's Republic of China*, Chinese Culture Foundation, San Francisco, 1987.
Edmund Capon and William MacQuitty, *Princes of Jade*, Sphere Books, London, 1973.
Wu Hung, *Monumentality in Early Chinese Art and Architecture*, Stanford University Press, Stanford, 1995.
Michèle Pirazzoli-t'Serstevens, *The Han Civilization of China*, Phaidon Press, Oxford, 1982.

圖片來源：
Art Exhibitions China：241上圖
Cultural Relics Publishing House for the photo of Anping：238-239圖
Francesco Salviati：240上圖
Summerfield/Index, Firenze：240-241圖

唐朝帝王陵墓
撰文：Filippo Salviati

參考書目：
Lucia Caterina, *"Dipinti murali in tombe di epoca Tang"*, China, vol.16, 1980, pp.317-359.
Edward Capon e Werner Forman, *La Cina dei Tang. Civiltà e splendori di un'età d'oro*, De Agostini, Novara, 1990.
Carol Michaelson, Gilded Dragons. *Buried Treasures from China's Golden Ages*, British Museum Press, London,

1999.
Shaanxi Provincial Museum, *Highlights of the Táng Dynasty Tomb Frescoes, Shaanxi People's Fine Arts Publishing House*, Xi'an, 1991.

圖片來源：
Patrick Aventurier/Ag. Gamma：248 圖, 249圖, 250圖, 251圖
Courtesy of Eskenazi Ltd：243中圖, 246左圖, 247 底圖
Suzanne Held：242底圖, 242-243圖, 243底圖, 244-245圖
Christie's Images：246-247中圖, 247 右圖
Francesco Salviati：243 上圖

美洲
撰文：Eduardo Matos Moctezuma
現為墨西哥市大神廟博物館（Templo Mayor）的館長。他在墨西哥接受教育，專攻歷史和人類學。從1960年代以來，他在漫長的專業學術生涯期間，在許多機構，如國立人類學暨歷史學會、國立人類學暨歷史學院擔任會長院長，負責保存和研究墨西哥的考古遺產。
他曾獲得世界各大學（法國、委內瑞拉和科羅拉多）所頒贈的獎項，並且將在特奧蒂瓦坎、普埃布拉（Puebla）、圖拉（Tula）和墨西哥市等地的實地研究與本身的學術專業結合起來。已發表超過50篇專文和20本書，包括：《阿茲特克人》（The Aztecs），Jaca Book 1989，以及《阿茲特克的偉大神廟》（The Great Temple of the Aztecs），Thames & Hudson, 1988。

圖片來源：
Archivio White Star：252-253圖
Archivio Scala：254圖

諸神之城：特奧蒂瓦坎
撰文：Eduardo Matos Moctezuma

參考書目：
Cabrera Castro, Rubén, (Coord.), *Memoria del Proyecto Arqueológico Teotihuacan*, Colección Cientifica, no. 132, INAH, Mexico, 1982.
Cabrera Castro, Rubén, *Las excavaciones en la Ventilla, un barrio teotihuacano*, Revista Mexicana de Estudios Antropológicos, tomo XLII, Mexico, 1996, pp. 5-30.
Cabrera Castro, Rubén, *Últimas excavaciones (1980-1988)*, apéndice del libro de Eduardo Matos Moctezuma, *Teotihuacan, la metrópoli de los dioses*, Corpus Precolombino, sección Civilizaciones mesoamericanas, proyecto de Román Piña Chán, Matos Moctezuma, Eduardo (Coord.), La aventura Humana, de Carlo Demichelis, Lunwerg Editores, S.A., Barcelona, Madrid, 1990, pp. 187-220.
Sugiyama, Saburo, *Descubrimientos de entierros y ofrendas dedicadas al Templo Viejo de Quetzalcóatl, Teotihuacán 1980-1982. Nuevas interpretaciones*, Cabrera, Rubén, Noel Morelos e Ignacio Rodriguez (Coords.), INAH, Mexico, 1991, pp. 275-326.
Matos Moctezuma, Eduardo, *Teotihuacan, la metrópoli de los dioses*, Corpus Precolombino, sección Civilizaciones mesoamericanas, proyecto de Román Piña Chán, Matos Moctezuma, Eduardo (Coord.), *La aventura Humana*, de Carlo Demichelis, Lunwerg Editores, S.A., Barcelona, Madrid, 1990, 240 pp.
Matos Moctezuma, Eduardo, *Museo de la cultura teotihuacana. Gula.* Artes de México, Instituto Cultural Domecq, Mexico, 1995, 143 pp.
Matos Moctezuma, Eduardo, *Introducción*, p. 15; *La Pirámide del Sol en Teotihuacan*, pp. 16-23; *Excavaciones recientes en la Pirámide del Sol, 1993-1994*, pp. 312-329; *La Pirámide del Sol en Teotihuacan*, Antología, Artes de México, Instituto Cultural Domecq, Mexico, 1995.
Matos Moctezuma, Eduardo, *La Pirámide del Sol y el primer coatepantli conocido del centro de México*, Antropología e Interdisciplina, Ruz, Mario Humberto y Julieta Aréchiga (Eds.), XXIII Mesa Redonda de la Sociedad Mexicana de Antropología, *Homenaje a Pedro Carrasco*, Mexico, 1995, pp. 404-413.

圖片來源：
Antonio Attini/Archivio White Star：256底圖, 256-257圖, 257右圖
Giovanni Dagli Orti：256上圖, 260 底圖右
Rafael Doniz：258上圖, 258-259圖, 259右圖
Werner Forman Archive/Index, Firenze：261圖
Ignacio Guevara：260上圖左
Marco Pachec：258底圖

帕倫克與帕卡爾的隱藏墳墓
撰文：Eduardo Matos Moctezuma

參考書目：
Templo de las Inscripciones Ruz Lhuillier, Alberto, *Exploraciones arqueológicas en Palenque*: 1949, informe inédito, Archivio Técnico de la Dirección de Monumentos prehispánicos, vol. 17, INAH, Mexico, 1949.
Ruz Lhuillier, Alberto, *El Templo de las Inscripciones de Palenque*, Collección Cientifica, Serie Arqueología, no. 7, INAH, Mexico, 1973.
Green Robertson, Merle, *The Sculpture of Palenque, The Temple of the Inscriptions*, vol. 1, Princeton University Press, Princeton, 1983.
Gonzáles Cruz, Arnoldo, *Nuevos descubrimientos en Palenque, el Templo de la Cruz*, sobretiro de Arquelogía Mexicana, no. 2, CNCA/INAH/Editorial Raices, Mexico, 1993.
Gonzáles Cruz, Arnoldo, *El Templo de la Reina Roja, Palenque, Chiapas*, Arqueología Mexicana, vol. 5, no. 30, 1998, p. 61.

圖片來源：
Antonio Attini/Archivio White Star：268-269中圖, 269圖, 270圖
Massimo Borchi/Archivio White Star：262圖, 263圖, 266圖, 267左圖
Archivio White Star：264圖, 265圖, 267右圖
Werner Forman Archive/Index, Firenze：268左圖
Henri Stierlin：271圖

神聖的薩波特克市：蒙特阿爾班
撰文：Eduardo Matos Moctezuma

參考書目：
Caso, Alfonso e Ignacio Bernal, *Urnas de Oaxaca*, no. 2 de las Memorias del Instituto Nacional de Antropología e Historia, INAH-SEP, Mexico, 1952.
Caso, Alfonso, Ignacio Bernal y Jorge Acosta, *La cerámica de Monte Albán*, no. 13 de las Memorias del Instituto Nacional de Antropología e Historia, INAH-SEP, Mexico, 1967.
Caso, Alfonso, *El Tesoro de Monte Albán*, Insituto Nacional de Antropología e Historia, III, SEP, Mexico, 1969.
Caso, Alfonso; *Culturas Mixteca y Zapoteca*, Biblioteca del Maestro, Ediciones encuadernables de El Nacional, Mexico, 1942.

圖片來源：
Giovanni Dagli Orti：272上圖右, 274圖, 275圖, 277 底圖
Rafael Doniz：272左圖, 273底圖, 276左圖, 278底圖, 279底圖
Franck Lechenet/Hemispheres：272-273底圖
Henri Stierlin：276-277中圖, 277上 圖右

西潘：莫切皇陵的壯麗與神祕
撰文：Walter Alva
曾在特魯希略大學（University of Trujillo)攻讀考古學。他專攻早期的前印加文化，並於1975到1977年間監管蘭巴葉克（Lambayeque)地區的考古古蹟。1977年擔任蘭巴葉克國立布魯寧考古博物館（Museo Arqueólogico Nacional Brüning de Lambayeque)的館長。在祕魯主持多項考古挖掘，其中包括西潘莫切皇陵。現為許多考古機構的會員，也是多所祕魯大學的榮譽教授。祕魯政府曾頒贈他軍事和民間獎章，現仍是西潘考古研究的主任。

參考書目：
Alva, Walter. *Discovering the New World's Richest Unlooted Tomb.* National Geographic Society, 174 (4): 510-555. Washington, D.C. 1988.
Alva, Walter L.y Donnan, Christopher B. *Royal Tomb of Sipán.* Catálogo de Exhibición Fowler Museum of Cultural History. Los Angeles, California, 1993.
Cieza de León, Pedro de. *The travels of Pedro Cieza de León*, A.D. 1532-1550. London: Hakluyt Society, 1864.
Evans, Clifford. *Finding the Tomb of the Warrior-God.* National Geographic, 91 (4): 453-482. Washington, D.C. 1947.
Jonnes, Jiulie. *Mochica Works of art in Metal: A review.* Dumbarton Oaks Conference on Pre-Columbian Metallurgy of South America. (E.P. Benson, de.): 53-104. Washington D.C., 1975.
Kutscher, Gerdt. *Nordperuanische gefaf malereien des Moche-Stliss.* Germany: Materialien zur Allegemeinen und Verglicheden Ärchaologie. Band 18. Verlag C.H. Beck. München. Bonn, 1983.
Lavalle Vigue, Danièle France. *Les Représentations animales dans la céramique Mochica.* Paris: Université de Paris. Mémoires de L'Institut d'Ethnologie, IV. Institut d'Ethnologie, Musée de l'Homme, 1970.
Lechtman, Hearther Nan, *Style in technology-Some early thoughts.* Material Cultura, Styles, Organization and Dynamics of Technology, (H. Lechtman and R. Meorill, eds.) West Publishing. Co., St Paul. 1977.
Ruppert, Hans. *Geochemische Unter suchungen an Turkis und sodalith ans Lagerstatten und Prekolumbieschen Kulturem del Kordilleran.* Berliner Beitragen Zur Archäometrie Van 8: 101-210. 1983.
Uhle, Max. *Die Ruinen von Moche.* Journal de la Societé des Américanistes, n.s., Tomo X: 95-117. Paris: 1913.

圖片來源：
Museo Archeologico Lambayeque, Sipan：280圖, 281圖, 282圖, 283圖, 284圖, 285圖, 286圖, 287圖, 288圖, 289圖, 290圖, 291圖, 292圖, 293圖, 294圖, 295圖
Araldo De Luca/Archivio White Star：304圖

不朽的故居

出版‧發行／泛亞國際文化科技股份有限公司
出版‧製作／百巨國際文化事業股份有限公司
發 行 人／王貞福
策　　劃／白喜平‧陳昭利‧陳俊榮‧張清玲
經營顧問／李村城
地　　址／台北縣中和市建一路253號9樓
統　　籌／Giulia Gaida　Bianca Filippone　王韻淇
作　　者／Alberto Siliotti
　　　　　Emiliana Petrioli
　　　　　Alberto Trombetta
　　　　　Furio Durando
　　　　　Marcello Spanu
　　　　　Danila Piacentini
　　　　　Claudio Saporetti
　　　　　Paola d'Amore
　　　　　Marilia Albanese
　　　　　Filippo Salviati
　　　　　Eduardo Matos Moctezuma
　　　　　Walter Alva
審　　訂／李賢輝（台灣大學戲劇研究所副教授）
翻　　譯／林佳蓉（中文）　C.T., Milan（英文）
主　　編／王雅萍
編輯企劃／Valeria Manferto　De Fabianis
責任編輯／Alberto Siliotti　張莉莉　簡彥妤
美術編輯／Clara Zanotti　戴其安

印刷‧裝訂／香港利豐雅高印刷集團
服 務 專 線／0800008218
傳　　真／（02）8221-7999
E - m a i l ／joy@b-a.com.tw
劃撥帳號／19161757
戶　　名／泛亞國際文化科技股份有限公司
全省服務中心電話：
台北服務中心／（02）8212-3992～96
台中服務中心／（04）2358-3215
雲嘉服務中心／（05）283-8390
高屏服務中心／（07）375-5078
定　　價／新台幣3,000元
ISBN／978-986-7369-56-7
出版日期／2007年8月

Copyright：World copyright ©2005 WHITE STAR S.P.A. ITALY
This Edition Arranged With
WHITE STAR S.P.A ITALY
Chinese Edition Copyright(Simplified Chinese Edition and
Traditional Chinese Edition) /
Page International Culture Co., Ltd.
All Rights Reserved.

‧本書圖文局部或全部，未經同意，不得轉載或翻印。
‧本書若有破損、缺頁、裝訂錯誤，請寄回更換。

304　圖坦卡門法老王不朽的故居內，堆滿了無價的珍寶。精美的胸牌上的人物為努特，亦即天空女神。

國家圖書館出版品預行編目資料

不朽的故居/亞伯托希立歐提（Alberto Siliotti）；
　　林佳蓉翻譯. ──臺北市：
　　百巨國際文化，2007[民96]
　　304面 ；　35.5×25.5公分
　　含索引
　　譯自：The Dwellings of eternity
　　ISBN　978-986-7369-56-7（精裝）

　1. 墳墓　2. 陵墓　3. 考古學

798.82　　　　　　　　　　　　96011708